法律和社会科学

法律人类学在中国（田野）

第20卷第2辑

—

侯猛　王启梁　主编

法律出版社
——北京——

图书在版编目(CIP)数据

法律和社会科学. 第20卷. 第2辑, 法律人类学在中国：田野 / 侯猛, 王启梁主编. -- 北京：法律出版社, 2023

ISBN 978-7-5197-8007-4

Ⅰ. ①法… Ⅱ. ①侯… ②王… Ⅲ. ①法律—文集 Ⅳ. ①D9-53

中国国家版本馆CIP数据核字（2023）第107907号

法律和社会科学(第20卷第2辑)
法律人类学在中国:田野
FALÜ HE SHEHUI KEXUE
(DI-20 JUAN DI-2 JI)
FALÜ RENLEIXUE ZAIZHONGGUO:
TIANYE

侯　猛
王启梁　主编

责任编辑　黄倩倩
　　　　　杨悦芊
装帧设计　鲍龙卉

出版发行 法律出版社
编辑统筹 学术·对外出版分社
责任校对 裴　黎
责任印制 陶　松
经　　销 新华书店

开本 880毫米×1230毫米　1/32
印张 11.5　**字数** 243千
版本 2023年8月第1版
印次 2023年8月第1次印刷
印刷 天津嘉恒印务有限公司

地址:北京市丰台区莲花池西里7号(100073)
网址:www.lawpress.com.cn
投稿邮箱:info@lawpress.com.cn
举报盗版邮箱:jbwq@lawpress.com.cn
销售电话:010-83938349
客服电话:010-83938350
咨询电话:010-63939796

书号:ISBN 978-7-5197-8007-4　**定价**:68.00元

凡购买本社图书,如有印装错误,我社负责退换。电话:010-83938349

法律和社会科学 第20卷第2辑

主 办 单 位

中国人民大学法学院法律与社会跨学科研究中心
中南财经政法大学基层法治研究所
北京大学比较法与法社会学研究所

投稿系统： https://flsk.cbpt.cnki.net/

微信公号： LSS_2014

"法律人类学在中国(田野)"专号

目　录

Contents

《法律和社会科学》(2023)　第20卷第2辑,第1~47页

域外法律人类学“田野”的扩展(2000—2020)

黄　瑞*

摘　要:20世纪80年代,西方法律人类学被我国学者积极引介、传播,并在我国学术发展中发挥了独特且重要的贡献,如今法律人类学已成为我国法律与社会科学体系中的一个重要学科。2000—2020年,西方法律人类学的“田野”有了较大扩展。全球化、社会治理、法律系统运作主题下,新的研究随着社会发展不断涌现。法律与文化、法律多元,这两个法律人类学传统核心理论议题也得到进一步发展。作为研究背景的全球化与现代社会、对法律本体论的重视、研究中的“非法”视角是这一时期西方法律人类学不容忽视的研究趋势。这些研究为我国法律人类学的发展提供了可供批评、借鉴的材料与视角。

关键词:全球化　现代社会　社会治理　法律系统

* 黄瑞,云南大学民族学与社会学学院博士后研究人员、云南大学西南边疆研究中心研究人员。本文系教育部高校人文社会科学重点研究基地重大项目“民族学本体论转向下的中国视角及实践研究”(编号:22JJD840005)的阶段性成果。

[一]研究缘起

20世纪80年代,作为西方法律社会科学中的一门学科,法律人类学被我国学者积极引介、传播。在此基础上,经过学者们的努力和积累,法律人类学逐渐在我国发展起了认识中国社会问题、理解中国法律实践的独特理论维度和研究方法,如对我国乡土社会秩序的探究①、对我国习惯法的找寻与梳理②、关于中国法律文化的探讨③、法治本土资源的挖掘④、整体论的研究视角⑤,以及重视实践、田野调查、民族志的研究方法⑥。在当前的学术研究中这些理论和研究方法并非为法律人类学所独享,学科之间的交融、研究方法的相互借鉴,丰富了我国学术研究的发展,但是也造成了法律人类学主体性、独特性的逐渐弱化。同时,法律人类学对纠纷

---

① 参见费孝通:《乡土中国 生育制度 乡土重建》,商务印书馆2011年版。

② 参见张晓辉:《傣族村寨民俗中的习惯与习惯法:民族志两则》,载《云南大学学报(法学版)》2008年第5期。

③ 参见梁治平编:《法律的文化解释》,生活·读书·新知三联书店1994年版。

④ 参见苏力:《法治及其本土资源》,中国政法大学出版社1996年版。

⑤ 参见朱晓阳:《"语言混论"与法律人类学的整体论进路》,载《中国社会科学》2007年第2期。

⑥ 参见王启梁:《法学研究的"田野"——兼对法律理论有效性与实践性的反思》,载《法制与社会发展》2017年第2期。

的强调和关注,也在一定程度上限制了学科的视野和研究命题①,因此有学者得出这样的认识:我国法律人类学是一个边缘化的学科②。回到法律人类学诞生的西方,是否还需要法律人类学③,也是令西方学者们保持警醒的一个重要问题。为了突破过于僵化的研究范式,回应社会发展和法律问题的变化,保持学科生命力,20 世纪 70 年代西方法律人类学的研究对象及研究范式发生了较大的改变,研究范式从规范中心转向过程中心,从异文化转向本土社会,从小规模社会转向大规模社会,从进化论、静态、宏大叙事研究转向历史、动态民族志研究,出现了如国际法、公司行为、移民等新的研究对象④,这是西方法律人类学探索学科边界的重要尝试。进入 21 世纪,西方法律人类学的“田野”有了较大扩展,新的研究主题随着社会发展不断涌现,而一些核心理论议题也得到进一步发展。本文将对西方法律人类学 2000 年至 2020 年的研究进行简要介绍,⑤以期进一步加深对西方法律人类学学科发展和现状的认识,为我国法律人类学的理论发展与本土实践提供可供批评、借鉴的材料。

---

① 参见王伟臣:《从规则到过程:法律人类学纠纷研究的理论进路与现实启示》,载《中央民族大学学报(哲学社会科学版)》2020 年第 1 期。

② 参见王伟臣:《从边缘到边缘:法律人类学在中国的译介与传播》,载《法治现代化研究》2019 年第 1 期。

③ See Simon Roberts, *Do We Need an Anthropology of Law*?, RAIN, No. 25, p. 4, 6-7(1978).

④ 参见张晓辉、华袁媛:《20 世纪 70 年代以来西方法律人类学研究对象及范式的转变》,载《广西民族大学学报(哲学社会科学版)》2019 年第 2 期。

⑤ 本文文献主要基于以下期刊:American Anthropologist (2000 - 2020), Political and Legal Anthropology Review (2000 - 2020), Law and Society Review (2000- 2020), American Ethnologist (2000 - 2020), Anthropology Today (2000 - 2018), Current Anthropology (2000 - 2015), The Journal of the Royal Anthropological Institute(2000-2016), Annual Anthropology Review(2000-2016), 及相关著作。

在西方法律人类学的研究中,有两位重要的学者对 20 世纪中末期的法律人类学研究进行了总结与评价。分别是梅丽于 1992 年发表在《人类学年鉴》的《人类学,法律与跨国进程》①,以及摩尔 2001 年发表在《皇家人类学研究所杂志》的《仍在继续的历程:法人类学动荡的五十年(1949—1999)》②。在这两篇文章中,两位学者都对法律人类学的研究趋势进行了总结。梅丽认为,1975 年至 1999 年法律人类学研究出现了四个新的元素:国家和跨国背景的转向、文化分析的广泛运用、法律多元的动态化分析,以及对法律建构和解构权力关系的关注③。摩尔则认为在过去的五十年(1949—1999)法人类学关注更为广泛的、有法融入其中的政治背景,他们在全球政治动荡的背景下考察法律资料和事件,既思考法律的破坏性后果,又思考法律制度,探讨法律如何被利用④。两位作者都同时注意到跨国、全球化这一法律人类学研究的时代背景,也发现研究更加注重法律在应对社会问题中的动态实践,关注法律在建构、解构权力,促进或破坏社会发展的功能与作用。经过 20 年的发展,这些趋势越发突出,并在一些方面形成了较为集中的问题领域,而这一时期,守法、执法、司法等法律系统运作方面的研究也备受重

① [美]莎利·安格尔·梅丽:《人类学,法律与跨国进程》,王伟臣、张冰玉译,载黄蓬北主编:《北大国际法与比较法评论》第 16 卷总第 19 辑,法律出版社 2022 年版。

② [美]萨莉·法尔克·摩尔:《仍在继续的历程:法人类学动荡的五十年(1949—1999)》,李婉琳译,载张永和主编:《社会中的法理》第 2 卷,法律出版社 2010 年版。

③ 参见[美]莎利·安格尔·梅丽:《人类学,法律与跨国进程》,王伟臣、张冰玉译,载黄蓬北主编:《北大国际法与比较法评论》第 16 卷总第 19 辑,法律出版社 2022 年版。

④ 参见[美]萨莉·法尔克·摩尔:《仍在继续的历程:法人类学动荡的五十年(1949—1999)》,李婉琳译,载张永和主编:《社会中的法理》第 2 卷,法律出版社 2010 年版。

视。本文在既有文献的基础上提炼出三个重要的议题:全球化、社会治理、法律系统运作,并对这些主题下的研究进行分类和介绍。同时对这一时期法律与文化、法律多元这两个法律人类学传统理论议题研究的新趋势进行讨论,最后总结这一时期西方法律人类学的研究趋势和展望。

[二] 全球化

全球化已是人类社会无可回避的发展趋势。一方面,国家间政治、经济、文化上的互动,加强了彼此之间的相互依赖与影响。① 跨国公司与国际组织的发展使得全球经济活动需要法律更多的介入主体的互动。而国家间互动的增加同时也带来了疾病的传播、恐怖活动等全球性的风险,风险的预防和控制更需要跨国治理的法治框架。同时,全球化加速了人口的流动,也为世界各国带来移民的法律难题。另一方面,全球化也往往对主权国家内部带来深刻的影响,在这样的背景下后殖民时代的原住民与主权国家之间的法律互动逐渐增加,并且在土地权利、文化权利、人权等议题和国际组织、非政府组织的参与下呈现更为复杂的样貌。同时,具备国际话语特征的人权,在本土实践中呈现出丰富的样态,使得学者们进一步反思人权的定义标准,并就人权与文化、人权话语的作用等问题展开研究。

(一)跨国经济与风险

第一,跨国经济。经济一直以来都是全球化发展的主要动因和推手。这一时期西方法律人类学的研究分析了金融

① 参见[英]安东尼·吉登斯著,郭忠华编:《全球时代的民族国家:吉登斯讲演录》,江苏人民出版社 2012 年版。

制度体系和法律框架的全球化过程。例如,学者们通过民族志呈现全球金融市场法律知识和监管的实践;①关注具体的行动者,研究抵押品的国际交易法律技术如何能够使其跨越法律和文化边界。② 同时,学者们也关注跨国经济为国家带来的法律挑战。这种挑战首先体现为对国家规则体系的挑战。例如,全球咖啡市场规范的施行,导致在国家边界外发展出了一套对国家公民的新监管形式。③ 进入国家的跨国企业(矿业)公司通过与当地居民、国际组织(世界银行)的互动,将跨国法律内化为国家非正式法律。④ 其次,跨国经济也并非总是在合法的框架内运行,海盗、走私、卖淫这三类非正式经济的监管与治理也是国家需要应对的问题。⑤ 当然学者们也注意到挑战并非总是消极的,也有积极的一面。例如,学者分析了自由贸易协定如何从墨西哥的政治文化中清除腐败,加强法治、巩固民主,促进国家的经济开放和政治过渡。⑥

第二,跨国风险。这一时期,法律人类学关注国家对跨国风险的防控与治理,主要集中在恐怖主义和公共卫生两个

① See Annelise Riles, *Collateral Expertise*: *Legal Knowledge in the Global Financial Markets*, Current Anthropology, Vol. 51:6, p. 795-818(2010).

② See Annelise Riles, *Collateral Knowledge*: *Legal Reasoning in the Global Financial Markets*, University of Chicago Press, 2002.

③ See Daniel Reichman, *Justice at a Price*: *Regulation and Alienation in the Global Economy*, Political and Legal Anthropology Review, Vol. 31:1, p. 102-117 (2008).

④ See David Szablowski, *Transnational Law and Local Struggles*: *Mining, Communities and the World Bank*, Hart Publishing, 2007.

⑤ See Alexandra Hartnett & Shannon Lee Dawdy, *The Archaeology of Illegal and Illicit Economies*, Annual Review of Anthropology, Vol. 42, p. 37-51(2013).

⑥ See Suzanne Simon, *Framing the Nation*: *Law and the Cultivation of National Character Stereotypes in the NAFTA Debate and Beyond*, Political and Legal Anthropology Review, Vol. 30:1, p. 22-45(2007).

方面。美国“9·11”事件后,国土安全和恐怖袭击成为美国社会重点预防的一个社会风险,并以此出台和推行了一系列法律与政策,法律人类学学者们对这些法律政策的实践和广泛社会效果进行了研究。例如,有的学者分析地方在保障国土安全中的作用与局限,①研究美国国土安全在地方实践中是如何被建构起来的。② 还有学者探讨恐怖分子的刑事起诉如何使美国刑事司法系统牺牲了正当程序和公平,以及反恐所带来的恐怖主义理论对美国社会及国际社会的深远影响;③讨论美国禁止向恐怖组织提供“物质支持和资源”的反恐法对世界人权和学术自由的威胁。④

全球化同时也造成了疾病的传播,法律人类学用全球化视角关注地区的公共卫生问题。例如,学者发现海地艾滋病和结核病的出现和持续是由于欧洲在新大陆的扩张,以及与之相关的奴隶制和种族主义的持续影响,并分析后殖民世界的不平等如何体现为疾病感染的不同风险。⑤ 改变这样的一种结构暴力,往往需要法律和相关政策的介入。但在具体的实践中,学者们的研究呈现了世界卫生组织等国际机构的

---

① See David Thacher, *The Local Role in Homeland Security*, Law & Society Review, Vol. 39:3, p. 635-676(2005).

② See Kerry B. Fosher, *Under Construction: Making Homeland Security at the Local Level*, University of Chicago Press, 2009.

③ See Laura Nader, *Anthropology of Law, Fear and the War on Terror*, Anthropology Today, Vol. 33:1, p. 26-28(2017).

④ See Michael Price, Robert A. Rubinstein & David H. Price, "*Material support*": *US Anti-Terrorism Law Threatens Human Rights and Academic Freedom*, Anthropology Today, Vol. 28:1, p. 3-5(2012).

⑤ See Paul Farmer, *An Anthropology of Structural Violence*, Current Anthropology, Vol. 45:3, p. 305-325(2004).

全球卫生政策是如何在国家和地方项目的具体落实中失败的。①

除了广受关注的恐怖主义和公共卫生,全球化带来的风险还存在于食品安全和环境问题等方面,学者们也对此展开了讨论。例如,日本福岛核泄漏后的食品安全问题、②跨国企业在地方环境污染中法律主体身份的界定和法律责任③。

(二)移民问题

随着全球化进程的加速,移民已经成为21世纪的一个关键问题。在欧洲,移民是国家一体化过程中的一个长期议题④,各国积极展开对移民的治理。在此背景下,学者提出可以进一步利用民族志从无证移民的日常生活来阐明移民的"非法"和可驱逐,将移民的"非法性"作为一个认识论和方法论的视角和理论问题。⑤ 这一时期,法律人类学移民研究的视角聚焦在两个重要方面,一是对界定移民"非法"还是"合法"的移民法实践的关注,另一个是对移民在移民国的法律和社会生活的重视。

第一,移民法的实践。首先,一些研究对移民法的实施

---

① See Linda M. Whiteford & Lenore Manderson eds. , *Global Health Policy, Local Realities: The Fallacy of the Level Playing Field. Boulder*, Lynne Rienner Publishers, 2000; See A. Magdalena Hurtado et al. , *Human Rights, Biomedical Science, and Infectious Diseases among South American Indigenous Groups*, Annual Review of Anthropology, Vol. 34, p. 639-665(2005).

② See Nicolas Sternsdorff-Cistema, *Food after Fukushima: Risk and Scientific Citizenship in Japan*, American Anthropologist, Vol. 117:3, p. 455-467(2015).

③ See Suzana Sawyer, *Disabling Corporate Sovereignty in a Transnational Lawsuit*, Political and Legal Anthropology Review, Vol. 29:1, p. 23-43(2006).

④ Paul A. Silverstein, *Immigrant Racialization and the New Savage Slot: Race, Migration, and Immigration in the New Europe*, Annual Review of Anthropology, Vol. 34, p. 363-384(2005).

⑤ See Nicholas P. De Genova, *Migrant "Illegality" and Deportability in Everyday Life*, Annual Review of Anthropology, Vol. 31, p. 419-447(2002).

过程展开了分析。例如,有的学者分析印度在与孟加拉国边境地区非法移民的侦查、拦截和司法决定问题、①萨尔瓦多移民在美国寻求庇护的法律过程,分析个体如何从非法到合法、从难民身份过渡到移民身份。② 还有学者从移民的视角出发,发现哥斯达黎加频繁的法律改革、临时性的移民措施及官僚化的移民管理部门,使得移民身份的合法与非法界限变得模糊,为了应对这样的困局,移民创造了相应的法律策略来适应移民法的不确定性。③ 其次,有些研究是对移民法和相关政策实施效果的讨论。例如,有学者发现西班牙和意大利的移民相关政策强调移民融合,但是移民的法律地位取决于工作许可和与雇主的合同,这反而导致了融合政策的失败;④美国严格的移民标准在理论上是为了提升美国公民的身份价值,但是在移民过程中充满冷漠和对公民权利的侵入,反而使他们失去了对国家的归属感。⑤ 还有学者探讨了移民法的性别不平等、⑥移民政策在美洲各国之间的扩散和

---

① See Sahana Ghosh, “*Everything Must Match*”: *Detection*, *Deception and Migrant Illegality in the India-Bangladesh Borderlands*, American Anthropologist, Vol. 121:4, p. 870-883(2019).

② See Susan Bibler Coutin, *Legalizing Moves*: *Salvadoran Immigrants' Struggle for U. S. Residency*, University of Michigan Press, 2003.

③ See Caitlin E. Fouratt, *Temporary Measures*: *The Production of Illegality in Costa Rican Immigration Law*, Political and Legal Anthropology Review, Vol. 39:1, p. 144-160(2016).

④ See Kitty Calavita, *Immigrants at the Margines*: *Law*, *Race and Exclusion in Southern Europe*, Cambridge University Press, 2005.

⑤ See Ruth Gomberg-Muñoz, *The Juárez Wives Club*: *Gendered Citizenship and US Immigration Law*, American Ethnologist, Vol. 43:2, p. 339-352(2016).

⑥ See Olivia Salcido & Cecila Menjívar, *Gendered Paths to Legal Citizenship*: *The Case of Latin-American Immigrants in Phoenix*, Arizona, Law & Society Review, Vol. 46:2, p. 335-368(2012).

相互影响、①移民法律如何平衡主权权利和普遍人权②等问题。

第二,关注移民在移民国的法律和社会生活。学者们关注了如下的一些具体问题:美国加州农场非法移民劳工身处的结构性脆弱的处境,使他们面临巨大的健康风险。③ 学者通过对混合身份家庭(至少有一个非法移民)家庭生活的民族志,理解移民身份合法化的法律阻碍,以及由此带来的对其家庭生活的影响。④ 有的学者关注玻利维亚城市移民,分析他们如何通过暴力事件获得曝光度,寻求公民身份和国家归属感,并自我提供公共安全等基本服务。⑤ 有的学者通过 LGBT 寻求庇护者在美国的法律实践和社会生活,探讨移民的政策逻辑是如何渗透到社会生活中的。⑥ 还有学者分析美国移民政策中合法暴力的代际传递对墨西哥儿童、青少年生活的影响⑦等。

---

① See David Cook-Martín & David Scott FitzGerald, *How Their Law Affect our Laws: Mechanisms of Immigration Policy Diffusion in the Americas*, 1790-2010. Law & Society Review, Vol. 53:1, p. 41-76(2019).

② See Deborah A. Boehm & Susan J. Terrio eds., *Illegal Encounters: The Effect of Detention and Deportation on Young People*, NUY Press, 2019.

③ See Sarah Bronwen Horton, *They Leave Their Kidneys in the Fields: Illness, Injury, and Illegality among US Farmworkers*, University of California Press, 2016.

④ See Ruth Gomber-Muñoz, *Becoming Legal: Immigration Law and Mixed-Status Families*, Oxford University Press, 2016; See Joanna Dreby, *Everyday Illegal: When Policies Undermine Immigrant Families*, University of California Press, 2015.

⑤ See Daniel M. Goldstein, *The Spectacular City: Violence and Performance in Urban Bolivia*, Duke University Press, 2004.

⑥ See Siobhán McGuirk, *(In) credible Subjects: NGOs, Attorneys and Permissible LGBT Asylum Seeker Identities*, Political and Legal Anthropology Review, Vol. 41:S1, p. 4-18(2018).

⑦ See Christina M. Getrich, *Border Brokers: Children of Mexican Immigrants Navigating U. S. Society, Laws and Politics*, University of Arizona Press, 2019.

(三)原住民权利

在这一时期对原住民权利的相关研究中,首先,土地权利依旧是重点。通过对殖民历史的回顾,学者们呈现了殖民者如何通过改变土地市场结构、①土地产权制度②转移财富损害原住民权利,并探讨了法律参与殖民的方式和过程。在当代,原住民的土地权利也深刻受到国家商业发展政策、③宪法和立法环境的影响。④ 学者们注意到,原住民不是被动卷入国家商业经济发展的,他们自身的发展也带来土地关系的变化与新的法律问题。例如,有学者探讨原住民地区社区观念的转变,如何使得土地从一种作为社会关系的基础逐渐转变为一种商品。⑤ 在土地租赁商业经济活动中,在原住民土地与私人所有土地价值不平等的前提下,原住民积极通过司法途径提升自己土地的财产价值。⑥ 同时,与土地权利相关的原住民自然资源所有权也成为了研究的议题,如河

---

① See Stuart Banner, *Conquest by Contract: Wealth Transfer and Land Market Structure in Colonial New Zealand*, Law & Society Review, Vol. 34: 1, p. 47-96 (2000).

② See Stuart Banner, *Preparing to Be Colonized: Land Tenure and Legal Strategy in Nineteenth-Century Hawaii*, Law & Society Review, Vol. 39: 2, p. 273-314 (2005).

③ See Amity A. Doolittle, *Property and Politics in Sabah, Malaysia: Native Struggle over Land Rights*, University of Washington Press, 2005.

④ See Anthont Stocks, *Too Much for Too Few—Problems of Indigenous Land Rights in Latin America*, Annual Review of Anthropology, Vol. 34, p. 85-104 (2005).

⑤ See Knut G. Nustad, *Property, Rights and Community in a South African Land-Claim Case*, Anthropology Today, Vol. 27: 1, p. 20-24 (2011).

⑥ See Jennifer A Hamilton, *Resettling Musqueam Park—Property, Landscape, and "Indian Land" in British Columbia*, Political and Legal Anthropology Review, Vol. 29: 1, p. 88-109 (2006).

流、①海洋、②林业资源、③气候(冷的权利)、④生物勘探和植物专利⑤的所有权等。另外,文化财产也进一步出现在讨论的议题中。⑥

其次,在权利的抗争中,法律成为原住民的有利武器。原住民通过法律动员获得部落主权的承认,⑦与环保主义、人权问题及相关的跨国机构、组织联盟扩大行动的政治影响力,⑧并利用司法、人类学专家证人获得基于文化差异的广泛权利,⑨影响世界各地原住民地位和权利辩论的整体国际

---

① See Shaylih Muehlmann, *Where the River Ends: Contested Indigeneity in the Mexican Colorado Delta*, Duke University Press, 2013.

② See Katie Glaskin, *Crosscurrents: Law and Society in a Native Title Claim to Land an sea*, UWAP Scholarly, 2017.

③ See Kirk Dombrowski, *The Praxis of Indigenism and Alaska Native Timber Politics*, American Anthropologist, Vol. 104:4, p. 1067-1073(2002).

④ See Sébastien Jodoin, Shannon Snow & Arielle Corobow, *Realizing the Right to Be Cold? Framing Processes and Outcomes Associated with the Inuit Petition on Human Rights and Global Warming*, Law & Society Review, Vol. 54:1, p. 168-200(2020).

⑤ See Laura A. Foster, *The Making and Unmaking of Patent Ownership: Technicalities, Materialities and Subjectivities*, Political and Legal Anthropology Review, Vol. 39:1, p. 127-143(2016).

⑥ See Shane Greene, *Indigenous People Incorporated? —Culture as Politics, Culture as Property in Pharmaceutical Bioprospecting*, Current Anthropology, Vol. 45:2, p. 211-237(2004); See Stuart Kirsch, *Lost Worlds—Environmental Disaster, "Culture Loss", and the Law*, Current Anthropology, Vol. 42:2, p. 167-198(2001).

⑦ See Erich W. Steinman, *Legitimizing American Indian Sovereignty—Mobilizing the Constitutive Power of Law through Institutional Entrepreneurship*, *Law & Society Review*, Vol. 39:4, p. 759-792(2005).

⑧ See Richard Price, *Rainforest Warriors—Human Rights on Trial*, University of Pennsylvania Press, 2010; See Ronald Niezen, *The Rediscovered Self: Indigenous Identity and Cultural Justice*, McGill-Queen's University Press, 2009; See Beth A. Conklin, *Shamans Versus Pirates in the Amazonian Treasure Chest*, American Anthropologist, Vol. 104:4, p. 1050-1061(2002).

⑨ See Charles R. Hale, *Using and Refusing the Law: Indigenous Struggles and Legal Strategies after Neoliberal Multiculturalism*, American Anthropologist, Vol. 122:3, p. 618-631(2020).

法律和知识框架逐渐形成。① 在抗争中,人权话语广泛出现在原住民的权利诉求中,这激发了学者们对人权实践进行反思,例如如何实现人权的本土化。② 也有学者提示,我们需要理解界定为人权的原住民权利如何出人意料的不利于原住民社区的发展及对主权的追求,并成为一个多方势力角逐的斗争场所。③

最后,原住民一方面充分利用法律保障自身的权利,但是在与主权国家的互动中自身权利和生活也受到国家法律实践的影响。有学者注意到,正式国家法律制度有时候会带来对原住民的不公正与暴力,④在地方与国家政策的相互作用与塑造下,原住民的社会关系发生了改变。⑤ 为了鼓励对林业和采矿业等资源行业的投资,国家通过条约谈判将原住民的权利从不确定的状态转为了确定的状态。⑥ 在现代司法系统中,历史叙事与法律证据之间的矛盾导致原住民在获得赔偿的过程中受到阻碍,⑦国家 ADR 与原住民传统正义

---

① See Maivân Clech Lâm, *At the Edge of the State*:*Indigenous Peoples and Self-Determination*, Transnational Publishers, 2000.

② See Sally Engle Merry, *Commentary on Reviews of Human Rights and Gender Violence*, American Anthropologist, Vol. 110:4, p. 520-522(2008).

③ See Karen Engle, *The Elusive Promise of Indigenous Development*:*Rights*, Culture, Strategy, Duke University Press, 2010.

④ See Pooja Parmar, *Indigeneity and Legal Pluralism in India*:*Claims*, Histories, Meanings, Cambridge University Press, 2015.

⑤ See Thomas Biolsi, *Deadliest Enemies*:*Law and the Making of Race Relations on and off the Rosebud Reservation*, University of California Press, 2001.

⑥ See Carole Blackburn, *Searching for Guarantees in the Midst of Uncertainty*:*Negotiating Aboriginal Rights and Title in British Columbia*, American Anthropologist, Vol. 107:4, p. 586-596(2005); See Carole Blackburn, *Producing Legitimacy*:*Reconciliation and the Negotiation of Aboriginal Rights in Canada*, The Journal of the Royal Anthropology Institute, Vol. 13:3, p. 621-638(2007).

⑦ See Laura Jeffery, *Historical Narrative and Legal Evidence*:*Judging Chagossians' High Court Testimonies*, Political and Legal Anthropology Review, Vol. 29:2, p. 228-253(2006).

观念之间的关系也有待进一步厘清。①

(四)人权实践

20世纪末人类学回归人权研究,并对人权的定义产生了怀疑,有学者认为将《世界人权宣言》提高到全球地位,本质上是20世纪的西方文化帝国主义。② 进入21世纪,通过对特定地区的民族志研究,这样的认识也得到了强化。当前国家内部文化不再是同质和稳固的,学者们建议在全球化、文化多元和碎片化的背景下从内部审视人权,③脱离人权的规范性普遍主义和相对主义辩论,将其理解为一种实践和意识形态,④人权是一种治理手段,一个项目,在这个项目中,主体的行动能力得到认可。⑤

在人权研究中,人权与文化的关系密不可分。学者通过对"人权是保护不同文化还是反对不同文化"的质疑探讨了人权与文化的关系,⑥提出人权是建立在文化的基础上,对文化更多元更有活力的理解会促进人权的发展。⑦ 对文化的非本质化理解将提高实施人权的效率和效力,因此也同时

---

① See Marianne O. Nielsen & James W. Zion eds., *Navajo Nation Peacemaking: Living Traditional Justice*, University of Arizona Press, 2005.

② See Richard A. Wilson eds., *Human Rights, Culture and Context: Anthropological Perspectives*, Pluto Press, 1997.

③ See Austin Sarat & Thomas R. Kearns eds., *Human Rights: Concepts, Contests, Contingencies*, The University of Michigan Press, 2001.

④ See Sally Engle Merry, *Commentary on Reviews of Human Rights and Gender Violence*, American Anthropologist, Vol. 110:4, p. 520-522(2008).

⑤ See Harri Englund, *Prisoners of Freedom: Rights and the African Poor*, University of California Press, 2006.

⑥ See Miia Halme, *Review Article: Rights and Culture—Beyond Relativism?*. Political and Legal Anthropology Review, Vol. 28:2, p. 307-315(2005).

⑦ See Sally Engle Merry, *Human Rights Law and the Demonization of Culture (And Anthropology Along the Way)*, Political and Legal Anthropology Review, Vol. 26:1, p. 55-76(2003).

需要将这一国际法转化为地方司法。① 通过反思人类学对人权的研究，学者对人权的人类学研究的发展历程和核心观点进行了总结，②并探讨人类学的研究方法及民族志如何帮助理解人权法和国际法的产生和运作。③

法律人类学关注国家人权实践的过程和后果。首先，在这一时期一些新的社会问题也被纳入人权的框架中来讨论和研究。例如，消除女性生殖器切割（FGC）运动、④性别暴力⑤等。其次，一些学者关注人权实践的具体过程。例如，学者们通过民族志展示不同群体人权诉求背后的复杂动机和策略，以及如何将人权塑造成社会行动的社会知识，⑥分析人权话语下妇女权利保护的地方化过程及其社会背景。⑦有的学者关注种族隔离后国家引入人权概念时，与强调惩罚和报复的地方法院所表达的正义观念之间的冲突。⑧ 最后，还有一些学者关注国家人权实践所带来的深远影响，例如，

① See Sally Engle Merry, *Human Rights and Gender Violence: Translating International Law into Local Justice*, University of Chicago Press, 2006.

② See Mark Goodale ed., *Human Rights: An Anthropological Reader*, Niley-Blackwell, 2009.

③ See Sally Engle Merry, *Anthropology and International Law*, Annual Review of Anthropology, Vol. 35, p. 99-116(2006).

④ See Bettina Shell-Duncan, *From Health to Human Rights: Female Genital Cutting and the Politics of Intervention*, American Anthropologist, Vol. 110: 2, p. 225-236(2008).

⑤ See Sally Engle Merry, *Commentary on Reviews of Human Rights and Gender Violence*, American Anthropologist, Vol. 110: 4, p. 520-522(2008).

⑥ See Mark Goodale & Sally Engle Merry eds., *The Practice of Human Rights: Tracking Law between the Global and the Local*, Cambridge University Press, 2007.

⑦ See Dorthy L. Hodgson ed., *Gender and Culture at the Limit of Rights*, University of Pennsylvania Press, 2011.

⑧ See Richard A. Wilson, *Reconciliation and Revenge in Post-Apartheid South Africa: Rethinking Legal Pluralism and Human Rights*, Current Anthropology, Vol. 41: 1, p. 75-98(2000).

探讨妇女儿童权利的人权保护,如何巩固了土耳其“男性主义保护”的中心地位;①分析在加入欧盟的过程中,欧盟人权议程对土耳其官僚权威及合法性的影响②。

[三] 社会治理

当人类学将视野从异文化领域回归到自己的本土社会时,纷繁复杂的社会景象所带来的冲击并不亚于那遥远迷人的“忧郁热带”。如何理解、解释现代社会,成为了人类学研究转向后的重要任务。进入 21 世纪,随着人类的发展,现代社会的复杂性有增无减,法律一直以来被赋予社会治理的使命,并且也在实践中积极回应着社会问题。如何治理?治理的方式是什么?法律促进了社会的发展,维持了社会秩序,还是增加了混乱、苦难与权利的限制?这些问题是这一时期法律人类学关注的重点。在对现代社会的治理中,法律人类学重点分析了以下几个方面的问题:世界的苦难、社会经济发展、社会秩序的维护和公民权利的保护。

(一)世界的苦难

世界的苦难是人类学研究的一个重要议题,人类学对苦难的见证、关注与参与强化了学科的人文关怀与社会使命。在人类学看来,苦难与其说是一个主观承受、忍受和经历过

---

① See Elif M. Babül, *The paradox of protection: Human Rights, the Masculinist State, and the Moral Economy of Gratitude in Turkey*, American Ethnologist, Vol. 42:1, p. 116-130(2015).

② See Elif M. Babül, *Training Bureaucrats, Practicing for Europe: Negotiating Bureaucratic Authority and Governmental Legitimacy in Turkey*, Political and Legal Anthropology Review, Vol. 35:1, p. 30-52(2012).

程,不如说是一个重要的社会建构过程①。法律人类学介入到这样的主题中,始终保持着两个重要的追问,在这些苦难中法律扮演着什么样的角色?在改变和改善这些苦难中法律负有怎样的责任与使命?

儿童遭受的苦难往往直接触动人类的良知,在对世界苦难的关注中,儿童权利保护是备受研究者们关注的一个问题。学者们对儿童所遭受的苦难现象进行了分析和呈现,例如:通过民族志对流落街头无家可归的儿童和青年进行研究,呈现他们与家庭、他人以及为儿童青少年提供教育、医疗和法律服务的非政府组织的互动情况,②对儿童可能遭受的忽视、欺凌、虐待等暴力,以及暴力的文化仪式、战争、贫困等结构性问题进行研究③。同时,学者们也关注保障儿童权利的福利制度和相关法律的具体实践情况与效果,例如,对发展中国家街头儿童的发展、可能遭遇的风险及福利政策进行研究,④讨论美国儿童寄养系统如何严重伤害了黑人家庭和儿童,⑤以及分析美国儿童福利制度的实践如何深受种族、阶级、性别的深层次结构性不平等的影响,并在裁决和执法中放大这一不平等。⑥

---

① Antonio De Lauri, *Law as an Anti-Value: Justice, Violence and Suffering in the Logic of Becoming*, Anthropology Today, Vol. 30:3, p. 22-25(2014).

② See Jon M. Wolseth, *Life on the Malecón: Children and Youth on the Streets of Santo Domingo*, Rutgers University Press, 2014.

③ See Jill E. Korbin, *Children, Childhoods, and Violence*, Annual Review of Anthropology, Vol. 32, p. 431-446.

④ See Catherine Panter-Brick, *Street Children, Human Rights, and Public Health: A Critique and Future Directions*, Annual Review of Anthropology, Vol. 31, p. 147-171(2002).

⑤ See Dorothy Roberts, *Shattered Bonds: The Color of Child Welfare*, Basic Books, 2001.

⑥ See E. Wayne Carp ed., *Adoption in America: Historical Perspectives*, University of Michigan Press, 2002.

贫穷既是苦难的结果也是苦难的根源。学者们注意到,致力于改变贫困的相关法律制度在实践中时常会产生一些意外后果。例如:巴西国家反贫困改革政策被地方利益相关者利用和重新定义,以参与地方政治派系、等级的竞争。① 在孟加拉国农村小额信贷制度的实践中,制度未能帮助想要帮助的穷人,而使农村中产阶级从中获益。② 贫困的迫使下,人们更倾向于将自己置于非自由的劳动下谋求生计。性工作是孟买贫困女性可以谋求的不稳定的生计之一。③ 国家的道德评价、法律政策以及疾病的控制加剧了女性在这项工作中所受到的压迫和剥削,学者认为只有法律不再将性作为一种特殊且具有破坏性的商业化劳动时,社会正义的分配才有可能发生。④ 同时,福利改革和福利制度的实践也备受关注,并产生了丰富的讨论议题。⑤ 例如,在美国的福利改革中改革的逻辑出发点是:个人需要对自身的贫困负责,学者通过对美国四个贫困地区历史和福利改革实践的民族志反驳这一观点,说明根深蒂固的不平等现实与"个人责任"的矛盾。⑥

---

① See Aaron Ansell, *Zero Hunger: Political Culture and Antipoverty Policy in Northeast Brazil*, University of North Carolina Press, 2014.

② See Lamia Karim, *Microfinance and Its Discontents: Women in Debt in Bangladesh*, University of Minnesota Press, 2011.

③ See Svati P. Shah, *Street Corner Secrets: Sex, Work, and Migration in the City of Mumbai*, Duke University Press, 2014.

④ See Prabha Kotiswaran, *Dangerous Sex, Invisible Labor: Sex Work and the Law in India*, Princeton University Press, 2011.

⑤ See Sandra Morgen & Jeff Maskovsky, *The Anthropology of Welfare "Reform": New Perspectives on U. S. Urban Poverty in the Post-Welfare Era*, Annual Review of Anthropology, Vol. 32, p. 315-338(2003).

⑥ See Kathleen Pickering et al., *Welfare Reform in Persistent Rural Poverty: Dreams, Disenchantments, and Diversity*, Pennsylvania State University Press, 2006.

(二)社会经济发展

进入21世纪,世界范围内财产纠纷激增,新的财产形式也显著增加①,知识产权就是其中一个重要类别。这一时期法律人类学对知识产权的研究一部分聚焦在对知识产权类别、特征属性的探讨上。例如:学者们探讨知识产权中文化财产的界定需要反思知识、文化的生产方式,以及如何被判定为属于特定的个人、族群或民族国家;②提出知识产权与非法使用之间的弹性空间是当代文化生产和流动的一个重要特征;③在合法版权、专利和商标跨文化解读中呈现知识产权如何被颠覆,并提出需要重新思考创造力和所有权的规范方式;④同时,关注考古学中知识产权归属问题⑤等。

另外一部分研究则是在知识产权的实践中对相关问题展开探讨。例如:有的学者分析文化概念如何在全球传播“非物质文化遗产”等知识产权,以及这些概念的本土化过程。⑥ 有的学者则在墨西哥木雕工匠对知识产权的实践中探讨:工匠对知识产权的追求,更多的是因为知识产权稳定

---

① Eric Hirsch, Property and Persons: *New Forms and Contests in the Era of Neoliberalism*, Annual Review of Anthropology, Vol. 39, p. 347-360(2010).

② See Lorraine V. Aragon & James Leach, *Arts and Owners: Intellectual Property Law and the Politics of Scale in Indonesian Arts*, American Ethnologist, Vol. 35:4, p. 607-631(2008).

③ See Alexander S. Dent, *Intellectual Property, Piracy, and Counterfeiting*, Annual Review of Anthropology, Vol. 45, p. 17-31(2016).

④ See Jason B. Scott, *Intellectual Property Subversion: Rethinking Creativity and Ownership*, Political and Legal Anthropology Review, Vol. 43: 2, p. 142-149 (2020).

⑤ See George P. Nicholas & Kelly P. Bannister, *Copyrighting the Past?: Emerging Intellectual Property Rights Issues in Archaeology*, Current Anthropology, Vol. 45:3, p. 327-350(2004).

⑥ See Heidy Geismar, *Treasured Possessions: Indigenous Interventions into Cultural and Intellectual Property*, Duke University Press, 2013.

了文化市场中作者身份和艺术品吸引力之间的模糊关系。①也有学者将知识产权实践的关注放在了对世界知识产权组织的研究中。② 同时,知识产权的实践也滋生了一些新的社会问题和挑战。例如,制药企业通过知识产权的控制对药品实施垄断,以维持药品的市场营销策略和高价,这导致一些药品无法进入一些国家的市场。③

另外,为了回应社会经济发展带来的法律治理需求。法律人类学还对现代社会的重要主体——公司,以及科学技术带来的新问题进行了研究。例如,在公司是否具有言论自由、宗教自由等具体权利的案例中对公司人格进行讨论,④对公司公民身份的确定进行分析。⑤ 科技发展的新问题则包括但不局限于以下的一些内容:器官移植的商品化伦理⑥

---

① See Alanna Cant, *The Allure of Art and Intellectual Property: Artisans and Industrial Replicas in Mexican Cultural Economies*, The Journal of the Royal Anthropology Institute, Vol. 21:4, p. 820-837(2015).

② See Brian Noble, *Justice, Transaction, Translation: Blackfoot Tipi Transfers and WIPO's Search for the Facts of Traditional Knowledge Exchange*, American Anthropologist, Vol. 109:2, p. 338-349(2007).

③ See Kristin Peterson, *On the Monopoly: Speculation, Pharmaceutical Markets and Intellectual Property Law in Nigeria*, American Ethnologist, Vol. 41:1, p. 128-142(2014).

④ See Stuart Kirsch, *Imagining Corporate Personhood*, Political and Legal Anthropology Review, Vol. 37:2, p. 207-217(2014); See Erin Fitz-Henry, *Challenging Corporate "Personhood": Energy Companies and the "Rights" of Non-Humans*, Political and Legal Anthropology Review, Vol. 41:S1, p. 85-102(2018).

⑤ See Leo Coleman, *Corporate Identity in Citizens United: Legal Fictions and Anthropological Theory*, Political and Legal Anthropology Review, Vol. 37:2, p. 308-328(2014).

⑥ See Charlotte Ikels, *The Anthropology of Organ Transplantation*, Annual Review of Anthropology, Vol. 42, p. 89-102(2013).

和社会正义问题,①法律对器官出售者、购买者行动的影响,②虚拟亲属关系的法律界定和管理,③代孕的法律问题,④以及人脸识别技术在打击犯罪方面的作用与运用⑤等。另外,学者也关注到了法律自身的技术创新,例如分析墨西哥如何通过能够即时定位的汽车电子登记技术,将汽车变成一种法律装置和技术,建构社会的法律秩序。⑥

(三)公民权利保护

公民权利的保护依旧是现代社会治理的核心,2000 年至 2020 年西方法律人类学主要围绕着身份、财产、生育权、性别平等和婚姻家庭几个问题展开公民权利方面的研究和讨论。

第一,身份问题。法律人类学重点关注公民身份的生产方式、过程及危机。例如:采用历史人类学的方法研究美国安纳波利斯市黑人居民在与白人社区的互动中,通过个人努力和谈判要求公民身份和公民权的过程;⑦对南非公民身份

---

① See Thomas Koch, *Scarce Goods: Justice, Fairness and Organ Transplantation*, Praeger, 2002.

② See Seán Columb, *Disqualified Bodies: A Sociolegal Analysis of the Organ Trade in Cairo, Egypt*, Law & Society Review, Vol. 51:2, p. 282-312(2017).

③ See Marie-Andrée Jacob, *The Shared History: Unknotting Fictive Kinship and Legal Process*, Law & Society Review, Vol. 43:1, p. 95-126(2009).

④ See Marit Melhuus, *Problems of Conception: Issues of Law, Biotechnology, Individuals and Kinship*, Berghahn Books, 2012.

⑤ See Abigail Nieves Delgado, *The Face of the Mexican: Race, Nation and Criminal Identification in Mexico*, American Anthropologist, Vol. 122:2, p. 356-368 (2020).

⑥ See keith Guzik, *Taking Hold of the Wheel: Automobility, Social Order, and the Law in Mexico's Public Registry of Vehicles*, Law & Society Review, Vol. 47:3, p. 523-554(2013).

⑦ See Hannah Jopling, *Life in a Black Community: Striving for Equal Citizenship in Annapolis*, Maryland, 1902-1955, Lexington Books, 2015.

新的历史形成过程进行呈现;①探讨美国公民参与犯罪预防如何生产和反映公民身份,并分析国家与公民对于公共事务的责任与义务;②通过探究印度女性在主权国家的居住和生活方式分析印度女性的公民身份危机③等。

第二,财产问题。财产,是探讨法律手段和目的关系的重要工具④。学者们围绕财产关系、财产对象、财产类型,分析各种财产制度和概念化的社会形态。⑤ 例如,分析肯尼亚牧民土地所有权从公有向私有的转变过程,⑥西班牙农村地区地下水产权制度的变迁⑦。采用全球跨文化视角解释复杂社会为什么会有更多的私有财产,并得出结论——经济可防卫性及资源压力是私有财产增加的重要预测因素。⑧ 同时,研究也重视女性在财产权中的不利地位,⑨学者发现由于成本问题,肯尼亚基西妇女难以通过正式和非正式方式来

---

① See Jonathan Klaaren, *From Prohibited Immigrants to Citizens: The Origins of Citizenship and Nationality in South Africa*, UCT Press, 2018.

② See Jessica R. Cattelino, *The Difference that Citizenship Makes: Civilian Crime Prevention on the Lower East Side*, Political and Legal Anthropology Review, Vol. 27:1, p. 114-137(2004).

③ See Rajeshwari Sunder Rajan, *The Scandal of the State: Women, Law and Citizenship in Postcolonial India*, Duke University Press, 2003.

④ Annelise Riles, *Property as Legal Knowledge: Means and Ends*, The Journal of the Royal Anthropology Institute, Vol. 10:4, p. 775-795(2004).

⑤ See A. Scott Catey, *Review Essay: Property and Equality*, Political and Legal Anthropology Review, Vol. 31:2, p. 351-356(2008).

⑥ See Carolyn K. Lesorogol, *Transforming Institutions among Pastoralists: Inequality and Land Privatization*, American Anthropologist, Vol. 105:3, p. 531-541(2003).

⑦ See David Guillet, *Reconsidering Institutional Change: Property Rights in Northern Spain*, American Anthropologist, Vol. 102:4, p. 713-725(2000).

⑧ See Carol R. Ember et al., *Predictors of Land Privatization: Cross-Cultural Tests of Defendability and Resource Stress Theory*, American Anthropologist, Vol. 122:4, p. 745-758(2002).

⑨ See Ann Varley, *Modest Expectations: Gender and Property Rights in Urban Mexico*, Law & Society Review, Vol. 44:1, p. 67-100(2010).

解决财产纠纷,保障自己的财产权。①

第三,生育权。2022年6月24日,美国最高法院裁定推翻了“罗伊诉韦德案”,这在一定程度上拿走了美国妇女堕胎的权利。在这样的一个法律变革中,相信会有许多法律人类学学者将奔赴“问题现场”展开研究。在2000年至2020年,法律人类学也围绕着公民的生育权问题展开了丰富的研究。首先,是对堕胎问题的研究。学者通过观察战后越南地区对超声成像和其他产前诊断技术的使用,探讨堕胎涉及的权利、主体性和公民身份等问题。② 有学者分析美国堕胎及反堕胎运动之间的冲突,以及双方如何利用法律开展运动,③探讨美国堕胎法中国家权力、法律及道德之间的力量关系与博弈。④ 其次,是对生育权社会实践和技术的关注。例如,学者指出妇女生殖权利中的选择权,往往会受到市场经济下社会和经济不平等的影响。⑤ 还有学者探讨生殖权利的语言如何在印度的语境中被使用,以及法律活动家如何从不同的话语体系(人权、社会正义)中为印度生殖健康和

① See Elin Henrysson, Sandra F. Joireman, *On the Edge of the Law: Women's Property Rights and Dispute Resolution in Kisii, Kenya*, Law & Society Review, Vol. 43:1, p. 39-60(2009).

② See Tine M. Gammeltoft, *Prenatal Diagnosis in Postwar Vietnam: Power, Subjectivity and Citizenship*, American Anthropologist, Vol. 109: 1, p. 153 - 163 (2007).

③ See Jashua C. Wilson, *The Street Politics of Abortion: Speech, Violence and America's Culture Wars*, Stanford University Press, 2013.

④ See Mara Buchbinder, Scripting Dissent: *US Abortion Laws, State Power, and the Politics of Scripted Speech*, American Anthropologist, Vol. 118:4, p. 772-783 (2016).

⑤ See Christa Craven, *A "Consumer's Right" to Choose a Midwife: Shifting Meanings for Reproductive Rights under Neoliberalism*, American Anthropologist, Vol. 109:4, p. 701-712(2007).

孕产妇健康寻找有利的解释框架。① 学者也关注生育技术的问题,例如对专业助产士法律地位与美国在家分娩生殖权利运动的关注和讨论。②

第四,性别平等。从整体上看,现代社会中女性的权利在许多地区、许多方面依旧未实现与男性的平等。因此,如何保障女性权利,实现性别平等是这一时期法律人类学持续关注的问题。一些学者将重心放在了较为理论化的问题上,例如,学者从女性视角重新建构法律,以讨论权利的差异与不平等。③ 有学者以 2011 年意大利女权运动为中心探讨性别平等、女性权利保护中的核心议题与实践阻碍。④ 还有一些学者关注伊斯兰世界女性权利问题。例如,分析女性在现代伊斯兰国家中的公民生活,为保障女性权利提供有益的建议,⑤探讨伊朗侵权案件中男女赔偿的不平等所体现出的法律性别差异问题,⑥呈现和分析印度穆斯林女性在多个场

---

① See Carolyn Heitmeyer, Maya Unnithan, *Bodily Rights and Collective Claims: The Work of Legal Activists in Interpreting Reproductive and Maternal Rights in India*, The Journal of the Royal Anthropology Institute, Vol. 21: 2, p. 374 - 390 (2015).

② See Crista Craven, *Pushing for Midwives: Homebirth Mothers and the Reproductive Rights Movement*, Temple University Press, 2010.

③ See Anne Griffiths, *Gender, Power and Difference: Reconfiguring Law from Bakwena Women's Perspectives*, Political and Legal Anthropology Review, Vol. 23: 2, p. 89-106 (2000).

④ See Giovanna Parmigiani, *Feminism, Violence and Representation in Modern Italy: "We Are Witnesses, Not Victims"*, Inidan University Press, 2019.

⑤ See Arzoo Osanloo, *Islamico - Civil "Rights Talk": Women, Subjectivity, and Law in Iranian Family Court*, American Ethologist, Vol. 33: 2, p. 191 - 209 (2006).

⑥ See Arzoo Osanloo, *When Blood Has Spilled: Gender, Honor, and Compensation in Iranian Criminal Sanctioning*, Political and Legal Anthropology Review, Vol. 35: 2, p. 308-326 (2012).

所、身份和观念中追求正义的过程。①

第五,婚姻家庭。婚姻家庭是社会治理的关键之一。同时作为人类社会的基本结构,婚姻家庭也是法律人类学历来关注的重要问题。在本文所考察的时间段,西方法律人类学对婚姻家庭的研究积极回应现代社会的发展与变化,例如,对英国亚裔婚姻破裂现象普遍化原因的分析与讨论、②对当代美国偶然亲属关系③的研究④等。同时,学者们关注法律在婚姻家庭中所扮演的角色与发挥的作用,例如,分析巴西穷人如何绕过法律官僚程序实施收养,⑤非洲人民如何通过司法系统所代表的权威,挑战家族决定使继承合法化。⑥ 其次,还有一些学者关注婚姻家庭法律制度背后的社会,例如,通过对约旦四种婚姻合法化技术的历史梳理,分析不同官僚机构、程序中微妙且重要的力量;⑦探讨欧亚大陆与非洲地区继承模式之间的差异,以及产生差异的不同社会背景;⑧梳理西方非婚生子女的历史,向社会主流的一夫多妻制提出

① See Mengia Hong-Tschalaer, *Muslim Women's Quest for Justice*: *Gender*, *Law and Activism in India*, Cambridge University Press, 2017.

② See Kaveri Qureshi, *Marital Breakdown among British Asians*: *Conjugality*, *Legal Pluralism and New Kinship*, Palgrave Macmillan, 2016.

③ 在美国国内收养中,准妈妈通常会对收养自己孩子的父母进行选择,孩子的亲生亲属和收养亲属有可能会继续保持关系。同时,在生下孩子后,有些准妈妈会选择自己抚养,这时收养父母的所有计划安排归为失败。

④ See Kathryn A. Mariner, *Contingent Kinship*: *The Flows and Futures of Adoption in the United States*, University of California Press, 2019.

⑤ See Claudia Fonseca, *Inequality Near and Far*: *Adoption as Seen from the Brazilian Favelas*, Law & Society Review, Vol. 36:2, p. 397-432(2002).

⑥ See Sophie Andreetta, *The Symbolic Power of the State*: *Inheritance Disputes and Litigants' Judicial Trajectories in Cotonou*, Political and Legal Anthropology Review, Vol. 43:1, p. 5-20(2020).

⑦ See Geoffrey Hughes, *Infrastructures of Legitimacy*: *The Political Lives of Marriage Contracts in Jordan*, American Ethnologist, Vol. 42:2, p. 279-294(2015).

⑧ See Chris Hann, *Reproduction and Inheritance*: *Goody Revisited*, Annual Review of Anthropology, Vol. 37, p. 145-158(2008).

质疑。①

(四)社会秩序的维护

稳定的社会秩序是公民生活和国家发展的基础,因此维持良好的社会秩序是每一个国家社会治理的重点内容。2000年至2020年,法律人类学的研究也将大量的学术热情倾注于此,并在以下四个方面产生了丰硕的学术成果。

第一,犯罪。有学者认为人类学对于犯罪的研究一种是通过犯罪人类学,探索国家、媒体和公民话语如何将特定群体和行为定义为犯罪,并产生偏见;另一种人类学研究是追溯有组织的非法和掠夺性活动,例如盗窃、贩运、街头帮派等②。但是,犯罪不只是个体的越轨行动,从马林诺夫斯基《原始社会的犯罪与习俗》开始,法律人类学家就关注犯罪是如何在社会中产生,以及社会如何对其实施有效的控制和治理。进入21世纪,犯罪、法律、社会三者的关系有了更为多样的表达,这一时期学者们的研究反映了这样的基本认识:在讨论犯罪和刑事司法的时候我们不能将其独立于社会、结构和文化,同时也不能忽视犯罪与社会、法律的相互影响和塑造。首先,在社会与文化中来研究犯罪及相关法律。例如,学者基于对1985年至2000年美国和英国犯罪控制的变化的研究,呈现了信仰崩溃、经济结构、家庭结构、人口和地理模式等社会的重大转变,并探讨了20世纪50年代起人们对大众媒体的日益依赖如何影响了社会的犯罪问题。③

---

① See Dominique Legros, *Mainstream Polygamy: The Non-Marital Child Paradox in the West*, Springer, 2014.

② Jane Schneider & Peter Schneider, *The Anthropology of Crime and Criminalization*, Annual Review of Anthropology, Vol. 37, p. 351-373(2008).

③ See David Garland, *The Culture of Control: Crime and Social Order in Contemporary Society*, Oxford University Press, 2001.

学者们通过分析世界各地的例子阐释犯罪类别掩盖和简化关系、过程、经验的不同方式，并提出犯罪不仅仅由特定行为产生，也同时由权力系统的需要产生。① 随着去工业化、全球化和后现代性的到来，传统男性角色发生了变化，学者发现当男性从事合法职业出现障碍时，社会会纵容男性在合法和非法领域使用暴力。②

其次，在犯罪与社会及法律的相互影响与塑造中来认识犯罪。学者们发现，在一些特别的情况下，犯罪组织反而成为了社会秩序的维持者。例如，有学者分析了牙买加犯罪"头目"承担的一系列政府职能，以及犯罪组织与政治家、警察、官僚如何纠缠在一起，共享对城市空间和人口的控制；③ 有的学者探讨巴西毒贩如何通过提供政府未能提供的公共安全试图使自己合法化，而作为提供当地安全保障和执行社会规范的交换条件，毒贩要求贫民窟居民合谋并保持沉默。④ 法律在制裁犯罪的时候，往往也会产生一些"意外后果"。例如，学者通过巴黎少年法庭的调查并结合话语分析，讨论了法国刑事案件的裁判如何巩固了现有阶级和种族的差异，并呼应了将越轨行为民族化、将文化差异刑事化的公共话语。⑤ 还有学者分析美国整治毒品犯罪行动和立法所

---

① See Philip C. Parnell, Stephanie C. Kane eds., *Crime's Power: Anthropologists and the Ethnography of Crime*, Palgrave Macmillan, 2003.

② See Simon Winlow. Badfellas: *Crime, Tradition, and New Masculinities*, Berg, 2001.

③ See Rivke Jaffe, *The Hybrid State: Crime and Citizenship in Urban Jamaica*, American Ethnologist, Vol. 40:4, p. 734-748(2013).

④ See Ben Penglase, *States of Insecurity: Everyday Emergencies, Public Secrets, and Drug Trafficker Power in a Brazilian Favela*, Political and Legal Anthropology Review, Vol. 32:1, p. 47-63(2009).

⑤ See Susan J. Terrio, *You'll Get Your Day in Court: Judging Delinquent Youth at the Paris Palace of Justice*, Political and Legal Anthropology Review, Vol. 26:2, p. 136-164(2003).

存在的种族不平等问题,①讨论美国打击犯罪的战争如何改变了美国民主,并创造了一种恐惧文化②。

第二,暴力。学者指出,对于人类学来说暴力是重要的文化数据,可以为我们提供对社会关系和过程的认识的更深入的简介,应当认识它日常的实践以及暴力中和暴力后的社会愈合、康复和恢复过程。③ 无论是暴力管控,还是暴力后社会的愈合、恢复,法律都在其中扮演着重要的角色。一些学者将研究聚焦在主权国家特定时期的暴力事件中。例如,学者探讨了玻利维亚的私刑是源于一群曾被排除在国家正式成员之外的人,通过暴力要求加入国家政治和社会机构;④分析在印度反穆斯林暴力事件中,法律实践如何使暴力合法化并使施暴者免受惩罚。⑤

还有一些学者则关注发生于家庭中的暴力。有的学者研究家庭暴力的模式:例如,分析世界上不同地区对妻子不同的虐待模式、⑥哈萨克斯坦穆斯林妇女对家庭暴力的回应

---

① See Doris Marie Provine, *Unequal Under Law: Race in the War on Drugs*, University of Chicago Press, 2007.

② See Jonathan Simon, *Governing through Crime: How the War on Crime Transformed American Democracy and Created a Culture of Fear*, Oxford University Press, 2007.

③ See Veena Das, Arthur Kleinman & Margaret Lock et al. eds., *Remaking a World: Violence, Social Suffering, and Recovery*, University of California Press, 2001.

④ See Daniel M. Goldstein, *The Spectacular City: Violence and Performance in Urban Bolivia*, Duke University Press, 2004.

⑤ See Moyukh Chatterjee, *The Impunity Effect: Majoritarian Rule, Everyday Legality and State Formation in India*, American Ethologist, Vol. 44:1, p. 118-130 (2017).

⑥ See Laura J. McClusky, *Here, Our Culture Is Hard: Stories of Domestic Violence from a Mayan Community in Belize*, University of Texas Press, 2001.

方式。① 有的学者着力于分析反家庭暴力法的特征及实施,例如,反思在反家庭暴力法中,国家权力如何向日常生活领域延伸,以及法律保护存在的局限。② 还有学者通过对家庭暴力法庭的田野调查,分析影响家庭暴力案件发展和结果的要素,从而分析反家庭暴力的相关立法为什么往往收效甚微。③ 有的学者则研究家庭暴力司法实践中的证据问题,例如,讨论意大利法律程序中法律知识与权力的交织,以及多种话语的介入如何阻碍了家庭暴力受害者证词的法律有效性,④分析家庭暴力案件证据认定的阻碍⑤等。

第三,监狱。20 世纪后期,美国监狱制度急剧扩张,福柯权力视角下对规训和惩罚的讨论,影响了监狱制度的研究。这一时期,学者们聚焦现代惩罚和监狱改革形式,对其进行了批判,并在日益政治化和种族化的背景下进一步认识监禁系统的运作。⑥ 首先,学者们讨论了监狱的“种族化”问题,例如,对美国大规模监禁明显的种族化趋势进行分析,⑦

---

① See Edward Snajdr, *Gender, Power, and the Performance of Justice: Muslim Women's Responses to Domestic Violence in Kazakhstan*, American Ethologist, Vol. 32:2, p. 294-311(2005).

② See Mindie Lazarus - Black, *Law and the Pragmatics of Inclusion: Governing Domestic Violence in Trinidad and Tobago*, American Ethologist, Vol. 28:2, p. 388-416(2001).

③ See Mindie Lazarus - Black, *Everyday Harm: Domestic Violence, Court Rites, and Cultures of Reconciliation*, University of Illinois Press, 2007.

④ See Alessandra Gribaldo, *The Paradoxical Victim: Intimate Violence Narratives on Trial in Italy*, American Ethologist, Vol. 41:4, p. 743-756(2014).

⑤ See Alessandra Gribaldo, *The Burden of Intimate Partner Violence: Evidence, Experience and Persuasion*, Political and Legal Anthropology Review, Vol. 42:2, p. 283-297(2019).

⑥ See Lorna A. Rhodes, *Toward an Anthropology of Prisons*, Annual Review of Anthropology, Vol. 30, 65-83(2001).

⑦ See Mieka Brand Polanco, *Punishment and the State: Imprisonment, Transgressions, Scapegoats, and the Contributions of Anthropology: An Introduction*, Political and Legal Anthropology Review, Vol. 38:2, p. 200-203(2015).

以及对大规模监禁对不同种族健康的影响差异进行阐释。①其次,学者们对"监内"与"监外"的关系展开研究,例如,探讨美国大规模监禁对被监禁者他们的家庭及社区带来的广泛后果,②讨论监狱与社会的关系,以及监狱内与监狱外世界的衔接。③ 最后,学者们也关注被监禁的女性和青少年等群体,例如,分析在不同刑事处罚思想、话语和政策下的女性监禁实践;④讨论被监禁妇女的孩子赡养问题;⑤探讨更多女性和母亲入狱形式上的平等和中立,如何导致妇女和儿童权利实质性的不平等。⑥ 也有学者对青少年的监禁问题进行了讨论,分析巴西青少年监狱中的结构性暴力问题⑦等。

第四,社会空间治理/城市治理。现代社会对城市社会秩序的维持越来越依赖对空间的治理⑧。在法律人类学的研究中,城市棚户区、贫民窟以及与之相伴而生的街头帮派

---

① See Michael Massoglia, *Incarceration, Health, and Racial Disparities in Health*, Law & Society Review, Vol. 42:2, p. 275-306(2008).

② See Elyshia Aseltine, *Review Essay: The Perniciousness of Prisons: Documenting the Problems of Mass Incarceration*, American Anthropologist, Vol. 120:3, p. 595-598(2018).

③ See Manuela Cunha, *The Ethnography of Prisons and Penal Confinement*, Annual Review of Anthropology, Vol. 43, p. 217-233(2014).

④ See Rosemary Gartner & Candace Kruttschnitt, *A Brief History of Doing Time: The California Institution for Women in the* 1960*s and the* 1990*s*, Law & Society Review, Vol. 38:2, p. 267-304(2004).

⑤ See Lynne A. Haney, *Offending Women: Power, Punishment, and the Regulation of Desire*, University of California Press, 2010.

⑥ See John Hagan, Holly Foster, *Children of the American Prison Generation: Student and School Spillover Effects of Incarcerating Mothers*, Law & Society Review, Vol. 46:1, p. 37-69(2012).

⑦ See K. Drybread, *Documents of Indiscipline and Indifference: The Violence of Bureaucracy in a Brazilian Juvenile Prison*, American Ethnologist, Vol. 43:3, p. 411-423(2016).

⑧ Sally Engle Merry, *Spatial Governmentality and the New Urban Social Order: Controlling Gender Violence Through Law*, American Anthropologist, Vol. 103:1, p. 16-29(2001).

是学者们关注的重点。在对棚户区的研究中,学者讨论哥伦比亚棚户区犯罪及帮派的治安管理如何加强了社会空间、种族的界限,①关注布宜诺斯艾利斯棚户区居民如何通过变通策略来适应国家法律制度,从而提高其合法性的。②

学者还讨论了俚语如何划定里约热内卢贫民窟的社会和空间区域,并强化了巴西的差异化公民制度。③ 同时,学者还关注涂鸦的治理,分析在城市涂鸦治理中法律与社会的相互交织,以及社会群体在城市环境中活动时所具有的情感和政治意义。④ 值得注意的是,学者在对玻利维亚城市边缘社区义务警员滥用私刑所带来的民众不满及对国家合法性的挑战的研究中,提出了地理性的边缘区域从法律实践上看可能根本就不是边缘⑤。这个结论值得我们重视和反思。

[四]法律系统运作

2000 年至 2020 年法律人类学的研究有一个较大的变化,即对法律系统本身的关注和研究。学者们通过对守法、执法、司法实践的讨论,研究法律系统的运作过程及方式。

---

① See Jaime Amparo Alves, *Refusing to Be Governed: Urban Policing, Gang Violence, and the Politics of Evilness in an Afro-Colombian Shantytown*, POLAR: Politics and Legal Anthropology Review, Vol. 42:1, p. 21-36(2019).

② See Jean-Louis VanGelder, *Tales of Deviance and Control: On Space, Rules, and Law in Squatter Settlements*, Law & Society Review, Vol. 44:2, p. 239-268(2010).

③ See Jennifer Roth-Gordon, *The Language That Came down the Hill: Slang, Crime, and Citizenship in Rio de Janeiro*, American Anthropologist, Vol. 111:1, p. 57-68(2009).

④ See Faye Docuyanan, *Governing Graffiti in Contested Urban Spaces*, Political and Legal Anthropology Review, Vol. 23:1, p. 103-121(2000).

⑤ Daniel M. Goldstein, “*In Our Own Hands*”: *Lynching, Justice, and the Law in Bolivia*, American Ethnologist, Vol. 30:1, p. 22-43(2003).

人类学的“田野”开垦进法学传统问题领域,为理解法律实践、制度运作逻辑,及法与社会的互动和关系提供了极具启发的认识和洞见。

(一)守法

守法并非由一个法律规则自动生成的结果,而是一种社会行动的逻辑,需要意识、能力、条件和环境之间的相互联系①。法律人类学学者注意到与基于法律教条或威慑的策略相比,符合监管实用主义的策略即使在地方政府的薄弱环节也能够加强合规与守法②。但总体来看这一时期西方法律人类学的研究还未将守法作为一个动态的整体来进行讨论,比较多的研究集中在法律意识上。首先,学者提出法律人类学需要进一步认知青少年的法律生活和法律意识③。例如,学者们从青少年对冲突的叙事中理解年轻人如何理解他们日常生活中的冲突。④ 其次,学者们关注社会成员在各类社会场景中的法律意识,例如,从美国福利欺诈执法、⑤夏威夷斗鸡⑥中解读人们对他人如何理解法律的看法将会影响自身的守法行动;通过社会保险法在越南工厂工人生存策

① 李娜:《守法社会的建设内涵、机理与路径探讨》,载《法学家》2018 年第 5 期。

② Susan L. Ostermann, *Regulatory Pragmatism, Legal Knowledge and Compliance with Law in Areas of State Weakness*, Law & Society Review, Vol. 53:4, p. 1132-1166(2019).

③ Madelaine Adelman & Christine Yalda, *Seen But Not Heard: The Legal Lives of Young People*, Political and Legal Anthropology Review, Vol. 23:2, p. 37-58 (2000).

④ See Calvin Morrill et al., *Telling Tales in School: Youth Culture and Conflict Narratives*, Law & Society Review, Vol. 34:3, p. 521-565(2000).

⑤ See Spencer Headworth, *The Power of Second - Order Legal Consciousness: Authorities' Perceptions of "Street Policy" and Welfare Fraud Enforcement*, Law & Society Review, Vol. 54:2, p. 320-353(2020).

⑥ See Kathryne M. Young, *Everyone Knows the Game: Legal Consciousness in the Hawaiian Cockfight*, Law & Society Review, Vol. 48:3, p. 499-530(2014).

略中的作用,探讨工人法律意识形态如何跟随他们对自己不稳定状态的感知而变化;①分析精英律师避税技术中的法律意识②。最后,学者还探讨了公众法律意识如何被法院之外的法律动员和反动员所塑造③,以及文化资本与法律意识的关系。④

(二)执法

执法是法律系统运作中的重要内容,对执法过程的关注可以进一步理解法律与社会的互动过程、社会与国家的关系,以及文化是如何参与法律实践的。在这一时期的法律人类学研究中,对执法的关注主要集中在警察警务。首先,学者通过警务民族志对警察执法日常进行探讨,例如,对芝加哥社区警务组织机构、执法模式,以及与居民的互动等具体内容进行呈现;⑤从 2005 年法国城市大骚乱中法国警察与平民互动的民族志中,分析民众对警察的怨恨为何日益增长;⑥通过一起交通拦截案件,分析警察与公民在程序正义

① See Tu Phuong Nguyen, *Coping with Precariousness: How Social Insurance Law Shapes Workers' Survival Strategies in Vietnam*, Law & Society Review, Vol. 54:3, p. 544-570(2020).

② See Pascale Cornut St-Pierre, *Investigating Legal Consciousness through the Technical Work of Elite Lawyers: A Case Study on Tax Avoidance*, Law & Society Review, Vol. 53:2, p. 323-352(2019).

③ See Tamir Moustafa, *Liberal Rights versus Islamic Law? The Construction of a Binary in Malaysian Politics*, Law & Society Review, Vol. 47:4, p. 771-802(2013).

④ See Kathryne M. Young & Katie R. Billings, *Legal Consciousness and Cultural Capital*, Law & Society Review, Vol. 54:1, p. 33-65(2020).

⑤ See Wesley G. Skogan, *Police and Community in Chicago: A Tale of Three Cities*, Oxford University Press, 2006.

⑥ See Didier Fassin, *Enforcing Order: An Ethnography of Urban Policing*, Polity Press, 2013.

与合法性框架中的互动与谈判;①探讨秘鲁边境警察对贩毒者赃款的没收和私藏,如何影响了法律的实践和贩毒者的行动;②分析美国警察进入校园如何重塑儿童与警察互动的环境和频率,以及互动带来的效果;③在印度日常警务中探讨警察权威的临时性④等。

其次,学者们观察和讨论了警察执法中文化的介入及力量。例如,通过对非裔母亲的访谈,理解对法律的怀疑和对警察的偶尔信任是如何结合在一起的,并从中提取情境信任这一法律文化取向的概念。⑤

最后,还有学者对警务执法以外的一些执法问题进行了分析,例如,分析南非内政部移民服务处基层官员执法的行动、意义系统和挑战、⑥讨论印度街头小吃小贩与执法人员的冲突与合作;⑦以及关注世界反兴奋剂机构的兴奋剂监管

① See Belén V. Lowrey-Kinberg, Grace Sullivan Buker, "*I'm Giving You a Lawful Order*": *Dialogic Legitimacy in Sandra Bland's Traffic Stop*, Law & Society Review, Vol. 51:2, p. 379-412(2017).

② See Richard Kernaghan, *Cocaine's Minor Destinies: Ephemerality and Legal Threat on the Margins of the Peruvian state*, American Ethnologist, Vol. 42:4, p. 658-672(2015).

③ See Aaron Kupchik et al., *Police Ambassadors: Student-Police Interactions in School and Legal Socialization*, Law & Society Review, Vol. 54:2, p. 391-422(2020).

④ See Beatrice Jauregui, *Provisional Authority: Police, Order, and Security in India*, University of Chicago Press, 2016.

⑤ See Monica C. Bell, *Situational Trust: How Disadvantaged Mothers Reconceive Legal Cynicism*, Law & Society Review, Vol. 50:2, p. 314-347(2016).

⑥ See Colin Hoag, *The Magic of the Populace: An Ethnography of Illegibility in the South African Immigration Bureaucracy*, Political and Legal Anthropology Review, Vol. 33:1, p. 6-25(2010).

⑦ See Jonathan Shapiro Anjaria, *The Slow Boil: Street Food, Rights and Public Space in Mumbai*, Stanford University Press, 2016.

执法、①企业环境监管执法②等问题。

(三)司法

法律人类学对纠纷的关注,使得司法历来都是学者们关注的重心,区别于过去的研究,这一时期法律人类学对司法的关注更加注重将其作为问题的中心而非问题的场域。

第一,不同的法院/法庭类型。根据不同的司法管辖权及争议事由,纠纷往往由不同的法院/法庭来受理和解决。这一时期法律人类学的研究关照了这些丰富多样的法院/法庭。首先,是对国际刑事法院的研究。例如,学者们分析国际刑事法院的司法过程,并探讨在处理非洲地区的相关犯罪时,国际刑事法院面临的法律多元和社会环境的挑战;③通过国际刑事司法的民族志阐明国际刑事司法中的权力关系和动态变化,以及对相关地区的影响。④ 其次,是对主权国家内不同类别法院/法庭的研究。例如,学者们分析部落法庭如何促进了当地印第安社会的持续分层、⑤行动者在部落法庭中如何通过面对面互动积极建构传统概念;⑥研究南非

---

① See Kathryn Henne, *WADA, the Promises of Law and the Landscapes of Antidoping Regulation*, POLAR: Political and Legal Anthropology Review, Vol. 33: 2, p. 306-325(2010).

② See Robert A. Kagan, *Neil Gunningham & Dorothy Thornton*, *Explaining Corporate Environmental Performance: How Does Regulation Matter?*, Law & Society Review, Vol. 37:1, p. 51-90(2003).

③ See Kamari Maxine Clarke, *Fictions of Justice: The International Criminal Court and the Challenge of Legal Pluralism in Sub-Saharan Africa*, Cambridge University Press, 2009.

④ See Gerhard Anders, *Follow the Trial: Some Notes on the Ethnography of International Criminal Justice*, Anthropology Today, Vol. 23:3, p. 23-26(2007).

⑤ See Larry Nesper, *Negotiating Jurisprudence in Tribal Court and the Emergence of a Tribal State: The Lac du Flambeau Ojibwe*, Current Anthropology, Vol. 48:5, p. 675-699(2007).

⑥ See Justin B. Richland, *Arguing with Tradition: The Language of Law in Hopi Tribal Court*, The University of Chicago Press, 2008.

农村“传统法庭”的司法实践及文化背景、①吉尔吉斯斯坦长老法庭的裁判依据及方式;②分析社区法庭如何参与社区的治疗;③探讨法国青少年司法系统如何强化现有阶级和种族等级,并呼应了将越轨行为民族化将文化差异刑事化的公共话语;④以及对宪法法院进行宪法民族志的研究。⑤

第二,司法运作。首先,司法运作同时是法院的组织运作过程。因此,一些学者将视野放在了法院的组织运作上,例如,通过法庭的组织民族志解读法院组织日常实践中的法律多元、⑥探讨法院组织内部的官僚亚文化、⑦分析法庭服装与流行正义的关系,⑧等等。

其次,司法运作同时也是法院与社会互动的过程,除了

---

① See Sindiso Mnisi Weeks, *Access to Justice and Human Security: Cultural Contradictions in Rural South Africa*, Routledge, 2017.

② See Judith Beyer, *Customizations of Law: Courts of Elders (Aksakal Courts) in Rural and Urban Kyrgyzstan*, Political and Legal Anthropology Review, Vol. 38:1, p. 53-71(2015).

③ See Christine Zozula, *Courting the Community: Legitimacy and Punishment in a Community Court*, Temple University Press, 2019; See Avram Bornstein et al., *Tell It to the Judge: Procedural Justice and a Community Court in Brooklyn*, Political and Legal Anthropology Review, Vol. 39:2, p. 206-225(2016).

④ See Susan J. Terrio, *Judging Mohamme: Juvenile Delinquency, Immigration, and Exclusion at the Paris Palace of Justice*, Stanford University Press, 2009.

⑤ See Dicle Kogacioglu, *Progress, Unity, and Democracy—Dissolving Political Parties in Turkey*, Law & Society Review, Vol. 38:3, p. 433-462(2004); See Alexei Trochev, *Less Democracy, More Courts: A Puzzle of Judicial Review in Russia*, Law & Society Review, Vol. 38:3, p. 513-548(2004).

⑥ See Ido Shahar, *A Tale of Two Courts: How Organizational Ethnography Can Shed New Light on Legal Pluralism*, POLAR: Political and Legal Anthropology Review, Vol. 36:1, p. 118-137(2013).

⑦ See Brian J. Ostrom et al., *Trial Courts as Organizations*, Temple University Press, 2007.

⑧ See Lee Cabatingan, *Fashioning the Legal Subject: Popular Justice and Courtroom Attire in the Caribbean*, Political and Legal Anthropology Review, Vol. 41:S1, p. 69-84(2018).

司法本身的规则、程序,叙事的话语、文化等社会因素也参与到互动中。例如,学者们在美国巡回上诉法院审理与艾滋病相关的诉讼中考察司法如何受到叙事和修辞的影响,①讨论美国法律援助从帮助到自助如何模糊了专业人士与非专业人士、实质与程序、规则与关系之间的界限。② 司法实践也往往对个人和社会带来深远的影响。例如,学者以南非种族隔离时期受害者为例,分析进入司法程序参与诉讼如何影响参与人的主观转变;③通过布须曼人的诉讼,阐释法院如何通过程序赋予身份类别。④ 同时,学者讨论了司法如何强化与原住民有关的对立逻辑,复制霸权文化;⑤分析警察、检察官、律师、法官、原告和被告在缅甸刑事法庭中的互动,并揭示缅甸政治背景下的法院如何通过制定法律和秩序反对法治⑥。

再次,司法的运作离不开法官的行动。法律人类学同时对法官展开了研究,例如,分析黎巴嫩伊斯兰教法法庭法官作为宗教专家与法律专业人员的身份紧张关系,⑦探讨印度

---

① See Joe Rollins, *AIDS, Law, and the Rhetoric of Sexuality*, Law & Society Review, Vol. 36:1, p. 161-192(2002).

② See Alyse Bertenthal, *Speaking of Justice: Encounters in a Legal Self-Help Clinic*, Political and Legal Anthropology Review, Vol. 39:2, p. 261-275(2016).

③ See Rita Kesselring, *An Injury to One Is an Injury to All? Class Actions in South African Courts and Their Social Effects on Plaintiffs*, Political and Legal Anthropology Review, Vol. 39:S1, p. 74-88(2016).

④ See Maria Sapignoli, *"Bushmen" in the Law: Evidence and Identity in Botswana's High Court*, Political and Legal Anthropology Review, Vol. 40:2, p. 210-225(2017).

⑤ See Jennifer A. Hamilton, *Indigeneity in the Courtroom: Law, Culture and the Production of Difference in North American Courts*, Routledge, 2008.

⑥ See Nick Cheesman, *Opposing the Rule of Law: How Myanmar's Courts Make Law and Order*, Cambridge University Press, 2015.

⑦ See Morgan Clarke, *The Judge as Tragic Hero: Judicial Ethics in Lebanon's Shari'a Courts*, American Ethnologist, Vol. 39:1, p. 106-121(2012).

尼西亚法官在面对冲突的法律规范时是如何作出决定的,①美国的法官偏好如何影响儿童监护权裁决的结果,②比较美国和日本法官对爱情、性和婚姻的世界观,并探讨司法制度如何对此进行安排,③分析法官如何运用幽默,以及运用幽默的效果④等。

最后,学者还对人类学作为专家证人的相关司法问题进行了研究。例如,学者们对人类学作为法庭见证的民族志研究;⑤分析人类学专家证人在法庭上提供文化证据的挑战;⑥提出在维护原住民权利的案件中,专家证人在既定规范和程序下帮助解决案件,容易忽视导致权利侵害的结构性原因;⑦以及司法的文化辩护⑧等问题。

第三,社会变迁中的司法。2000 年至 2020 年,在研究被大规模侵犯人权行为所撕裂的国家,学者们使用过渡性司

---

① See John R. Bowen, *Consensus and Suspicion: Judicial Reasoning and Social Change in an Indonesian Society* 1960–1994, Law & Society Review, Vol. 34: 1, p. 97–127(2000).

② See Julie E. Artis, *Judging the Best Interests of the Child: Judges' Accounts of the Tender Years Doctrine*, Law & Society Review, Vol. 38: 4, p. 769–806(2004).

③ See Mark D. West, *Lovesick Japan: Sex, Marriage, Romance, Law*, Cornell University Press, 2011.

④ See Jessica Milner Davis & Sharyn Roach Anleu eds., *Judges, Judging and Humour*, Palgrave Macmillan, 2018.

⑤ See Shahla Talebi, *Ethnography of Witnessing and Ethnography as Witnessing: Topographies of Two Court Hearings*, Political and Legal Anthropology Review, Vol. 42: 2, p. 226–243(2019).

⑥ See Christopher A. Loperena, *Adjudicating Indigeneity: Anthropological Testimony in the Inter-American Court of Human Rights*, American Anthropologist, Vol. 122: 3, p. 595–605(2020).

⑦ See Juan Carlos Martínez, *Anthropological Expert Work in Today's Legal Field: Between Legitimizing the State Judicial Arena and Seeking Justice for Indigenous Peoples*, American Anthropologist, Vol. 122: 3, p. 632–638(2020).

⑧ See Melissa Demian, *Fictions of Intention in the "Cultural Defense"*, American Anthropologist, Vol. 110: 4, p. 432–442(2008).

法来标记法律的变化,即如何通过裁决此类侵权行为产生一个有益的未来。法律人类学家以柬埔寨过渡时期的审判为例,展现基层社会转化和培养过渡司法意识形态和实践的过程,以及过渡性司法对幸存者日常生活的积极和消极影响。① 有的学者分析在种族灭绝的卢旺达,法律调解在种族灭绝法庭、日常纠纷调解委员会和法律援助中的运用,是如何影响当地人生活的。② 除过渡性司法外,学者还对以下社会变迁中的司法问题进行讨论:分析马来西亚在接受新自由主义全球化,以及国家支持的伊斯兰化趋势中进行的司法转型;③探讨美国流行审判类节目《朱迪法官》和《人民法院》背后所反映出的日常生活中的法律态度转变;④通过巴西患者在法庭要求获得药品权利的过程,探讨生物政治司法化的趋势;⑤分析拉美新兴民主国家军事法庭的改革、⑥拉丁美洲的政治司法化、⑦新自由主义多元文化改革中墨西哥土著司

---

① See Alexander Hilton, *The Justice Facade*: *Trials of Transition in Cambodia*, Oxford University Press, 2018.

② See Kristin Conner Doughty, *Remediation in Rwanda*: *Grassroots Legal Forum*, University of Pennsylvania Press, 2016.

③ See Michael G. Peleta, *A Tale of Two Courts*: *Judicial Transformation and the Rise of a Corporate Islamic Governmentality in Malaysia*, American Ethnologist, Vol. 42:1 p. 144-160(2015).

④ See Steven A. Kohm, *The People's Law versus Judge Judy Justice*: *Two Models of Law in American Reality-Based Courtroom TV*, Law & Society Review, Vol. 40:3, p. 693-728(2006).

⑤ See João Biehl, *The Judicialization of Biopolitics*: *Claiming the Right to Pharmaceuticals in Brazilian Courts*, American Ethnologist, Vol. 40:3, p. 419-436 (2013).

⑥ See Brett J. Kyle & Andrew G. Reiter, *Militarized Justice in New Democracies*: *Explaining the Process of Military Court Reform in Latin America*, Law & Society Review, Vol. 47:2, p. 375-407(2013).

⑦ See Javier Couso, *Alexandra Huneeus & Rachel Sieder*, *Cultures of Legality*: *Judicialization and Political Activism in Latin America*, Cambridge University Press, 2010.

法的复兴与形式①等。

[五] 理论发展

在以上的这些研究主题中,大部分学者在呈现、分析具体问题的同时对相关理论进行了探讨,这些理论散落在各自的问题和研究主题中,有待进一步挖掘、分析和讨论。同时,在这一时期,法律与文化以及法律多元这两个理论议题出现了新的动态和发展。

(一) 法律与文化

法律与文化的讨论始终贯穿在这一时期法律人类学的研究中。经过前期的研究与积累,对于两者之间的关系学者们给予了较为清晰的界定。梅丽就指出法律和文化是权利关系体系的两个方面,法律不等同于文化,而是国家用来控制日常社会生活的一套独特的制度、规则和实践,尽管法律的规则、制度和实践是文化产生的。因此,法律与国家权力息息相关,法律和文化并不是两个平等的实体,在获取权力方面根本不平等。② 同时,根据研究的对象,学者对法律文化的概念进一步进行辨析,认为在探讨对法律的态度时应当使用"法律意识"而非"法律文化",并且,在使用"法律意识"或"法律文化"时需要考虑是用这个概念解释一种现象,

---

① See María Teresa Sierra, *The Revival of Indigenous Justice in Mexico: Challenges for Human Rights and the State*, Political and Legal Anthropology Review, Vol. 28:1, p. 52-72(2005).

② Sally Engle Merry, *Comment on Comments*, Law & Society Review, Vol. 38:4, p. 861-866(2004).

还是用来描述一个需要解释的现象。①

总体来看,这一时期法律人类学对法律与文化的讨论形成了以下两点认识。第一,重视作为权利的文化。例如,学者对文化权利在地方和全球化话语之间的紧张关系进行了分析;②通过解读文化与权利关系的文本,理解文化与权利之间的矛盾、模糊和僵局;③在文化抗辩中,分析法律、政治和文化之间的动态关系,④以及文化辩护现实操作中的阻碍;⑤讨论《印第安儿童福利法》中对印第安儿童的收养,提出也需要考量文化对儿童利益的重要性;⑥分析美国州政府在通过法律途径将美洲野牛界定为牲畜的去神圣化过程中,体现出的印第安部落与国家法律的文化冲突,并提出需要重视不同群体感知和建构自己环境并赋予其重要文化意义的权利。⑦

第二,重视法律与文化的相互构成与交织。⑧ 这些研究

---

① See Fred Bruinsma, David Nelken eds., *Explorations in Legal Cultures*, Elsevier, 2007.

② See Jane K. Cowan, Marie-Bénédicte Dembour & Richard A. Wilson eds., *Culture and Rights: Anthropological Perspectives*, Cambridge University Press, 2001.

③ See Jane K. Cowan, *Culture and Rights after "Culture and Rights"*, American Anthropologist, Vol. 108:1, p. 9-24(2006).

④ See Marie - Claire Foblets, Alison Dundes Renteln eds., *Multicultural Jurisprudence: Comparative Perspectives on the Cultural Defense*, Hart Publishing, 2009.

⑤ See Caroline Braunmuhl, *Colonial Discourse and Gender in U. S. Criminal Courts: Cultural Defense and Prosecutions*, Routledge, 2012.

⑥ See Caroline Brown, Lisa Gieger, *Culture and Compliance: Locating the Indian Child Welfare Act in Practice*, Political and Legal Anthropology Review, Vol. 24:2, p. 58-75(2001).

⑦ See Lloyd Burton, *Wild Sacred Icon or Woolly Cow? Culture and the Legal Reconstruction of the American Bison*, Political and Legal Anthropology Review, Vol. 23:2, p. 21-36(2000).

⑧ See Lawrence Rosen, *Law as Culture: An Invitation*, Princeton University Press, 2006.

包括:跨国背景下对夏威夷法律文化进行研究,探讨新英格兰法律文化与夏威夷制度变迁之间的联系;①分析社会的需求、利益和愿望如何表现在法律、立法者、学者和媒体的话语中,而这些话语是法律制定中对文化进行重新定义的过程;②探讨美国民事审判制度独特性的来源,并提出美国文化独特的价值观造就了其独特性;③分析不同政治背景下,法律政策如何回应社会的多元文化主义;④探讨文化、宗教和法律如何结合在一起影响着美国境内的公共土地管理⑤等。

(二)法律多元

在法律人类学的发展中法律多元理论的观点有很多,不同学者从不同视角解释了法律多元的多种状况,并形成关于法律多元的不同观点。⑥ 梅丽认为法律多元分为旧的法律多元理论——在殖民社会和后殖民社会中共同存在的欧洲法律与固有法律现象,及新法律多元理论——每个社会均存在的多元规范性秩序。⑦ 进入21世纪,法律人类学依旧未能对法律多元给出一个清晰和统一的界定,但是法律多元却

---

① See Sally Engle Merry, *Colonizing Hawai'i: The Cultural Power of Law*, Princeton University Press, 2000.

② See Jan Hoffman French, *Dancing for Land: Law-Making and Cultural Performance in Northeastern Brazil*, Political and Legal Anthropology Review, Vol. 25:1, p. 19-36(2002).

③ See Oscar G. Chase, Law, *Culture, and Ritual: Disputing Systems in Cross-Cultural Context*, New York University Press, 2005.

④ See Omid A. Payrow Shabani ed., *Multiculturalism and Law: A Critical Debate*, University of Wales Press, 2007.

⑤ See Lloyd Burton, *Worship and Wildness: Culture, Religion, and Law in Public Lands Management*, University of Wisconsin Press, 2002.

⑥ 参见张晓辉:《法律人类学的理论与方法》,北京大学出版社2019年版。

⑦ Sally Engle Merry, *Legal Pluralism*, Law & Society Review, Vol. 22:5, p. 869-896(1998).

是探讨社会问题、法律实践的一个重要理论视角。在这一时期,法律多元理论的发力点体现在两个方面,一是对习惯法与国家法律互动的持续关注,二是强调法律多元中各类规范的共同进化。①

关注习惯法与国家法律互动的研究包括,有学者研究发现莫桑比克习惯法的制定不仅根植于莫桑比克的历史和经济,而且也根植于跨国机构推动的新自由主义法律和经济改革。② 在巴布亚新几内亚外生法律制度与本土争端解决方法之间的互动中,学者探讨了在典型的多元国家中习惯法的必要性以及在不同法律领域的不同用法。③ 有学者通过研究博茨瓦纳传统法律对通奸的判决,探究习惯法如何受到司法决策(世界范围内通奸从犯罪转变为非罪)和社会风气的影响。④ 有学者发现在侵权问题方面,泰国的国家法律体系与以因果报应为主导的习惯法是相辅相成的,但全球化的发展使得泰国人远离村庄、神圣中心和习俗权威,伤害被认为缘起业力因此是受伤者的责任,这增加了通过国家法律获得正义的难度。⑤

法律多元中各类规范的共同进化研究包括,有学者提出

---

① See Richard Nobles & David Schiff, *Using Systems Theory to Study Legal Pluralism: What Could Be Gained?*, Law & Society Review, Vol. 46:2, p. 265-296 (2012).

② See Juan Obrrio, *The Spirit of the Laws in Mozambique*, University of Chicago Press, 2014.

③ See Melissa Demain, *Custom in the Courtroom, Law in the Village: Legal Transformations in Papua New Guinea*, The Journal of the Royal Anthropology Institute, Vol. 9:1, p. 97-115(2003).

④ See Pnina Werbner & Richard Werbner, *Adultery Redefined: Changing Decisions of Equity in Customary Law as "Living Law" in Botswana*, Political and Legal Anthropology Review, Vol. 43:1, p. 136-152(2020).

⑤ See David Engle, Jaruwan S. Engle, *Tort, Custom, and Karma: Globalization and Legal Consciousness in Thailand*, Stanford University Press, 2010.

研究国家法律和非国家规范的相互作用有着复杂的形态,应将法律多元本身视为一项监管项目,更好地促进国家和非国家规范之间的合作。① 学者们在印度宗教家庭法的裁决中分析多元规范与法律之间的互动、谈判和竞争,②探讨非国家主体如何以及为何效仿国家治理的各个方面来构建一个新的区域,通过权力增加法律多元,③讨论美国法律多元主义的结构性条件:主权多元主义,④分析法律和当地秩序创造性结合产生的独特话语,⑤探讨如何培育超越法律的正义⑥等。

[六]研究趋势与展望

第一,作为研究背景的全球化与现代社会。通过以上综述可以看到,全球化和现代社会是2000年至2020年西方法律人类学研究的核心背景。人类学"回家"将研究目光聚焦到了本土社会,发现本土社会的复杂性并不亚于遥远的异文

---

① See Brain Z. Tamanaha, Caroline Sage & Michael Woolcock eds., *Legal Pluralism and Development: Scholars and Practitioners in Dialogue*, Cambridge University Press, 2012.

② See Gopika Solanki, *Adjudication in Religious Family Laws: Cultural Accommodation, Legal Pluralism, and Gender Equality in India*, Cambridge University Press, 2011.

③ See Jaap Timmer, *Being Seen Like the State: Emulations of Legal Culture in Customary Labor and Land Tenure Arrangements in East Kalimantan, Indonesia*, American Ethnologist, Vol. 37:4, p. 703-712(2010).

④ See N. Bruce Duthu, Shadow Nations: *Tribal Sovereignty and the Limits of Legal Pluralism*, Oxford University Press, 2013.

⑤ See David Lipset, "*The Trial*": *A Parody of the Law Amid the Mockery of Men in Post-Colonial Papua New Guinea*, The Journal of the Royal Anthropology Institute, Vol. 10:1, p. 63-89(2004).

⑥ See Diana Bocarejo, *Cultivating Justice beyond Law*, Political and Legal Anthropology Review, Vol. 43:2, p. 304-318(2020).

化社会,现代社会充斥了许多有待进一步解释的社会现象与问题。在治理这些复杂社会问题方面,法律与政策被世界各国及国际社会给予了更多的期望。与此同时,人类学也在同其他社会科学一起积极为政策、项目和普遍社会知识做出贡献。① 基于此,法律与人类学碰撞出了更多的火花。作为一门交叉学科,法律人类学为移民问题、人权、跨国经济与风险、原住民权利等全球化过程中的重要议题提供了独特的认识视角与可供实践参考借鉴的理论。在人类学的发展中,“人类学的终结”已被多次预言,但从 2000 年至 2020 年的研究中看,哪怕是作为二级学科的法律人类学也依旧活跃在社会现实问题和法律实践的分析和讨论中。面对纷繁复杂的现代社会,人类学不仅试图描述世界,而且试图解释世界发生的事,并把学术遗产(独特的研究方法和视角)开放给越来越多的社会科学,②法学从中获益颇多。现代社会的迅猛发展和多样化,对法律提出了诸多难题和挑战,而同时法律也比以前的任何时候都深刻地介入公民生活、社会经济发展和社会秩序维持当中。法律人类学对问题深入的理解力,能够有效回应法律与现代社会的互动变化与发展。全球化与现代社会将会在接下来的发展中继续成为法律人类学研究不可忽视的研究背景。

第二,对法律本体论的重视。2000 年至 2020 年西方法律人类学的研究还有一个显著的特点,即对法律本体论的重视。在以往的法律人类学研究中,我们重视法律的认识论问

---

① See Anne Francis Okongwu & Joan P. Mencher, *The Anthropology of Public Policy: Shifting Terrains*, Annual Review of Anthropology, Vol. 29, p. 107 - 124 (2000).

② See John Comaroff, *The End of Anthropology, Again: On the Future of an In/Discipline*, American Anthropologist, Vol. 112:4, p. 524-538(2010).

题,例如,如何通过纠纷探究不同社会环境中的法律规范和作用,关注地方习惯法与国家法、国内法与国际法之间的相互构成。但是,这一时期学者们注意到法律本身是一种技术,具有自己的技术、美学和产品①,而在一国的正式法律体系内,法律与人们的日常生活也存在脱节。所以在这一时期,学者们对法律实践给予了更多的思考和研究。守法研究借由法律意识已初现端倪。以警务执法为代表的执法研究,对执法的日常模式、文化因素、执法行动与社会的互动进行了探讨,并将研究领域向移民、企业环境监督等问题扩展。而司法研究更是呈现出了爆发式的增长。学者们关注作为整体的法院:探究国际法庭、家事法庭、部落法庭、社区法庭等专门法庭的实践,以及法院组织的运作、司法实践中法院与社会的互动、社会变迁对司法的影响。学者们也重视作为个体的法官,对法官偏好、决策逻辑、个体行动进行分析。法律人类学对法律实践的关注,将当今社会和日常生活多个复杂方面聚拢在法律的维度中,并以此来回应法律本体的面貌。

第三,法律人类学研究的"非法"视角。在本文所考察的时间段内,西方法律人类学对"非法"现象的分析占到了研究的半壁江山。例如,对非法移民、非法经济、人权侵犯、犯罪、暴力、帮派、暴力执法等问题的研究。"非法"成为法律人类学探讨社会问题,理解法律实践的一个重要视角。"非法"视角为法律人类学的研究提供三个重要的研究方向和理论线索。一是"非法"在特定的社会、政治和空间产生,"非

---

① Susan Coutin & Barbara Yngvesson, *Technologies of Knowledge Production: Law, Ethnography and the Limits of Explanation*, Political and Legal Anthropology Review, Vol. 31:1, p. 1-7(2008).

法”抑或“合法”并非稳定、客观的,应当将其作为一种过程而非状态。① 二是非法行为突出了权力竞争方式的复杂性、多样性,反映了法律场域的博弈性,也提示我们法律有时需要面对自身的失败和意外。三是“非法”超越国家和非国家的二分法,重视社会生活的多样性,以及法律实践的复杂性。

总体来看,2000 年至 2020 年西方法律人类学的“田野”有了进一步的扩展,但是我们也不能否认,在丰富的研究议题之下是较为破碎的理论体系。在法律多元、法律与文化之后,西方法律人类学未能再提出具有统摄性的理论框架和视角。而人类学对其他社会科学的开放,也在一定程度上弱化了学科的特殊性与优势,法律人类学也面临这样的问题——法律人类学时常与法律社会学、历史法学难以区分。法律人类学发展中的这些问题也有待我国的学者贡献出更多的智慧与力量。

① See Josiah McC. Heyman, *The Study of Illegality and Legality: Which Way Forward?*, Political and Legal Anthropology Review, Vol. 36:2, p. 304-307(2013).

《法律和社会科学》(2023)　第20卷第2辑,第49~72页

访谈的学理

熊　浩*

摘　要:“访谈”是法律人类学中最重要、最常见的研究方法,由于其高度情景化的特征,既有研究较少从方法论层面对其进行具有原则高度的理论凝练,这使得“访谈”之方法丧失了本体维度,仅仅成为一种人际对话的步骤与流程。建诸法律人类学的理论基座上,通过对三个核心范畴的把握,即结构——受访者的社会性嵌入,概念——语义的待澄清特征,以及赋权——赋予交谈对象以生命经验的叙事主体性,可以梳理出访谈在本体与价值维度应该遵循的理论原则。对访谈理论的凝练与概括可以帮助我们更加清楚地理解访谈的本体意义,并为包括访谈在内的各种具有主体间性意义的对话实践提供原则依据与理论指引。

关键词:访谈　结构　概念　赋权　对话性

---

* 熊浩,复旦大学法学院副教授。本文系上海市教育科学研究项目“‘对话教育’视野下的非诉讼纠纷解决课程构造”(C19086)、上海市哲学社会科学年度规划项目“《新加坡公约》视野下上海现代化商事调解制度建构研究”(2022BFX007)、上海市人文社科重大项目“中国超大城市新型社会冲突的数据地图与共治化解”(2021-01-07-00-07-E00124)、国家社科重大项目“民事司法程序现代化问题研究”(21&ZD206)的阶段性研究成果。

导　言

访谈是法律人类学研究中最为常用和最为普遍的方法。其机制似乎不复杂,即研究者提出具体问题,受访者做出相应的答复。但是,田野调查中一个有效访谈的实际发生往往并不容易。以访谈之方式达至学术之目的,需要研究者具备良好的方法论训练和相关的经验积累。以中国的法律人类学研究为例,访谈并不是一个容易开展的工作,这主要是因为:其一,有效的访谈实际上是在展开一场纵深的生命交换,这有赖于对话双方对彼此的充分信任。而在现实中,受访者(如在政治、司法机关工作的人员)本能的自我保护意识使得对话双方的信任程度不足,这导致研究者通过访谈获取一手资料时会遇到种种困难。① 由于经验研究的严格的学术伦理尚未在国内得以广泛建立,若研究者在发表研究成果时背离学术研究最基本的"无伤害原则",则易导致受访者遭

① Donald C. Clarke, *Empirical Research into the Chinese Judicial System*, in Erik G. Jensen & Thomas C. Heller eds., Beyond Common Knowledge: Empirical Approaches to the Rule of Law, Stanford University Press, 2003, p. 164-165, 180.

受困扰,这在一定程度上也加剧受访者对访谈的排斥。① 其二,与定量研究中高度结构化的问卷调查不同,定性访谈通常是在一个松散的对话状况中展开的,并非在事前完整准备、在之后按图索骥即可完成。② 访谈的弥散特征,在具有人类学意义的参与观察过程中往往显得更为微妙。因为这一过程通常会将访谈以非正式的方式自然地嵌入人际互动的细碎过程。或许不少学人认为访谈就是一个简单的人际对话过程,不需要方法论的认知支撑,然而一旦进入真实的田野现场,便会发现访谈过程弹性、反复、断续、绵长——从哪里开始,到哪里结束;如何展开,如何转接,如何在对话过程中保持健康的氛围与必要的前进动力——对这些问题,研究者往往感到莫衷一是。当然,访谈的理论与方法对于资深的、已经颇有声望的学术名宿不会构成问题,因为后者已经积累足够的社会资本,在他们的访谈中,研究者全面地处在权力结构中的支配位置,很多时候,受访者与其说是在接受访谈,不如说是在配合工作。③ 在这种情况下,作为问题的"访谈的学理",在他们的研究视域中自然也被忽视了。

---

① 一个非常著名的例子是北京大学陈海华博士所著的《中县干部》。作者以田野浸泡的方式,通过挂职深入中国基层社会,对中国华东地区的一个县的政治生态做出了全息性的研究。但无论如何,由于匿名化处理和对研究对象保护的不利,该研究最终见诸报端,公众可以非常容易地知晓所谓的"中县"实际在哪里。由此,受访者很有可能因为其生活现实的暴露而遭受伤害(既可能是精神的,也可能是物理的)。这与社会科学研究中的"无伤害原则"严重背离。虽然这样的真实研究对促进国家具体问题之解决是有益的,但这一研究严重的学术伦理问题有可能伤害到学术共同体的声誉,这样的研究被暴露于众,会使得中国的公权力机关对将来的学术调研越发谨慎,会使得后续的研究在获取第一手资料时越发困难。

② 参见[美]艾尔·芭比:《社会研究方法》(第10版),邱泽奇译,华夏出版社2005年版,第293页。

③ 苏力:《法律社会学调查中的权力资源》,载朱晓阳、侯猛编:《法律与人类学:中国读本》,北京大学出版社2008年版,第364-368页。

应该看到,以“访谈”本身为研究对象的研究是一个真实的问题,但现有研究成果并不能让人满意。目前我们能够看到的关于访谈本身的研究都过于简单、琐碎了,大多是基于个体经验对研究历程的一般梳理,这使得关于“如何做访谈”要么变成完全没有必要去叙述的常识——要耐心,要真诚,要让受访者愿意说话;要么变成一种框限在个人经验中,无法与外人言说的底层门道,最终沦为宋人赵孝祥所谓“悠然心会,妙处难与君说”的莫衷一是。① 诚如前所言,访谈并不完全是一个标准化的问答过程,无法也不应该被僵化为凝固的步骤、确定的手段,从而变成某种机械性的流程框定。但建构关于访谈过程的具有原则高度的理论认知框架仍然是可能的、必要的、有意义的。这些原则框架可以帮助我们将访谈与田野调查的本体维度关联起来,从而统御细碎的访谈经验与技术流程,并解释为什么要使用这种技术,其背后的深层机制、理路和缘由为何,最终深化我们对访谈的理论理解,而不仅仅将它理解为某种个人化的随机过程。为了做到“纲举目张”,本文提炼出“结构”“概念”和“赋权”这三个关于访谈的基元性范畴,并以这三个基元性范畴为基础,建构对访谈的理论认知,以期为田野工作提供较为清晰的实践指引与理论概括,促进经验对理论的反照,以及理论对实操的指引,最终使得田野工作者的访谈技艺与方法论觉知得以精进。

[一] 结构:受访者的社会性嵌入

何为结构?我们是在结构主义的意义上定义这个语词

① [挪]托马斯·许兰德·埃里克森:《小地方,大论题——社会文化人类学导论》,董薇译,商务印书馆2008年版,第38-39页。

的。结构就是主体行动所嵌入的情景，某种源于自然条件、文化惯习、社会传统、规训体系、既有制度框架而形成的对人之主体行动的牵引、限制与塑造。在结构主义的框架下，这些外在于主体的社会力量被认为是左右人们选择和行为自由的原因。① 所以在结构主义者看来，人不是绝对自主、自为、自由的。人的主体性是某种结构书写的后果，是一种被动语态。后现代理论家关于主体——subject/subject to 之名词用法（主体性）与动词用法（臣服于）的具有高度洞见性的"文字游戏"，提示我们主体不是一种天然自主的资质，而是一种后天"他赋"的社会造就。结构主义路径也被一些社会科学家表述为社会化范式，该范式在本体论上认为人的行为在根本上受制于社会系统（特别是制度与文化），这种受制反映了社会系统对个体的支配，同时也塑造了顺服社会系统的个体内驱。孔德—斯宾塞—涂尔干—默顿的结构功能主义，便可以视作这一范式在社会科学理论中的具体表现。② 到了更为晚近的时期，马克·格兰诺维特（Mark Granovetter）在结构主义的脉络中，发展出"嵌入性"这个概念（embedment），用以解释主体与社会结构之间的互动逻辑——"行为主体的举止和决定并非如同一个外在于社会环境中的原子一般，也不会盲目地依附于他们恰好所处的社会类型给予他们的脚本。反之，他们对于目的性行为的尝试是嵌入在具体的、持续的社会关系系统之中。"③

---

① ［英］安东尼·吉登斯、［英］菲利·萨顿：《社会学基本概念》（第2版），王修晓译，北京大学出版社2019年版，第33页。

② Tang Shiping, *Foundational Paradigms of Social Sciences*, Philosophy of the Social Sciences, Vol. 41:2, p. 211, 225-226(2011).

③ Granovetter Mark, *Economic Action and Social Structure: The Problem of Embeddedness*, American Journal of Sociolog, Vol. 91:3, p. 481, 487(1985).

结构视角其实是在提醒我们,活生生的人,是一种受制于社会事实的存在。我们永远站立在即成事实的这一端,在历史时光既成事实的此际,领受着一个民族的过往,承继族群的记忆,使用共通的语言与符号;或者更为具体的,我们生活在某一个现代民族国家、文化域、制度结构、意识形态和权力关系之中。① 在很大程度上,这些社会外部因素构成对主体能动性的限制,这种限制不是规范意义上明示的典章制度,不是暴力的被迫与强制,而是一种对想象力、存在意识、认同边界、意义与叙事可能性的钳制。例如,因纽特人对"雪"有几十种区分词汇;在中文语境中,上古汉语赋予各种动物的阉割以专名,如羊曰羯,狗曰猗,鸡曰阉,人曰宫,猫曰净等。② 如果我们不在因纽特人或者华人的文化脉络里,便无法掌握这些对世界的精微理解。那么反过来,我们在特定的某一个文化脉络里,受其馈赠,也受其局限。所以,这种成全与限制,构成了一个人的主体性内容。在结构视域下重新打量那个为理性主义和自由主义所建构和描摹出来的主体性,便很容易发现这种建构和描摹脱离社会语境时的脆弱——主体性无法源于一种纯然内生的自由意志,不过是那些外在于我们的力量,最终润物无声地渗入我们的肌肤,内化和造就了我们"自以为是"的自己。用海德格尔的概念,结构性的这种先在与前设,被他称为理解的"前结构"。这种"前结构"在访谈中的发生是已然的,是必然的。访谈的过程是"多主体"之间的交互,正是我们彼此相异的前结构,构成了彼此相异的你我,构成了个体之"我"之所以成为

① Hans E. Jensen, *J. A. Schumpeter on Economic Sociology*, Eastern Economic Journal, Vol. Ⅱ:3, p. 257-258(1985).

② 叶舒宪:《地方性知识》,载《读书》2001年第5期。

“我”而不是“你”或“他”的基础和依据。是结构嵌入的差异,构成了“前结构”的差异;是“前结构”的复数,构成了主体性的复数,构成了多主体交互的这一现实。对于此,伽达默尔的话似乎更直接一些——“不是我们的判断,而是我们的成见构成了我们的在。”①

我们在这里对结构之含义进行归纳,是想突出,无论是在哲学上还是人类学上,结构对人的主体性所产生的建构性力量,以及人们之行为会受其影响,这是一个非常显在的事实。所以在方法论意义上,结构问题便构成人与人之间不可能直接理解的理由,也使相互理解的努力成为必要。在法律人类学的田野调查中,访谈意味着访问者与受访者不同结构的交织与叠合。我们甚至可以用婚姻来比喻这其中的相互作用关系。在高度个体的意义上,婚姻仅仅被理解成两个人相互眷爱后的制度连接;但在结构的意义上,婚姻不仅仅是狭小断面上的欢喜际遇,它更意味着两套“结构”的交叠,意味着生活方式、精神价值、家庭背景、文化默契、财富水平是否能够以某种有机的、彼此融洽的方式和谐互浸。从这个意义上讲,法律人类学田野调查中的访谈,不是一次“信息的交换”,而是一场“意义的联姻”。研究者对受访者结构状况的敏感与自觉是访谈过程中最重要的理论意识之一,这种理论意识甚至先于研究设计与访谈过程的开始而存在。我们从结构意识与“意义联姻”这一方法论基元性范畴出发,大量质化研究中具体的“行动指南”便可以被有效统辖。例如,通常人类学的研究者在进行田野调查时,会提示进入田野的其他伙伴们注意自己的穿着,不要过分光鲜或与众不同。因

① 王治河:《后现代哲学思潮研究》(增补版),北京大学出版社2006年版,第199-200页。

为过分光鲜的衣着会将研究者结构状态的异质性凸显出来,妨碍研究者顺滑地与在地的结构脉络有机连接,从而产生访谈中的疏离。再如,研究者们曾建议,访谈过程应该尽可能在受访者的工作场地完成。这一方面是因为很多时候工作情景下的状态就是我们真正需要了解的,而另一方面是因为受访者的工作现场,即其生活世界的一部分,可以为我们理解受访者的话语与行为提供结构性的信息,受访者所嵌入的现实情景本就是田野调查需要去理解的一个必然部分。① 又如,当我们对访谈对象的结构感到陌生或无法把握时,这场"意义联姻"便需要"媒人"。一个有效的"媒人"是一个对访谈双方的结构状况都谙熟了解的中介,他的工作不仅仅是成为双方发生连接的信任导体或联络中介,更重要的是成为陌生结构相互联通、彼此理解的"过渡性结构"。相互陌生的对话主体当然也可以交流,但却不容易触及对方所嵌入的结构状况的深度理解。那些被称为"地方性知识"的内容,不仅是一种从受访者口中得到的具有信度的信息,更应该是对受访者所嵌入的结构状况的意义暴露。② 否则,我们携带着自己前结构的限制、前见、预设、意识形态,贸然进入另外一种结构,结构之间的摩擦会使访谈的深层价值如果不是不能实现,至少也是困难重重。在一个合适的中介,即过渡性结构的协助下,实现的不仅仅是对信息的收集,更是对结构意义的理解。用接受美学的话语来说,更好地达致所谓的"视域融合"。

---

① 刘思达:《法律社会学的定性研究方法》,载王启梁、张剑源主编:《法律的经验研究——方法与应用》,北京大学出版社 2014 年版,第 18 页。

② [美]大卫·费特曼:《民族志:步步深入》,龚建华译,重庆大学出版社 2007 年版,第 27 页。

除了这种对访谈者和受访者产生影响乃至塑造意义的先在结构,我们还应该敏感地意识到访谈的过程本身也构成了一种结构,一种在场结构,即结构亦包括在具体而微的访谈过程中所形成的人际辖制。在访谈中,研究者的主动介入,受访者的应对反应,一些参与人没有明显自觉的行为,以及环境设置,都会产生结构性的影响。例如:

> 这位领导者希望让成员们谈谈他们离开这家医院的恐惧,开始时,他看着乔,坐在领导者左侧的一个过分热情的成员。
>
> 领导者:你们所有人可能都有一些与离开医院有关的恐惧。我希望你们中的一些人能谈谈这些恐惧。(现在扫视团体中部的成员)谁愿意和大家谈谈这些恐惧?不论是严重还是轻微的都可以(领导者的目光现在固定在右侧成员们的身上)。
>
> 在这个例子中,领导者是希望团体中部或者右侧的成员会首先发言。通过结束他的问题时让乔完全处于他的视线之外,这位领导者增加了除乔以外的某成员开始这场讨论的机会。
>
> 领导者也可以应用他们的目光来帮助他们切断正在发言的成员的话。如果一个成员已经讲了一阵子了,那么一种非常微妙但经常很有帮助的打断技巧就是领导者避免和发言做目光接触。当领导者并不注意他们所说的话时,成员们通常会很快地停下来。①

① [美]Ed E. Jacobos, Robert L. Masson, Riley L. Harvill:《团体咨询的策略与方法》,洪炜等译,中国轻工业出版社 2000 年版,第 169-170 页。心理学情境中的话语主导者也被称为领导者。在访谈情境中,这个角色就是发出问题的学者。

上面这个例子非常生动地展示出在场结构对人际对话的影响,这种影响甚至具有某种“微观政治学”的意味。对此,吉登斯敏锐地提出“结构的二重性”(duality of structure)这一概念。在吉登斯看来,结构不是僵硬不变的,“结构”与其在社会学上的对立范畴“能动”(agency)之间其实具有相互包含的现实关系。所以结构会影响能动,而能动行为的叠加也可以构成一种新的结构环境或结构限制,从而影响后续行为。① 结构—能动—由能动构成的新的结构—新的能动,所有的对话过程都是在这样一个或许明显,或许隐秘的结构与能动的二重性状态中进行。因此,访谈者也应该对“由能动构成的新的结构”保持敏觉。在理论上,充分理解“能动—结构”彼此嵌套与相互作用的辩证关系;在实践中,觉察自己的行为,即使态度恳切、善意、真诚,也不可避免地营造了一个与受访者互动的结构状态。一些具有微观政治学意义的权力压迫,依旧有可能让受访者被动地嵌入访问者(研究者)的主体结构,从而导致对受访者深层主体意识的遮蔽。例如,在人类学的访谈中,受访者时常体现出前台表演与后台真实的分裂。“很多田野工作者被他们的主人待若上宾,用特别尊敬和礼貌的方式和他们对话,诸如此类。这样就可能存在一种风险,主人们耻于将社会中的某些方面展现给高层次的陌生人看,因此职业工作者可能永远也看不到那些方面。”②这种状况的出现,实际上暴露了访问者的主体状况压制受访者的主体性这一问题,使得他们以某种非自然的方

---

① [英]安东尼·吉登斯、[美]菲利·萨顿:《社会学基本概念》(第2版),王修晓译,北京大学出版社2019年版,第33页。

② [挪]托马斯·许兰德·埃里克森:《小地方,大论题——社会文化人类学导论》,董薇译,商务印书馆2008年版,第37页。

式，将自己"缝合"入访问者的结构设定中。所以，对前结构及在场结构的敏感，对自己行为乃至那些无生命的物件于访谈结构性状况的影响作用的敏感，对于确保有效、真切、有深度的访谈过程意义重大。这一点我们会在后文的"赋权"部分进一步展开。

[二] 概念：语义的待澄清特征

安杰洛和布莱恩在他们著名的《认识管理》一书中，将语义障碍列为影响有效沟通的三个重要障碍之一。他们举例说道："当一个监督者告诉你，'我们要立刻将这件事完成。'这是什么意思呢？'我们'仅仅是指你吗？还是指你和你的同事呢？或者你、你的同事和老板呢？'立刻'指的是今天、明天还是下个星期呢？"①类似地，在斯蒂芬等所著的《民族志方法要义》一书中，作者举例提醒我们："请受访者澄清某个词的意思——你用了'玩玩'这个词。你的意思是什么？能举个例子说明一下你用'玩玩'表示什么吗？"②

人类是通过概念来把握外部世界的，所以所有的话语言说都以概念作为其表意载体。但社会语言学和阐释学都认为概念是模糊的，即使概念的使用者尽力使其细致、精准，也无法完全收缩其多元解释的空间。理论家们讨论的所谓"能指—所指""作者已死""被抛状态""主体视域"都涉及语言与概念的不确定性这个问题。罗素把上述情况概括成哲学

① [美]安杰洛·基尼齐、布莱恩·威廉姆斯：《认识管理：管什么和怎么管的艺术》，刘平青等译，世界图书出版公司2013年版，第439页。

② [美]斯蒂芬 L. 申苏尔等：《民族志方法要义：观察、访谈与调查问卷》，康敏、李荣荣译，重庆大学出版社2012年版，第89页。

中的一个经典命题——“桌子和桌子本身”①。假设我们面前有张桌子,我们的感官只能捕捉到它的质感、颜色、体积、硬度及它的实体性存在。但这五个方面一定是在我们脑中经过某种高度的抽象过程,才成为被我们称为“桌子”的东西。但“桌子”这一概念已经把质感真实转化成了一种处置,一种凝练,一种通过语词对真实质地的隔离。所以当我们问“这是什么”的时候,你会发现“这是桌子”这样的描述其实极为不真切。因为一些源于感性认知的对这个桌子本身的质感体验在这一概念抽象的过程中被清洗掉了,使得我们在使用“这是桌子”这一语词对那个特定感性对象进行描述时,终究无法把“此桌”与“彼桌”这些完全不同的具象区分开。换言之,当我用语言描述时,已经在化约了。那如果我们进一步描述这张桌子有多宽、有多高、什么颜色、被放置在哪个具体地点,是不是就可以准确地描述它了呢?并非如此。在对话情景中,如果这些看上去客观的语词描述不幸地出现在对话者理解的非共识领域(例如,我们对高、红色这些概念的理解不尽相同),依然是看似相互理解的“鸡同鸭讲”。如柏格森曾指出的:

> 我们借助不变的概念把握动态对象的方式,对于常识和语言,对于实际生活,甚至对于实证科学来说,都是必要的。但是,人们对于传统的概念认识的理解存在迷误甚至危险。这是因为每一个概念在对象方面所描述的,都只是这个对象与其他对

① 罗素的原问题是:第一,到底有没有一个实在的桌子呢?第二,如果有,它可能是个什么样的客体呢?

象共有的东西或相似的性质。这种相似的性质是对象的一种属性,这种属性看起来似乎拥有它的那个对象的一部分,这很容易使我们认为,如果我们把概念一个一个排列起来,就等于把对象本身的各个部分重新构成了其全体,因而也就可以说是获得了对象的"精神等价物"……这种理解是错误的,因为事实上这些一个个排开的概念所能提供给我们的,绝不是实在的真实图像,而"只不过是一种对于对象的认为拟构,它们只能把对象的某些一般、也可以说是非个别的方面化为符号,因此……概念给我们提供的只不过是实在的影子而已"①。

用概念来触达真实是困难的。不仅如此,对"概念"的使用还可能让访谈陷入僵化的陷阱,即试图用语词的统一性,覆盖和取消生命意义与生命经验的多样性、生动性与复杂性。尼采就指出"几千年以来,哲学家所处理的一切,都是概念木乃伊;没有任何真实的东西活着逃离他们的魔爪。当他们表示敬慕时,这些崇拜概念偶像的先生们实际上是在宰杀,是在剥制——当他们表示敬慕时,他们把一切事物都变成了有生命危险的东西……存在者不变化,变化者不存在。"②从这个意义上,概念不仅无法真切地描述真实,而且会产生对真实倾轧的危险。更加危险的,则是依赖一套先验的逻辑化、抽象化、标准化的概念体系来进入田野。这种僵化的概念设定,对于田野调查中的访谈者进入受访者的意义

① 王天思:《哲学描述论引论》,上海世纪出版集团2009年版,第240-241页。

② [德]尼采:《偶像的黄昏》,李超杰译,商务印书馆2013年版,第19页。

世界所起到的作用是致命的。因为“它以抽象的概念为工具,而概念虽然作为满足于我们生活的实用目的的工具是有用的,但要想通过它们达到事物最内在的本质则不可能,因为它们只能变动为静,变个别为一般,变杂多为单一,变全体为部分。一句话,把川流不息的,活生生的实在肢解成一堆毫无生气的碎片”①。

到这里,我们看到了概念语词的两个特征:一是模糊性,二是僵化性。前者构成访谈的动力,后者构成需要我们去特别留意的问题。基于此,我们便需要在访谈过程中不断将概念“问题化”。由于我们不信任僵化的概念,所以对研究者而言,诸多受访者的回答依然需要不断“澄清”,从而更加全面地挖掘和释放这些概念语词的意义空间。由此,我们可以在访谈中将更多看似“清晰”实则模糊的语词转化为进一步追问和需要受访者澄清的内容。对概念保持的“不信任”可以使访谈过程获得一个极为辽阔的问询空间,而这个问询空间在多大程度上能够被访谈者打开,意味着在多大程度上受访者的生命脉络得以完整延展,标志着一个访谈的品质和深度有几何。例如,作为研究冲突解决的学者,笔者在进入冲突情景的田野时,会遭遇受访者大量使用价值判断、形容词对冲突进行描述,以表述自己的喜好、感觉、印象、态度的情况——“我对他们每天晚上搞噪音非常反感”“他就是有病”“应该就是他,他就是这种人”等。在这种情况下,访谈者可以通过“同义转述”(paraphrase)的技术介入②,厘清和发现这些模糊语词的具体含义:

---

① 王治河:《后现代哲学思潮研究》(增补本),北京大学出版社2006年版,第112页。

② 熊浩:《“聆听”:作为一种技术方法和哲学范式》,载《复旦法律评论》2019年第6辑。

“扰民”——“常常在深夜两三点大声唱歌”。

“反感”——“深夜无法入眠,失眠影响工作和健康”。

“有病”——“是他破坏交通规则在先”。

“应该就是他”——“我在监控录像中看到一个外貌上和他非常近似的人”。

“这种人”——“脾气暴躁,有可能对他人造成伤害”。

注意,这里不仅是对语词进行事实辨认,而且是邀请对方对话语的意义以及事实现场进行进一步的陈明。要知道,属于访谈者的那种独特的真实不会自我呈现,相反地,它常常为僵化、抽象的概念所遮蔽。将真正的议题、经验事实以及受访者的深层关切从复杂而模糊的形容词表述中重新邀请出来,是访谈展开的关键。这种辨认不是一次性的。当对方给予我们澄清性答案的时候,可能会又包括新的概念。保持着对概念的持续性“怀疑”,然后邀请受访者对这些概念进一步澄清,这是访谈中的关键过程。例如:

“反感”——“深夜无法入眠,失眠影响工作和健康”。

对于这一表述可以进一步询问展开:

“深夜一般是多晚了?您说的工作是指什么?对工作造成了哪些具体的影响?您说的健康是什么意思?或者,影响健康具体是什么感受、什么状态,能举个例子吗?”

将互动中不断产生的概念,通过持续的“敏感”“怀疑”和“问题化”,形成一次次探问、张望与好奇的互动契机。于是,概念便构成一个个我们通往深度理解的门孔或抓手。更为具体的,在探问、张望和好奇的大方向上,我们通过将概念问题化,鼓励受访者从“概念性话语”向“叙事性话语”转换。具体发生了什么、遭遇了什么,是什么造成如此这般的看法,是在怎样的现实际遇、人际互动、权力结构中最终形成如此这般的认识,比“是什么”要重要得多。在访谈的现场,我们期待通过大量开放性的提问,用日常性话语,使受访者成为叙事主体,从而走回到他们的经验历程中去,获得某种叙述的流动性,发现某种脉络性。叙事不是判断与论证,叙事更像一个剧本,是一个有开始、有发展、有遭遇、有观感、有体会、有情绪、有结果、有角色、有画面、有互动的流动过程。叙事能让研究者进入研究对象的视角,与他/她分享相似的视域,关照他们的关照,理解他们的理解。① 如果说概念提供的是模糊、僵化的断点,是对经验事实与体验过程的暴力抽象,是对被访谈者叙事主体性的遮蔽与贬损,那叙事的持续性展开则为访谈提供一个连续而丰富的过程维度,从而为研究者理解受访者提供具有质感的意义支撑,使概念的僵死状态得以活化。对的,"活化"——用这个语词描述从"概念"到"叙事"这一访谈过程的变化是再恰当不过的。让受访者生命中包含的经验性力量充分地流淌而出,将概念降维成丰盈的质感细节,降维为地方性知识、生命性过程、个体性书写、连贯性剧本、主体性角色。通过"描写",而不是下"判断";强调"过程",而不是"节点";依赖"好奇心"而不是"分别心",才可以将访谈对象的经验活化,才能证明你真的找到了合适的访谈对象而不是一个事件过程的"旁观者",才能突破概念对我们认知真实经验的迷障,才能使得真正的触及主体意义维度的信息得以和盘托出。

[三] 赋权:赋予交谈对象以生命经验的叙事主体性

访谈的方法是站立在人类学基座上的,因此它也分享着

① [美]斯蒂芬 L. 申苏尔等:《民族志方法要义:观察、访谈与调查问卷》,康敏、李荣荣译,重庆大学出版社2012年版,第96页。

人类学基础的价值关怀。从人类学视角看，量化数据是一个将生命扁平化的暴力过程，仅仅关切数据，是一种对个体幽深意义空间的漠视和冷淡。是的，“把人们和他们所作的事情简化为数字，会有一定的‘非人化的’效果（比之血肉之躯的人类所关切的事情，人们更容易忽略‘不带个人感情色彩的数字’所涉及的事情），而且会阻碍我们讨论不太易于数学化的重要问题。”①在这里我们并不是说数据不重要，而是说我们在数据中很有可能会丢失一些真正重要问题的答案——基于不同的主体视域，什么是他们与众不同的意义。因此，从方法论角度看，定量与定性研究分别暗含着一些前提性的价值假定：

> （定量研究）假定研究者关注的对象和时间独立于人们的认识而存在，因此它们只是一种真实的面貌……那种认为事件可以因为参与者的构建而呈现出不同的面貌，且每种面貌都在某种意义上具有真实性的观点构成了质性访谈的基础，但不为实证主义者认可。例如，根据实证主义的基本原理，调查研究设计出诸如“你的年龄多大了？”或者“上次选举中你投票给谁？”之类的标准化的问题来询问被访者。在他们看来，这种简单的标准定义是无可置疑的，因为大多数人对问题的含义持有共识。但是人们对于公平、幸福或宗教信仰的认识是不同的。诠释主义者指责这种把标准定义强加给不同人群的做法容易带来误解与混淆——两个被同样

① ［美］威廉·A. 哈维兰：《文化人类学》（第10版），瞿铁鹏、张钰译，上海社会科学院出版社2006年版，第29页。

回答“是”的时候,可能包含了不同的意义。①

所以访谈在人类学田野调查的脉络中,其功能就是将藏在表面叙述深处的内在意义挖掘出来,是进入对方的“结构”,是理解对方的“概念”,而不是用一种既定结构或概念体系对对方进行控制与笼罩。所以,对于开展田野研究的法律人类学学者而言,“关注的重点是个案的复杂特质,而不是作为整体的母体。它并不是对一系列数值的陈列。我们想要发现的是一个复杂的具有边界的系统的实在状况……”②这一研究历程要求研究者对访问对象所嵌入之场域与社会结构深度理解,真诚地将“局外人”的视域与被研究的“局内人”视域充分融合,对研究的每一步推进带有高度的反身性,警惕着知识权力与阐释冲动扎穿现实的薄膜,由此造成新的支配。所以访谈在过程维度与目标维度,都应该是一个赋权(empower)性的活动,即给予对方力量;是让真正拥有生命经验的当事人,自己阐述自己的体验、关切、为难、认知,完成他们自己的叙事剧本,成为他们自己叙事真正的主权者——这不仅仅是一个研究伦理问题,更重要的,这关乎访谈的价值和田野调查的基元性意义。如果你访谈的目的不是让受访者真正成为叙述的主体,而是仅仅希望他成为自己既往定见的又一个机械的背书人,或者一个微末的技术参数与经验证据,那又何必去如此细腻、周全地完成访谈呢?让当事人充分诉说,让研究者自己做一个合格的听者,这就是在访谈

① [美]赫伯特·J.鲁宾、艾琳·S.鲁宾:《质性访谈方法:聆听与提问的艺术》,卢晖临等译,重庆大学出版社2010年版,第21页。

② Robert B. Burns, *Introduction to Research Methods*, Addison Wesley Longman, 1996, p. 365.

过程中访谈者所需要的基本赋权意识。

对这个问题提供更为深刻理论阐释的是福柯。众所周知,福柯揭露了知识与权力之间构成性的关系,他认为权力在运作的过程中建构和生产着“真理”——这些观念似乎都已经为学术界所熟知。而在技术层面,福柯的基本观点被心理学采纳后成为叙事对话方法,而这种方法有效地在技术层面实现了访谈之赋权功能。对于此,Michael White 和 David Epston 在他们著名的《故事、知识、权力:叙事治疗的力量》一书中清晰地阐述了这一问题。他们指出,在现代知识构架中会催产某种知识的优越,即某些知识比其他知识优越,由是便产生了压迫与臣服。① 这种优越的知识形成主流叙述,成为一种“全面性的专制”,使得其他叙事可能被窒息。学者在进入田野时,时常会不经意地裹挟这种优越。这种优越可能表现为自己对田野状况的那种自信、知识上的成就感、笃信的研究设计与预设、由专业性导致的居高临下、一种言之凿凿的确定性判断。对理论的熟悉和之前田野经验的浸泡让研究者可以自诩成为一名专家,他已经无须再小心翼翼地进入田野这个陌生的领地——“我真的很懂他们,我可以搞定!”我们常常有意无意地为专业知识的优越感所包裹,所以 White 和 Epston 提示我们:

> 我们只能假设我们总卷入权力/知识的领域当中。所以我们努力设定一些状况,鼓励并批判自己在这一领域形成的做法。我们要辨识自己的做法所处的观念脉络,探索这些观念的历史。这样,我

① [澳]Michael White,[新西兰]David Epston:《故事、知识、权力:叙事治疗的力量》,华东理工大学出版社 2013 年版,第 18-19 页。

> 们才能清楚地认识这些观念和我们的做法可能的效应、危险和局限。①

更为具体的,White和Epston建议当人际互动发生时,我们应该将访问对象与一体化的知识分开,要有意识地洞察对方的"顺民"状态,要去唤醒对方主体的"活跃精神",复兴受访者被压制的知识,"邀请人们思考怎样打开空间以备未来实行和流传这些知识,他会开始欣赏自己独特的奋斗史,在构成的自己生活与关系时更明白地容纳这些知识"②。所以研究者需要去唤醒对方的主体性,需要去听真实的"底层故事",那种有可能被主流叙事压制的"底层故事"。这里的"底层故事"并不是一种思想左翼的浪漫,认为知识分子应该俯下身子,去关心劳苦大众的生命体验——不是的。这里所谓的"底层故事"是指受访者本来拥有的个体叙事却被主流表述倾轧、削弱、排除,以至于受访者无法用自己的语言系统描述自己的故事,从而陷入一种言说的乏力,抑或受访者语词的不能自已。笔者曾经在云南德宏的傣族村寨做田野时遇到这样的状况。在我们就法律问题与居民和村干部进行人类学访谈时,当知悉了你的问题,他们会娴熟地调动"法律意识提高""利用法律解决问题"这一系列主流政治话语来对生活事实进行描绘。③ 如果我们匆忙地由此便得出结论,即村民的"法律意识"已经提高了,那我们就被村民对主

① [澳]Michael White,[新西兰]David Epston:《故事、知识、权力:叙事治疗的力量》,华东理工大学出版社2013年版,第23页。

② [澳]Michael White,[新西兰]David Epston:《故事、知识、权力:叙事治疗的力量》,华东理工大学出版社2013年版,第25页。

③ 熊浩:《思家诉讼——一个中国少数民族基层社区民事赔偿案件的法学与人类学观察》,载《学园》2010年第5期。

流叙事的依附状态蒙蔽了。我们看到的也许仅仅是个人语词与政治话语之间的拼接与缝合。这种与主流叙事的拼接与缝合使得个人可以自信地言说,使得个人的言说得以领受“政治正确”的犒赏,领受学者们的赞许。但也许这种叙事依附与话语拼接并不是真相本身。访谈应该更加细腻地进入生活世界,进一步追问底层故事真的是这样吗?村民如何理解所谓的“利用法律解决问题”,如何理解纠纷解决中的要素、价值、策略,如何理解现代司法体制的制度供给?——必须说明,这些提问的方式都太不“地方性知识”了,太缺乏对在地结构与主体概念的嵌入性尊重了,也许更好的、更具有赋权意义的问题应该是用方言问出——“咋个说,么寨子里面有人打架么还是老人来处理噶?”“处理的时候么你们噶有刻(去)瞧瞧?”“打伤人了么咋个办?”“装房里面说么是村公所里面说?”“村干部处理不了咋个整?”——这些更具有赋权意义的问题,才可能使得底层经验被解放,从而获得一个被翻转出来的契机。① 否则,在抽象语词的层面,我们仔细询问的后果事实仅仅是确认了国家政治叙事在基层社会的有效性渗透,而没有有效地接近和探知基层社会的现实状态。

当然,要让当事人抵达叙事状态,需要一系列有效对话的方法。总的原则,是要保持对对方,你的访谈对象的邀请态度,时刻需要提醒自己,对方才是自己叙事的主人,而不是研究者。研究者在时间允许的情况下,应该尽可能地“协助”而不是“支配”对话的情景。我们要做的是让对方把“故事”讲透——“那天是什么情况?”“你几点离开家?”“怎么

① 也正是在这个意义上,田野调查中学习当地人民的语言和风俗习惯是必要的,否则研究者很难找到赋权对方的现实载体。

会想到法院?”“当时怎么想的?”——所有的问题在恰当的时候提出,目的是使对方的叙事得以完成,而不是基于获得与自己研究计划相契合的答案。我们是访谈中的“协助者”(facilitator)。因此在访谈过程中,访谈者要警惕无意识形成的互动结构对对方的支配。诚然,我们在微观的对话过程中也会形成结构,但这个结构应该是一个协助性的结构。如果我们要避免结构与赋权之间的紧张,就需要对访谈过程保持某种持续性的反身性,尽量防止结构进入支配状况。如果我们访谈的目的是通过赋权将“底层叙事”翻转上来,那我们必须在谈判过程中保持一种开放性的结构,以让访谈者故事讲述的动力、兴趣、能力得到支持,鼓励他将故事完成,时刻提醒自己去理解、探究、还原、欣赏“对方的”结构历程、结构状态、结构意识。例如,访谈者应该意识到单维度的访谈本身,即一人一直提问而另一人一直回答,这本来就很可能构成一种臣服的结构。单一的权力来源,单一的叙述方向,单一的角色设定,这些要素都指向控制,都指向某种结构支配。如果进入这种状况,访谈者需要恢复对话的双向性,也聊聊自己,也谈谈自己的经验过程与结构状况,逐渐将访谈在某种程度上转变成互动式的聊天,使得叙述与聆听作为一种权力的交互状态适当更替,话语权在访问者与受访者之间保持健康的流动,这种互动状态才是赋权的理想状态。再如,访谈者要对高效率的支配和控制状态保持克制,尽力避免对受访者言说内容的评价冲动,控制自己将受访者言说内容与自己既往经验进行比较——不评价,不比较。尽量克制任务型状态对访谈过程的异化——“一共十个问题”“一共30分钟”——这样的机械设定会使得对方沦为对话客体,配合你完成任务,从而无法将叙事权力通过赋权过程一步一步地交到意义故事的真正主体手中，从而抑制更多真实的意义释放。

［四］结论

作为法律人类学田野调查中最为重要的方法，访谈是一种情景性的知识。换言之，我们很难为所有具体的访谈实况刻板地勾勒出实操地图和流程步骤。但一些基本的原则和理论构架还是需要被建立的。这些原则框架可以将访谈与质化研究的本体维度关联起来，帮助我们统御细碎的访谈经验与技术流程，并解释为什么要使用这种技术，其背后的深层机制、理路和缘由为何，从而深化我们对访谈的理论理解，而不仅仅将访谈理解为某种个人化的随机过程。

在本文中，这些原则被概括为三个理论范畴，分别是结构、概念和赋权。这三个概念可以帮助我们理解和厘清混沌的访谈过程。所谓结构，在本体论意义上是指主体嵌入的历程性、文化性、语境性框架。这种嵌入是因人而异的，高度个体化的。这种每个人与众不同的结构嵌入，使得通过访谈来挖掘意义成为必要。在方法论意义上，我们要留意访谈者及其他外在环境作为一个结构要素对访谈过程的影响和塑造，对支配性的在场结构保持反思。所谓概念，就是指访谈过程中，受访对象所操持的语词。对“概念”的敏感实质上是对概念的能指对象之模糊性的敏感，是对语言经由抽象所产生的对现实生活之剥离的敏感。在访谈过程中，应该通过探问将概念的含义、机制、所指之对象和场域剧本化展开，应该力图戳破概念薄膜对客观世界的包裹状态，并将很多已然“清晰”，已然“明白”的概念表达不断“问题化”，从而使得访谈的纵深得到有效的拉伸,尽力抵达访谈的叙事现场。最后是"赋权",这是从权力构成的意义上,对访谈的过程性与目标性指引。访谈的本质是探问对方生活世界的意义真相,允许这种具体个体生命意义的叙述被展开,研究者进入个案、追问个案、陪伴个案的过程,都是对自己主体性的相对降低,而对对方主体性——对方才是自己生命真正的主权者——的欣赏、展露与建立。这个概念在本体论的意义上透射出人类学的访谈过程作为一种反叛话语和相对主义立场的革命力量,凸显出田野方法和定量研究的本质差异和意识形态预设的不同。而对"赋权"概念进行有效的把握可以指引我们以更为谦卑、更为耐心的方式进入访谈的过程,使得访谈的动力结构发生变化。在以启蒙为动力的研究范式里,研究者携带真理、垄断话语、裹挟权力、拥有知识,对乡土的贴近是一种拯救式的恩惠,田野经验乃是为宏大的理论建构提供微末的砖瓦。进入田野的过程其实已然裹挟了高低、对错、文明与野蛮,进步与落后的价值预设与研究假设,田野被认为是需要被现代知识改造和重建的领地。但在赋权研究的动力结构里面,研究是为了使得真正的生命主权者有权力阐释自己的生命过程,表达自己的好恶主张,厘清自己的意识判断,这个过程是一个对知识——现代性主导的知识——进行怀疑与批判的过程,是一个对平等对话逻辑的建构过程,是一个将价值判断暂时悬置的求知过程。被"赋权"所推动的质化研究,强调"好奇"而非"判断",强调研究者应该尽力对访谈者施以同情理解。通过结构、概念、赋权这三个概念,在本体论与方法论维度重新理清访谈的方法,才能使我们的访谈过程获得具有原则高度的理论支撑和实践依凭。

《法律和社会科学》(2023)　第20卷第2辑,第73~95页

中国人类学早期的延伸个案研究?

——《金翼》理论贡献再认识

尹　韬*

摘　要: 学界对中国人类学的经典《金翼》已有诸多解读,不过对该书的理论贡献仍然值得挖掘。本文将林耀华的《金翼》与其同期出版的马克斯·格拉克曼的经典《当代祖鲁社会情境的分析》进行比较,尝试展示林耀华早期的思想历程和理论贡献。通过聚焦于"事件"和"个案"的仔细描述,林耀华开启了一种结合人物行动、社会结构和社会历程的综合研究框架。这一理论不仅对反思功能主义理论意义重大,也对当下中国的社会科学研究有着诸多启发。

关键词: 林耀华　《金翼》　格拉克曼　《社会情境》　延伸个案

* 尹韬,哈尔滨工程大学人文社会科学学院副教授。本文系教育部人文社会科学青年基金项目"二十世纪上半叶'社会学中国学派'的法律人类学研究"(21YJC840033)和哈尔滨工程大学中央高校教改专项项目"'中华文明多元一体格局'的人类学研究与教学应用"(3072023WJG1310)的阶段性成果。

引　言

“横看成岭侧成峰，远近高低各不同”，这是宋代文豪苏东坡描写庐山的著名诗句。名著犹如名山，其内容的丰富性和主题的深刻性使得读者具有广阔的解释空间。林耀华于20世纪40年代写作的小说体人类学著作《金翼》正是这样一部名著。出自不同背景的读者在其中读到了不同的意涵。日本学者注意到该书里面有关人生礼仪、家族实践和民间神灵等丰富的民俗学细节，并将其与日本社会的相关情况进行比较；①该书的中译者一再提醒读者留意林耀华民族志写作中的“诗学”意味；②受到“人生史与人类学”讨论的影响，也有学者挖掘了本书的“传记式研究法”，探讨书中主角所折射出的中国人社会生命的状态；③也有学者从该书的法律纠纷入手，指出不能从静态的“法团”概念切入研究中国宗族，

① 参见[日]柳田国男等：《〈金翼〉：日本学者的视角》，李朝辉译，载庄孔韶主编：《汇聚学术情缘分：林耀华先生纪念文集》，民族出版社2005年版。

② 参见庄孔韶：《金翼家族沉浮的诠释》，载《广西民族学院学报(哲学社会科学版)》2004年第1期。

③ 参见渠敬东：《探寻中国人的社会生命——以〈金翼〉的社会学研究为例》，载《中国社会科学》2019年第4期；赵丙祥：《将生命还给社会：传记法作为一种总体叙事方式》，载《社会》2019年第1期。

而应该看到它在不同文化模式和场域之下的动态变化。① 这些研究都从不同的视角，深化了我们对这一名著的认识。

相对而言，学界对林耀华在社会科学一般理论方面的贡献的认识还有所不足。一方面是由于学界对吴文藻和林耀华师徒等“燕京学派”的学术研究，多从“本土化”和“中国化”的视角出发，“眼光向里”，从而相对忽视他们在社会科学一般理论方面所做出的贡献；另一方面也是由于该书的小说体民族志书写风格。林耀华并不旁征博引、臧否前贤和时人，而是将自己对人类学的总体看法融会在文字之中。这种“化盐于水”的做法，无形之中增加了读者理解其理论关怀的难度。

基于此，本文将林耀华的《金翼》与马克斯·格拉克曼(Max Gluckman)的经典之作《当代祖鲁社会情境的分析》(以下简称《社会情境》)进行比较研究，以凸显林耀华的一般理论关怀。林耀华和格拉克曼年纪相当，属于同一代的人类学家。在20世纪40年代，他们各自的代表作都展示出了继功能主义理论之后开创新的理论范式的可能。不过，由于40年代末中国政治局势的改变，林耀华的理论思考被迫中断，而格拉克曼以其开创的“延伸个案研究方法”(The Extended-case Method)为指导，带领自己的同事和学生，逐渐形成了对整个社会科学影响巨大的“曼城学派”。

本文将首先介绍《金翼》，尤其是讨论书中的“延伸个案”，也就是发生在闽江中游乡村的一起涉及两个姻亲家族的山林纠纷，然后讨论该书的理论贡献，接着介绍格拉克曼

① 参见杜靖、雷月：《金翼之家的法律纠纷：看corporation在不同文化模式与场域中的运作》，载《湖北民族大学学报(哲学社会科学版)》2021年第2期。

的"延伸个案"研究,并将其与林耀华的理论进行比较,再回到他们二人与当下中国学界所开展的"延伸个案"研究的关系,最后作出简短结论。

[一] 作为延伸个案研究的《金翼》

1940 年,正值而立之年的林耀华在哈佛大学人类学系获得博士学位,随后留校任助教。他利用工作闲暇时间,整理了自己于 1934 年和 1937 年在家乡福建古田所收集的家族史材料,于 1942 年写成专著《金翼》。1944 年,该书在美国太平洋研究所拉斯克(B. Lasker)教授的推荐之下在纽约出版,当时所用的副标题是"一部家族的编年史"。1941 年,林耀华从美返回中国,在云大社会学系短暂的工作之后,于 1942 年受邀到成都出任燕京大学社会学系代系主任。其间太平洋关系所约请他修订此书。1947 年,该书的修订版出版,副标题改为"中国家族制度的社会学研究",较原稿在末尾增加了一章理论阐述,并请英国著名人类学家弗斯(R. Firth)撰写了新的序言。

《金翼》的主线是讲闽江中游有着姻亲关系的两个家族,如何在传统文化和新的经济背景之下合伙开店使各自家族走向兴盛,又由于领头人各自不同的性格,对人际关系的拓展和机遇的把握有别,出现一家走向更加兴盛,另一家最终凋零的结局。与当时在空间上具有明确边界、时间上注重当下的"社区研究"和"部落研究"不同,该书不管是在时间上、空间上还是研究内容上都进行了相当的"拓展"和"延伸"。从时间上来说,该书从清末民初一直写到 1937 年抗日战争全面爆发前期;从空间上来说,该书所谈及的区域从黄村到湖口镇再到省会福州市；从研究内容上来说，随着主要人物人际圈子的拓展，从农业讲到了商业，从民俗文化讲到了地方政治。这几方面的“延伸”，基本上与曼城学派的传人、美国社会学家迈克尔·布洛维（Michael Burawoy）所总结的“延伸个案研究方法”区别于传统“社区研究”的几个方面契合①。

此处我们将以该书的第三章“打官司”为例来具体说明林耀华著作中所蕴含的“延伸个案”研究方式。这起官司主要围绕着一起山林纠纷展开。对于全书的框架而言，第三章是个关键，因为它是书中主角黄东林在商业上崭露头角的时候遇到的真正危机。这场官司的胜负对今后整个黄氏家族的命运有着至关重要的影响。

黄东林和姐夫张芬洲在湖口镇经营鱼米商店，将农民的大米买进然后运到福州卖出，再从福州购进盐和咸鱼卖给当地农民。这一进一出，黄东林积累了不少积蓄。他和姐夫准备修盖新居，这不光能光耀祖宗，也能增加主人的社会地位。盖新居需要木材，黄东林准备到祖父曾经种植的山林里去砍伐木材。这已经是发生在19世纪中叶的事情。祖父这一辈有三兄弟，他们共同的舅舅住在10英里外的欧庄，是欧氏家族的族长。出于好心，舅舅叫三位外甥到自家山坡上种树。

在征得两位叔祖后人的长者同意后，东林请自己的堂兄弟东飞带领工人到祖父种的山林去砍伐木材。正准备砍树时，不料却出现了意外，欧氏的族长欧阿水纠集了族人前去阻止，声称山林属于他们所有。双方发生械斗，数人受伤。这次流血冲突后，欧阿水还纠集同族人，手握大刀冲进东林的家，对他进行恫吓。和黄东林相比，欧阿水在财富、声誉、

---

① See Michael Burawoy, *The Extended Case Method*, Sociological theory, Vol. 16:1, p. 4-33 (1998).

经验、年纪甚至家族的阵容上都占有优势。并且欧阿水的新宅刚落成不久,他不希望黄东林这位曾经的小贩和他在地位和声望方面竞争。他试图通过恫吓慑服黄东林,从而将山林收为己有。

但黄东林不服气,决定和他打官司,便将状子呈到古田县法院。欧、黄两家各派代表前往法院,审判结果为阿水和手下三人被立即收监。不过,此时对黄东林有利的官员卸任,事情出现了转变。欧氏族人团结一致、聚敛钱财,呈送复审的状子。结果,阿水和其他人得到释放,东林和其叔父被抓进监狱。

当欧姓族人团结一致拯救族长的时候,黄姓家族内部却出现了裂痕。黄姓另外两房的长辈撤回诉讼,放弃了树木的财产权,主要原因在于两房的晚辈都与欧阿水有联姻关系。欧阿水的一位侄子,正是从妻家不断得知黄东林秘密策划的细节。当东林入狱时,侄儿和舅父想尽各种办法拯救他,但无济于事。

事情的转机是东林在福州上学的儿子三哥的出现。在探望父亲的过程中,三哥与父亲和叔祖商量,决定向省里法院上诉。这样,黄东林和欧阿水双方的当事人又被传讯到省级法院。法院通过对涉及东林祖父与其舅舅土地转让的两份契约的辨别,认定东林胜诉。欧阿水输了官司,被判处罚款,在村里威信扫地。而黄东林名声大振,在族人中威望大增。经此一役,黄东林也越发知道教育的重要性,极力支持儿子三哥和小哥在外地上学。由于人际圈子的拓展,黄氏家族在面对危机时具备了更大的对抗能力,而黄家也成为湖口镇乃至整个古田县的“名门望族”。

可以看到林耀华在叙述“打官司”这一个案时所做的几方

面“延伸”。从时间方面，林耀华的叙述从黄东林的祖父和舅舅签订契约的19世纪中叶，到1915年黄东林建房这期间的整个历史。由于有了时间的维度，几十年前的“缔结良缘”的两个姻亲家族变成了现在的“对手”。而在黄氏家族内部，随着官司的进一步推进，也出现了与官司“敌对方”勾结的“叛变行为”；从空间方面，林耀华的叙述没有局限在村庄内部或者法院内部，而是从乡村到古田法院再到福州的省级法院，涉及了不同层级（scale）的关联；从研究内容来说，林耀华并没有简单地用“无讼”的“礼治”观念去解释乡村社会，或者“好讼”的现代“法治”观念去解释法院的实践，而是看到两个家族的成员在乡村或者法院之间为保持自家族长的“尊严”而做的种种努力，包括聚敛钱财、疏通关系、挖掘证据等。

在探讨黄东林生活中的最严峻的危机事件时，林耀华并没有将其限制在具有明确界限的地域或时间内，也没有简单地用一套社会规则和文化观念解释这些行为，而是顺着这一事件本身所发生的先后顺序，一步步地铺展开来。可以说，林耀华叙述和讨论“打官司”的方法与格拉克曼的“延伸个案研究方法”基本一致，即顺着事件本身所牵涉的各方人物的种种关系展开，而不是用一套社会规则或文化观念去削减复杂的社会事实①。

［二］《金翼》的理论贡献

中外学者多用“功能主义”来描述吴文藻和林耀华为代

---

① See Bruce Kapferer, *Situations, Crisis, and the Anthropology of the Concrete: The Contribution of Max Gluckman*, Social Analysis, Vol. 49:3, p. 85-122 (2005).

表的"燕京学派"的理论取向,①这样的说法有相当的历史依据。20世纪30年代中叶,在对西方各种社会科学理论加以综合评判之后,吴文藻选取自己认为最先进的功能主义理论来指导中国的"社区研究"。"燕京学派"与功能主义代表人物马林诺夫斯基(Bronisław Malinowski)和拉德克里夫-布朗(Alfred R. Radcliffe-Brown)都有密切的交往。吴文藻曾邀请布朗于1935年秋到燕京大学社会学系讲学三个月,在布朗离开后出有专刊纪念。1936年,吴文藻推荐自己的学生费孝通到马林诺夫斯基门下攻读博士学位②。吴文藻学生的著作也深受功能主义的影响。以《生育制度》这本费孝通最为偏爱的理论著作为例,其理论正是奠基于布朗的结构功能论和比较社会学的研究方法。在比较大量中外各类相关民族志资料的基础上,费孝通得出了家庭的基本结构是"夫妻和子女"所构成的"三角关系"这一论点。③

不过,以功能主义的理论去概括"燕京学派"的理论倾向,忽视了该学派成员的差异性,也忽视了一个学者在不同阶段理论取向的变化。林耀华与功能主义理论保持着若即若离的关系。他曾明确提到,自己所运用的"均衡论"不同于"功能论"。④ 既有研究也告诉我们,林耀华的"均衡论"

---

① 参见王建民:《中国民族学史(上卷):1903-1949》,云南教育出版社1997年版;[美]顾定国:《中国人类学逸史:从马林诺斯到莫斯科到毛泽东》,胡鸿保、周燕译,社会科学文献出版社2000年版。

② 参见吴文藻:《吴文藻自传》,载《晋阳学刊》1982年第6期。

③ 参见费孝通:《生育制度》,生活·读书·新知三联书店2014年版。

④ 林耀华:《林耀华学述》,浙江人民出版社1999年版,第52-53页。

有别于“功能论”。① 不过，林耀华具体在哪方面对“功能论”有所推进，既有研究仍然没有交代清楚。

与学界关于林耀华强调田野调查训练的印象有别，他也极其重视一个学人在理论方面的训练。在晚年，有学者问他一位成功的民族学人类学研究者应该具备哪些基本的知识结构时，他回答“首先是理论水平和抽象思维能力，若在此方面欠缺，则难成大家”②。这是林耀华毕生所学的经验总结。他是这么说的，也是这么做的。

《金翼》不仅是林耀华自己家族经历的集中展示的民族志专著，也是他多年来有关人类学理论探索的集大成之作。该书呈现了一种类似“延伸个案”的研究方法，提供了一种包含人物行动、事件脉络和社会结构的综合研究框架。这种理论思考不同于马林诺夫斯基将经济、政治、文化、习俗、宗教等关联的各种社会层面都视作满足个人生理和心理需要的功能主义取向，也不同于布朗将社会结构视为独立整体，与个人无涉，并在经验研究中推演出一套所有人共享的社会规则的理论。可以说，林耀华结合了马林诺夫斯基所强调的个人行动和布朗所强调的社会结构，再加上历史的维度，以个案叙述的方式将自己的田野材料呈现出来。

林耀华这一综合理论框架的形成，有三个重要理论来源，分别是科莱（C. H. Cooley）的社会历程理论、布朗的结构功能理论和他在哈佛时期接触到的均衡理论。

---

① 张海洋、王晔：《林耀华先生早期学术思想》，载林耀华：《从书斋到田野》，中央民族大学出版社 2000 年版，第 514－515 页；庄孔韶：《林耀华早期学术作品之思路转换》，载林耀华：《义序的宗族研究》，生活·读书·新知三联书店 2000 年版，第 271－272 页。

② 邸永君：《林耀华先生访谈录》，载邸永君主编：《民族学名家十人谈》，民族出版社 2009 年版，第 33 页。

科莱的理论是形成林耀华思考最重要的理论来源之一。科莱是美国社会学早期重要的社会学家,象征互动论的鼻祖之一。和涂尔干(Émile Durkheim)强调“社会”为最终实在、决定个人行动的取向不同,他从人与人之间的互动出发,看到社会秩序逐渐形成的历程,而这种社会秩序反过来又影响个人的行动。林耀华在燕京大学社会学系读书时,“浏览过柯氏的全部著作”①,认为他“生平著作虽不很多,然而其价值却在一般社会学说之上”②。他结合柯莱的著作,写过几篇如何开展社会研究的方法论文章,如《生物历程与社会历程》《社会学研究方法上的形相主义与体验主义》《科莱论生活研究法与农村社会研究》等。

科莱对林耀华的意义在于,看到个人和社会之间研究的不可分,重要的不是从横截面去展示社会结构,而是从历程方面对个人与社会的互动关系加以研究。这种方法使得心理学和社会学、科学和艺术等研究内容能够在一个人的作品中得到展现。③ 如果研究“生活的真相”,就应该避免将人的社会生活缩减为抽象的数据统计,而采取“个案研究”方法,并加以“活泼的叙述和有生气的描写”④。林耀华在写作《金翼》之前,已经认识到文学式的语言对民族志书写的重要意义。

布朗的结构功能论是林耀华的另一重要理论来源。如

---

① 林耀华:《生物历程与社会历程》,载《从书斋到田野》,中央民族大学出版社2000年版,第203页。

② 林耀华:《科莱论生活研究法与农村社会研究》,载《从书斋到田野》,中央民族大学出版社2000年版,第210页。

③ 林耀华:《生物历程与社会历程》,载《从书斋到田野》,中央民族大学出版社2000年版,第204页。

④ 林耀华:《科莱论生活研究法与农村社会研究》,载《从书斋到田野》,中央民族大学出版社2000年版,第210页。

果说科莱让林耀华注意到个人与个人之间互动的重要性，布朗则使得林耀华从整体的社会结构对所研究的社会加以理解。与完全通过阅读来掌握柯莱的理论不同，林耀华与布朗曾经有过密切的交往。1935 年 10 月底，布朗到燕京大学社会学系讲学三个月，林耀华“作其助教日夕追随左右，得聆听教授训练，获益良多”①。布朗所讲的课程有比较社会学、中国乡村社会学调查等。②

布朗就如何研究中国写了《对于中国乡村生活社会学调查的建议》，该文由吴文藻亲自编译，收入在《社会学界》第九卷“纪念布朗教授来华讲学特辑”之中。布朗建议用英美人类学和社会学的“社区研究”方法来对中国进行研究，认为“最适宜于开始的单位是乡村，因为大部分的中国人都住在乡村里；而且乡村是够小的社区，可供一两个调查员在一二年之内完成一种精密研究的机会”③。要用到的理论就是他的结构功能主义理论，也就是把社区的不同部分都看成是统一的整体，研究每一种社会活动都要看它在整个社会结构中的功能为何。

林耀华带有结构功能主义色彩的两篇作品分别是：1935 年完成的硕士论文《义序的宗族研究》④和 1936 年纪念布朗

---

① 林耀华：《从人类学的观点考察中国宗族乡村》，载《从书斋到田野》，中央民族大学出版社 2000 年版，第 156 页。

② 林耀华：《义序的宗族研究》，生活·读书·新知三联书店 2000 年版，第 225 页。

③ [英]拉德克里夫·布朗：《对于中国乡村生活社会学调查的建议》，载北京大学社会学人类学研究所编：《社区与功能——派克、布朗社会学文集及学记》，北京大学出版社 2002 年版，第 304 页。

④ 参见林耀华：《义序的宗族研究》，生活·读书·新知三联书店 2000 年版。

讲学的《从人类学的观点考察中国宗族乡村》①。前者完成于布朗讲学前,后者完成于布朗讲学后。他硕士论文的材料来自1934年在同学黄迪的家乡福建义序乡的三个月田野调查。这本书体现了典型的结构功能主义色彩,分析了宗族的组织与功能、宗族与家庭的结构关系,以及亲属关系的系统与作用等。林耀华之所以在布朗讲学之前,就运用结构功能主义理论来研究中国宗族,与吴文藻提前对结构功能主义理论的介绍密不可分。

林耀华纪念布朗讲学的论文,几乎就是在亲自聆听后者的讲课之后,所写的自己义序研究经验的总结。他呼应布朗的说法——认识中国应该从乡村开始。而乡村研究中最重要的是认识当地社会结构的核心,即家族和宗族的制度。林耀华探讨了如何对宗族乡村展开研究,内容涉及社区基础、宗族结构、宗族和家族的关系、祠堂的作用以及生命传记研究方法的运用等。正如林耀华晚年所说,布朗的结构—功能论对他"产生了不小的影响"②。

林耀华对功能主义并非一味赞同。在他看来,功能主义最大的问题是过分注重横向社会结构的研究,而忽视纵向历程的考察。布朗访华之后第二年,林耀华在1936年6月发表了《社会研究四大学派的评判》一文。该文对英美人类学兴起的进化论、播化论(传播论)、批评学派和功能学派的理论逐一进行了评述。尤其值得注意的是他关于美国的批评学派和英国功能学派的评价,"功能学派则与批评学派相反,

---

① 林耀华:《从人类学的观点考察中国宗族乡村》,载北京大学社会学人类学研究所编:《社区与功能——派克、布朗社会学文集及学记》,北京大学出版社2002年版。

② 林耀华:《林耀华学述》,浙江人民出版社1999年版,第34页。

并不重视历史的探讨或文化的起源，特别注意实地的调查，详细记录考察情形。该派的贡献在于社区研究，也在于叙述实情。看到社区内文化的整体以及各方面的互相关系是其长处，忽略文化间的历史背景和经历过程是其短处。实则，批评学派的纵的研讨和功能学派的横的分析，尽可以熔于一炉，互为他山之助"①。

对《金翼》理论框架形成具有直接影响的是林耀华在哈佛大学所接触到的均衡理论。均衡理论也被其倡导者查普尔(Eliot D. Chapple)和阿伦斯伯格(Conrad M. Arensberg)总结为互动理论(interaction theory)。前面提到，受到科莱影响，林耀华注重从个人和社会的互动去研究社会历程。他即使书写最具有结构功能主义风格的宗族研究等相关文章时，也不忘记强调研究个人的重要性。而均衡论恰好提供了这样一种框架，让他综合人物互动、社会结构和历史进程。

"均衡理论"的核心是从人与人之间的互动关系入手，探讨社会结构和文化观念的生成。持续性、重复性的社会结构和文化观念的生成，反过来又会对个人行动产生约束和限制。② 在具体的描述方面，该理论强调通过事件来展示"人与人之间的互动关系"③。整个社会的变迁就是从均衡的状态到不均衡，不均衡的状态到新的均衡状态的过程。

林耀华与这两位学者年龄相仿。1937 年至 1941 年，林耀华在哈佛大学读书和工作时，两位已是年轻教员。林耀华

① 林耀华：《社会研究四大学派的评判》，载《从书斋到田野》，中央民族大学出版社 2000 年版，第 154-155 页。

② See Conrad M. Arensberg, *Culture as Behavior: Structure and Emergence*, Annual Review of Anthropology, Vol. 1:1, p. 1-27(1972).

③ Lambros Comitas, *Conrad Maynadier Arensberg*, American Anthropologist, Vol. 191:4, p. 812(1999).

和他们关系紧密,经常在学校和他们的家里交流学术。虽然两位身在美国,却更多受到英国社会人类学传统的影响,倡导用来自"初民社会"研究的田野调查方法研究现代都市和农村。① 查普尔从人际关系的角度研究美国的工厂、医院等,是美国应用人类学研究的先驱者之一。阿伦斯伯格曾调查爱尔兰的乡村,著有《爱尔兰农人》名著一部。在理论方面,两位积极从人际关系的"互动论"入手,以超越马林诺夫斯基和布朗的静态功能研究理论。

1940 年,由于未婚妻饶毓苏得了肺病,林耀华在哈佛大学获得博士学位后,被迫在哈佛羁留一年。查贝尔为他在哈佛找了助教的工作。林耀华做着助教工作,等待未婚妻康复,以便一块回国。正在这段时间,在查贝尔和阿伦斯伯格的鼓励之下,林耀华完成了《金翼》的写作。阿伦斯伯格还是把《金翼》通看一遍的第一个人。

林耀华多次提到两位学术伙伴对自己的影响。在 1947 年所写的《金翼》前言中,他提到,"在撰写这本书的过程中,我深深得益于查普尔和阿伦斯伯格,他们给予我极宝贵的建议与批评"②。他晚年回忆在哈佛大学的读书生活时,进一步叙述了自己与他们的学术友情,以及他们对写作《金翼》的支持,"查普利(Chapple)和爱仁伯(Arensberg)的学术观点对我影响很大。他们的研究对象是现代的农村和都市,而老派的人类学、民族学局限在落后的殖民地区,他们向前迈

① 林耀华:《我在哈佛的读书生活》,载《社会人类学讲义》,鹭江出版社 2003 年版,第 4 页。

② 林耀华:《金翼:中国家族制度的社会学研究》,庄孔韶、林宗成译,生活·读书·新知三联书店 2007 年版,第 2 页。

进了一大步”①。

值得注意的是，林耀华对查普尔和阿伦斯伯格倡导的“均衡理论”也不是单向的吸收。在燕京大学社会学系时，受到科莱影响，他已经对人与人互动的社会历程有所了解。即使在受到结构功能论的宗师布朗的亲炙之后，他仍然对后者不注重个人行动和社会历程的局限有着清醒的认识。林耀华到了哈佛之后，由于与查普尔和阿伦斯伯格有着相近的理论取向，与他们结为要好的学术伙伴。林耀华对两位均衡理论的提出也有积极的贡献，而并非单纯的接收。正如他晚年所说，“那（均衡论）正是我们读研究班时共同研讨的知识结晶”②。

科莱的社会历程理论让林耀华注意到个人与社会研究的不可分割，强调从人与人的互动关系来研究社会历程，布朗的结构功能论使得林耀华关注到社会结构对个人的牵制作用，而他在哈佛大学亲身参与的“均衡理论”或“互动理论”，在相当度上解决了如何将个人行动、社会结构和社会历程放在一起的问题。这种综合的理论框架，尤其注重通过对“事件”和“个案”的仔细描述来展现人与人互动的关系状况。

通过《金翼》一书，林耀华把个人行动、社会结构和社会历程综合起来进行研究，这也是20世纪社会人类学的核心命题。③ 林耀华注意到个体对体系的影响，反过来也注意到

---

① 林耀华：《我在哈佛的读书生活》，载《社会人类学讲义》，鹭江出版社2003年版，第4页。

② 林耀华：《林耀华学述》，浙江人民出版社1999年版，第53页。

③ See Adam Kuper, *Anthropology and Anthropologists*: *The Modern British School*, Routledge, 2014.

体系对个体的限制,“人类行为的平衡,也是由类似这种人际关系的网络所组成。每一点都代表着单一的个体,而每个个体的变动都在这个体系中发生影响,反之他也受到其他个体变动的影响”①。林耀华指出,“人类生活就是摇摆于平衡与纷扰之间,摇摆于均衡与非均衡之间”②。但是,“这种新的平衡状态是与旧的平衡状态有可观的不同,但是它可能包括旧有因素的重新组合”③。也就是说,不同的平衡状态已经发生了变化,而不是回到原有状态。

有学者将林耀华的理论解读为将透过个体生命所展现的整全社会状态。④ 这种解读不乏意味,但与林耀华自己的理论关怀有一定的出入。林耀华对布朗和涂尔干所代表的“社会中心论”有相当的保留,这一方面在于它在相当程度上对历史的忽视,另一方面也在于它对个人行动重视不够。⑤ 弗斯这位英国人类学过程论的重要开启者,在给《金翼》所写的序言中,为读者指出了林耀华在一般理论方面所做出的贡献,“过去认为这是一种和平宁静的生活,个人丰富多彩的活动受到温文有礼、孝顺父母、尊敬长辈以及其他社会习惯和礼俗原则的严格约束。这些原则确实发挥着作用,但与此同时,个性也确确实实,有时甚至是强烈地表现

---

① 林耀华:《金翼:中国家族制度的社会学研究》,庄孔韶、林宗成译,生活·读书·新知三联书店2007年版,第221页。

② 林耀华:《金翼:中国家族制度的社会学研究》,庄孔韶、林宗成译,生活·读书·新知三联书店2007年版,第222页。

③ 林耀华:《金翼:中国家族制度的社会学研究》,庄孔韶、林宗成译,生活·读书·新知三联书店2007年版,第222页。

④ 参见渠敬东:《探寻中国人的社会生命——以〈金翼〉的社会学研究为例》,载《中国社会科学》2019年第4期。

⑤ 参见林耀华:《译序》,载[法]涂尔干:《宗教生活的初级形式》,林宗锦、彭守义译,中央民族大学出版社1999年版,第10页。

出来”。①

也正因如此，我们看到林耀华在《金翼》中所呈现的山林纠纷的官司，既不同于布朗将“法律”作为社会整合和社会团结的结构功能主义路径②，也有别于马林诺夫斯基将原始社会的法律看作基于人与人之间互惠的动机而产生的一套社会规则③。林耀华所呈现的是一个结合了人物行动、社会结构以及社会历程的综合研究框架。和这两位前辈不同，他并没有简单展示地方社会的和谐状态，而是细致探讨了社会内外的各种冲突和矛盾。从时间来说，他做的不是一个横截面的研究，而是以历史为线索，从19世纪中叶一直叙述到20世纪30年代抗日战争爆发前期；从空间来说，该研究并不是研究与世隔绝的“社区”，而是看到黄村与县城、省城的各种政治、经济和文化上的关系。

［三］“延伸个案研究方法”及其中国反响

在林耀华写作《金翼》的1940年前后，北罗德西亚的罗兹-列文斯顿研究所（Rhodes-Livingstone Institute）的格拉克曼发表了对人类学影响极为深远的由系列文章构成的《社会情境》。文章的上半部分分成两篇1940年发表在“班图研究”（Bantu Studies）杂志，下半部分于1942年发表在改名为“非洲研究”（African Studies）的同一刊物。前半部分主要是

① 林耀华：《金翼：中国家族制度的社会学研究》，庄孔韶、林宗成译，生活·读书·新知三联书店2007年版，第4页。

② 参见［英］拉德克里夫·布朗：《原始社会的结构与功能》，潘蛟等译，中央民族大学出版社1999年版。

③ 参见［英］马林诺夫斯基：《原始社会的犯罪与习俗》，原江译，法律出版社2007年版。

当下的民族志情境和历史过程的叙述,后半部分进行的是理论分析。这三篇文章于1958年集合成册出版①,是人类学"曼城学派"的奠基性著作。"延伸个案"或"情境分析"的概念正是源于此。

格拉克曼比林耀华小一岁,于1911年出生于南非一个俄裔犹太家庭。1927年他进入南非金山大学学习法律,其间受到女人类学家霍恩雷(A. W. Hoernle)影响,改学人类学。1934年,格拉克曼在牛津大学攻读人类学,导师为马雷特(R. R. Marett),同时得到埃文斯-普理查德(Evans-Pritchard)的指导,1936年获得博士学位。是年他返回非洲,在祖鲁进行了两年田野调查。1939年,他加入罗兹-列文斯顿人类学研究所,并于1942年到1947年担任该所所长。1947年他加入牛津大学,担任讲师。在那里短暂停留之后,他于1949年加入曼彻斯特大学,作为首任人类学教授创办人类学系。在曼彻斯特大学,逐渐形成了以他为核心的学术团体,即著名的"曼城学派"。作为一代宗师,他培养了包括维克多·特纳在内的诸多人类学名家。1975年,格拉克曼病逝于以色列耶路撒冷。

该书前半部分第一章主要是关于当下民族志场景的描述。格拉克曼主要叙述了他参加的一个桥梁竣工仪式。他和当地的白人官员清早起来,在路上碰到了发生纠纷的两个黑人,随后又遇到了一个奸夫。在九点钟左右,他们到了桥梁竣工仪式现场。桥上有各种恭贺竣工的花篮等装饰。格拉克曼仔细描述了竣工仪式,白人领导人和黑人领导人过桥时黑人群众的敬礼等细节,以及当地黑人为庆祝竣工而表演

① See Max Gluckman, *Analysis of a Social Situation in Modern Zululand*, Manchester University Press, 1958.

的传统舞蹈等。

竣工仪式结束之后，黑人和白人分成两边。黑人提出，按照他们非洲的传统，需要杀几头牛来祭祀，否则以后桥的安全可能会出现问题。但英殖民官员认为这是“迷信”，没有必要，双方有所争论。不过最后，当地的黑人杀了牛，进行了祭祀，随后平分了这些食物。格拉克曼要参加另外一个会议，没有时间和这些黑人一块，就离开了。

格拉克曼在该书的第二章花了 25 页的篇幅来展示祖鲁的历史进程。300 年前，祖鲁有许多彼此争斗的小部落。其中一个部落的势力慢慢变大，统治了周围小部落，这就是祖鲁王国。这个王国与周围部落的关系由一套礼物交换的制度维持。国王和部落首领之间经常发生冲突。尽管如此，在英国殖民势力到来之前，当地的社会秩序还是得到了维持。

18 世纪时，英国殖民势力开始在当地出现。他们武器占优，但由于人数比较少，不得不跟国王合作，租借祖鲁国的部分土地以进行商业活动。当他们在当地站稳脚跟之后，原来和祖鲁国王有矛盾的部落首领就和他们合作，不给国王纳税。殖民势力和祖鲁王国的矛盾日益剧烈。在 1838 年，二者之间进行了一场牵涉几万人的战争。由于殖民势力船坚炮利，祖鲁王国以失败告终。

英国殖民势力也没有杀掉祖鲁国王，而是靠他继续对当地进行统治。但国王的权力已经削弱很多，变成是象征性的。殖民势力还是得依赖原有的首领去统治当地。格拉克曼通过这些叙述，告诉我们，当下的桥梁竣工仪式背后，有一个很长的历史脉络，它涉及殖民势力与当地人的长期矛盾、冲突、合作和彼此利用的关系。

通过桥梁竣工仪式这个“事件”，格拉克曼展示了当事各方的不同目的。英国殖民势力打着现代化的口号,进一步对当地人进行统治;地方黑人首领通过参加这个仪式活动,与帝国殖民官员接触,以使得自己的在当地的权力得到巩固和进一步提升;当地普通群众参加这个仪式,更多是抱着"凑热闹"的目的。

在书中的后半部分,格拉克曼进行了理论讨论。与布朗的结构功能论不同,格拉克曼不是在固定的社会边界里面,研究共享了一套社会规则的人群。他尤其注意到社会内部及其与外部的各种矛盾和冲突。尽管这种冲突也会通过仪式等活动趋于平衡,但这种平衡本身已经和原有的平衡有所不一样。殖民势力和当地社会所保持的平衡状态,显然不同于殖民势力出现之前当地的平衡状态。换句话说,格拉克曼更注重的是变迁历程。

从具体的事件脉络展开,格拉克曼研究所牵涉的各方人物的种种关系,包括矛盾、竞争和合作等。人物有自己的能动性,不是完全按照社会规则进行,而是在具体情境中有所选择,以符合自己的预期。这种研究方法,后来被他概括为"延伸个案研究方法"①,被他的学生概括为"情境分析方法"(Situational Analysis)②。在后来的法律人类学研究中,格拉克曼通过追踪具体个案,展示了巴罗策人的司法过程,而不是当地的静态法律观念和社会规则③。

---

① See Max Gluckman, *Ethnographic Data in British Social Anthropology*, The Sociological Review, Vol. 9:1, p. 5-17(1961).

② See Jaap van Velsen, *The Extended-Case Method and Situational Analysis*, in A. L. Epstein ed., The Craft of Social Anthropology, Tavistock, 1967.

③ See Max Gluckman, *The Judicial Process Among the Barotse of Northern Rhodesia*, Manchester University Press, 1955;参见王伟臣:《法律人类学的困境:格卢克曼与博安南之争》,商务印书馆2013年版;刘顺峰:《从社会情境分析到扩展案例分析——格拉克曼法律人类学方法论思想研究》,载《民族研究》2016年第1期。

林耀华的《金翼》和格拉克曼的《社会情境》在理论思考方面有不少相似之处。从时间上来说，他们的研究都与当时占主流的、注重横时研究的功能主义理论不同，而是叙述了几十年甚至几百年的历史；从空间方面来看，他们的研究没有局限于边界明晰的部落或者社区，而是将其和更大的势力关联起来，林耀华注意到了村庄与城镇、省城在经济、政治和文化方面的种种关联，格拉克曼则将部落与殖民势力联系起来进行考察；从理论上来说，他们都强调通过"事件"或"个案"的具体描述，展示一种涉及人物行动、社会结构和社会历程的综合研究框架。

1949年这一年，对格拉克曼和林耀华的学术生命来说，都极为关键，结果却大为不同。这一年格拉克曼去了曼彻斯特大学，创建了人类学系。他有关"延伸个案研究方法"的理论在同事和学生的支持下，得到了最大限度的发挥，形成了"曼城学派"，在国际社会科学界产生重大影响，至今不绝。① 也正是这一年，中国巨大的政治形势变化使得林耀华曾有的理论思考中断，无奈转入民族研究和原始社会研究。

近年来，格拉克曼所开创的"延伸个案研究方法"在中国人类学和社会学领域中得到了积极响应。这些研究多是通过格拉克曼的二代传人，前美国社会学学会主席迈克尔·布洛维对该理论的介绍下展开。布洛维早年在赞比亚求学，曾受教于格拉克曼的学生威尔森（J. Van Velsen）。他注意到"延伸个案研究方法"在探讨"社区"与"全球势力"的关联

---

① See Terry Evens & Don Handelman, *The Manchester School: Practice and Ethnographic Praxis in Anthropology*, Berghahn Books, 2006.

方面的巨大意义。① 布洛维数次受邀来华讲学,在中国学界影响甚大。中国学者主要将"延伸个案研究方法"运用到乡村的法律和政治的研究之中②。这些研究从具体的个案或个案间的关系入手,通过对人物行动的考察,展示了中国乡村的变迁历程,在反思结构功能研究、福柯式的"全景式权力"视角以及国家和社会的二元对立框架等方面做出了杰出贡献。可惜的是,这些研究没有注意到,在20世纪40年代林耀华做出了与格拉克曼极为相似的理论努力。

结　语

本文将《金翼》与格拉克曼的《社会情境》进行比较,发现二者相对于同时代的功能主义研究,在时间、空间和理论方面都有近似的"延伸"。二者都没有局限于边界明晰的"部落"或者"村庄",都不只是注重当下,而是具有历史的"延伸"维度,都发展出一种包括人物行动、社会结构与社会历程的综合框架,都强调从"事件"和"个案"的具体描述中,看到不同人物的互动关系。

本文也追溯了林耀华这一理论形成的思考历程。无论是"功能主义理论"的视角,还是"社会学中国化"的视角,都疏于认识到林耀华在一般理论方面所做出的努力。本文展示了在20世纪40年代,林耀华是如何对国际社会科学的普

---

① See Michael Burawoy, *The Extended Case Method*, Sociological Theory, Vol. 16:1, p. 4-33(1998).

② 参见朱晓阳:《罪过与惩罚:小村故事1931-1997》,天津古籍出版社2003年版;应星:《村庄审判史中的道德与政治:1951-1976年中国西南一个山村的故事》,知识产权出版社2009年版;卢晖临:《通向集体之路:一项关于文化观念和制度形成的个案研究》,社会科学文献出版社2015年版。

遍理论问题提出自己的解决之道的。与格拉克曼的“延伸个案研究方法”在国际学界的大放异彩不同，由于政治局势的变动，林耀华的理论思考被迫中止。可惜的是，今天中国学界在积极吸收国际学界“延伸个案研究方法”的理论时，也没有注意到中国前辈的类似理论。

林耀华强调学术研究的“趣味”，即“为学术而学术”。2000 年 5 月，在生命结束前的几个月，在一个黄沙弥漫的春日，林耀华接受了人生中的最后一次学术访谈。他表达了中国学术以“解决社会问题”而不是“建立学科规范”为导向所带来的局限①，同时指出“社会进程之跌宕起伏”对学科建设所造成的负面影响。作为学术后辈，我们或可以从林耀华的理论思考被迫中断的地方重新出发。

① 邸永君：《林耀华先生访谈录》，载邸永君主编：《民族学名家十人谈》，民族出版社 2009 年版，第 26 页。

《法律和社会科学》(2023)　第20卷第2辑,第97~113页

论费孝通的土地制度研究
——以其早年广西瑶族调查为核心

张经纬*

摘　要: 费孝通先生曾在《江村经济》《云南三村》《乡土中国》等一系列著作中,阐发了他对中国土地制度的看法。其中针对中国的"地主与佃户"之间关系的议题,他都有过与众不同的思考和判断,这与20世纪前半叶,中国社会普遍关注土地问题的知识脉络有着密不可分的联系。费孝通先生之所以关心土地制度,并得出卓人之见,不仅仅系于20世纪40年代,而可追溯至其早期前往广西瑶族地区的田野考察过程。正是他在瑶山对不同瑶族支系间物质分配关系的观察,奠定了费孝通后来有关地主阶层一以贯之的看法。

关键词: 费孝通　瑶族研究　土地制度　地主与佃户

* 张经纬,上海博物馆副研究馆员。

引　言

费孝通先生是中国著名人类学家、社会学家,以及公共知识分子领袖。他在20世纪50年代以前,就对当时中国的种种社会现象进行了深入的研究与分析。其中,《江村经济》《乡土中国》《生育制度》等一系列作品为我们所熟知,至今仍然是我们讨论中国社会内在文化结构的主要基础。

然而,对于今天的研究者来说,较为陌生也较为意外的是,费孝通在20世纪50年代之前,着力最多,也最为关注的议题,其实是与"土地"有关的主题。他之所以关注中国土地制度,源自20世纪上半期中国社会变革的具体的现实土壤。

这些有关土地制度的真知灼见,不仅见于他成名之后的诸多社会评论,还可以从其早期前往广西大瑶山所进行的田野调查中找到一脉流传的思想轨迹。对于他而言,大瑶山调查并非单纯的田野训练,而是一段对当时社会问题进行考察、调研的探索与积累之旅。可以说,正是对土地问题的关注,赋予了费孝通早期瑶山调查独特的含义,也为他日后所秉持的对"士绅"阶层的执着,提供了重要的实践支撑。

[一] 费孝通参与“土地制度”研究的缘起

土地制度,是费孝通先生关注的重要主题。尤其是,20世纪30年代末博士论文《江村经济》(英文版)在西方知识界的发表,进一步激发了他对中国农村及相关问题的研究兴趣。他提到:“(论文出版后)在无意中,我被英美的读者看成了中国农民的代言人。……既然有许多比我知道更少的人要我替他们讲中国农民生活,我也就没有理由推诿这责任。”①在这一背景下,费孝通不但深入后方的云南农村,完成了《禄村农田》等重要实证研究,而且以《内地的农村》等一系列作品,深入讨论了当时中国社会最为关注的“土地问题”。

费孝通之所以关注土地问题,包括其中的土地制度、雇佣关系,以及农村工业化等一系列主题,其实并非《江村经济》成名后的单一因素影响,而是嵌入了20世纪中国社会发展的深层脉络。

这个主题事实上贯彻于20世纪上半叶的中国社会。自从1924年1月,孙中山在中国国民党第一次全国代表大会会后提出了“耕者有其田”的主张。20世纪30年代开始,农民与土地问题就一直激发着中国现代思想家和实践者的行动。中国农民问题的早期观察者李大钊在《土地与农民》(1925)一文中,全面概括了20世纪初以来,中国农村面临的状况:“小农因受外货侵入、军阀横行的影响,生活日感苦痛,……入民国来,苛捐杂税,负担日重,各省田赋,有预征至

① 费孝通:《内地的农村》,载《费孝通文集》第4卷,群言出版社1999年版,第182页。

数年后者。佃农及雇工所受的压迫,比自耕农更甚。"①

在此背景下,了解中国农村土地制度的问题,似乎就成了解决当时中国社会问题的关键所在。很快,1930 年毛泽东在闽粤赣交界的寻乌县展开了著名的《寻乌调查》,进一步深化了"土地平均分配"方面的实践。另一方面,作为应对,国民政府也于 1932 年在"中央政治学院"下设"地政学院",聘任旅德归来的地学家萧铮,展开了"中国土地问题"的系列调查,后编成 200 卷的"民国二十年代中国大陆土地问题资料",为土地改革进行准备。

国、共两党之所以都高度关注土地制度问题,其根本原因在于,作为国之根本的农业、农民在 20 世纪 30 年代面临很大冲击,大量自耕农失业,成为佃农或雇工。这一状况将对国家根本造成冲击。从当时流行的观点看,许多理论家开始将地主(剥削农民、侵夺农民土地)作为一种状况的直接责任人。②

一方面,部分学者认为地主侵夺了佃农的收成,或者导致了社会的整体匮乏;另一方面,也有学者认为佃农与地主

---

① 类似的观点,还有后被称为"农民运动大王"的彭湃的《海丰农民运动》(1926),同样叙述了非常类似的情景:"自耕农兼小地主及自耕农这两种农民本可自给自足……帝国主义者勾结军阀连年战争,于是农村对于种种军费负担真是不胜枚举。苛捐杂税农民负担异常重大,农村生活日陷困难,结果收入不敷支出,不得不卖其土地以应付目前生活之恐慌,遂至零落变为佃户——逐渐无产阶级化。"

② 1926 年 5 月,毛泽东担任第六届农民运动讲习所所长,不但将李大钊和彭湃的实践成果收入了《农民问题丛刊》,还经过 32 天的实地调查,完成了著名的《湖南农民运动考察报告》,提出了"打倒土豪劣绅,一切权力归农会"的口号。并且他将"农民的主要攻击目标是土豪劣绅,不法地主,旁及各种宗法的思想和制度,城里的贪官污吏,乡村的恶劣习惯",确定为农民运动的实际方向。

之间，存在温情脉脉的一面①。而这一亟待明辨的主题就构成了 30—40 年代非常重要的公共知识脉络。在此背景下，以社会科学家身份，独自开展研究的费孝通就显得难能可贵。社会学家郑也夫曾将费孝通有关土地制度讨论的高潮定位于 1947 年 10 月 10 日，国共决战开启，中国共产党公布了《中国土地法大纲》之际：

> 《中国土地法大纲》颁布后，费孝通迅速发表了三篇文章：《损蚀冲洗下的乡土》(1947 年 11 月 30 日)、《黎民不饥不寒的小康水准》(1948 年 1 月 11 日)、《地主阶层面临考验》(1948 年 2 月 14 日)。……费孝通以其敏锐，预感到暴力土改可能发生，以其勇气力陈："取消的是制度，不是那批人"，要给地主出路。②

在《地主阶层面临考验》一文中费孝通这样说道："我并不想在维持地主阶层特权的前提下作打算，而是想怎样为这阶层里的人求一条合理的出路：怎样才能使他们可以放弃这事实上既不易又不值得维持的特权。"③其实，这样一种观念，还可以追溯到他更早期的类似表述。比如，他在抗战初期写成的《内地的农村》中曾提到类似的思考："我问这话并不是顾惜这辈躺在床上抽烟的小乡绅们，而是要指出，若是

---

① J. L. Buck, *Chinese Farm Economy*, Commerial Press, 1930, p. 148－149. "一旦谷物收获，佃农就会邀请地主到家里作客。吃完饭，便分谷物，佃农把属于地主的那一份儿送到地主家。交割完成后，地主又回请佃农。"

② 郑也夫：《土改：费孝通与董时进》，载《明报月刊》2017 年第 8、9 期。

③ 费孝通：《乡土中国》，上海人民出版社 2007 年版，第 320 页。

我们在农业之外不开辟新的生产事业,同时又不控制人口,地主和耕者之间总是会分化的。"①

费孝通先生关心佃农的同时,也关心"地主"的生存,这并非草率的主张,确实是出于一种对中国社会发展更深层的考虑,堪称"那个剧变的大时代中悲天悯人之声"。因为他对土地问题、士绅阶层的研究贯穿整个学术生涯。那么,又是怎样的知识脉络赋予费孝通一种自信、知识的自觉,让他有勇气可以"为这阶层里的人求一条合理的出路"?这需要我们向前追溯到他人类学、社会学研究的更早期阶段。

[二]瑶山中的土地研究

《江村经济》《云南三村》《乡土中国》等一系列著作是我们熟知的费孝通在20世纪30年代末至40年代初完成的关于中国农村的研究。而《内地的农村》《乡土重建》则是他写于抗战时期有关中国农村问题的短文合集。其中所展现的对中国土地问题的思考,已经非常成熟,自成体系。由此也可以推测,费孝通对土地的关注其实可以追溯到更早的时代。

1935年,费孝通与王同惠前往广西大瑶山,开启了他的首次田野调查。他在途次发回的《桂行通讯》中,提到此次前往广西瑶山的目的之一,就是"关心着瑶人的土地关系和各族间的关系"②。

费孝通在入山后,很快就从停居的瑶族主人那里,获得

① 费孝通:《内地的农村》,载《费孝通文集》第4卷,群信出版社1999年版,第184-185页。

② 费孝通:《六上瑶山》,中央民族大学出版社2006年版,第38页。

了有关瑶山土地制度的一些基本信息，形成了比较朴素的认识："他说起瑶山租地的制度。汉人进山来都是来垦荒地，三年之内不用出租，过了三年每年要给地主 1/5 的收获。大橙已有两家汉人，汉人入山的数目逐渐增加，王桑、门头、六巷都有，都是做买卖和做佃户的。瑶人节制人口，所以人口越来越少，汉人人口增加，几十年后，瑶山将另有一种局面了。现在汉人人数尚少，瑶人相持亦甚公平，有事全村开会时，汉人亦参加，至今就没有冲突的事发生。"①

在这里费孝通区分了瑶山土地的所有权归属，土地属于本地的瑶族，而外来的汉族都是不具备土地所有权的"佃户"。由于当前本地人口（瑶族）与外来户人口（汉族）比例悬殊，两者之间关系并没有出现状况。从有限的材料看，"三年之内不用出租，过了三年每年要给地主 1/5 的收获"这样的收入分配方式，对租佃双方来说，都比较容易接受。

不过，以地主（瑶族）和佃户（汉族）来区分瑶山人口的朴素认识，在随后的调查中得到了修正。费孝通在王同惠遇难后，为实现亡妻遗志，将广西调查进一步完善，回京后撰写成《花篮瑶社会组织》一书。他在书中对瑶山土地所有权的归属又形成了更为动态的认识："在大藤瑶山中的诸族团，入山的时间有先后的不同，先入山的占据了这区域，成了这瑶山的地主，后入山的因为该地已经被人占据，于是成了租地生活的佃户。……依据现在汉人个别入山租田的情形中，使我们猜想这辈现在瑶山中做佃户的诸族团当他们移入时是出于很小的单位，所以他们不能和已有组织的地主族团争瑶山的地权。"②

① 费孝通：《六上瑶山》，中央民族大学出版社 2006 年版，第 33-34 页。
② 费孝通：《六上瑶山》，中央民族大学出版社 2006 年版，第 107 页。

费孝通在《花篮瑶社会组织》中认识到,瑶山内的居民并不是一成不变的统一人群,而是可以细分为"地主族团"和"佃户"族团的两类。前者包括"花篮瑶、坳瑶、茶山瑶和滴水花篮瑶"这些进入瑶山定居更早的瑶族群体,他们的统一特征即是因为具有完善的社会组织而拥有大部分土地的所有权。作为"佃户"族团的后者则包括"板瑶和山子瑶及少数汉人"。其中的板瑶和山子瑶还拥有一个和地主更对应的称呼,即"过山瑶",原因在于"过山瑶不能有土地权,而且所耕的都是山地,没有水田,因之不易有集中和永久的村落。……他们每年要向长毛①纳租和服役,在他们的收获中要分一部分给长毛"②。

经过这样逐步深入的观察,费孝通从入山汉族与瑶族的租佃关系中,发现了瑶族内部更细微的关系——定居的瑶族与游耕群体之间关于土地所有权的互动。然而,他的观察并不止于此。作为一个人类学家,费孝通并不以土地的所有权作为正义/不义的标准,继续发现,身为佃户的板瑶并非山主的被动雇佣者,而同样具有主动性的一面,"他们(过山瑶)的勤劳和耐苦及逐渐增加的人口数量却给长毛一种很严重的压力。长毛出租土地的数量逐渐增加,甚至有的把水田都租给他们"③。

最后,在这本简短的《花篮瑶社会组织》中费孝通提到,"目前他们(过山瑶)已开始收回土地权及抗租运动",预期他们成为地主的日子并不太远。也就是说,从桂北瑶山范围

---

① 即瑶山对"花篮瑶、坳瑶、茶山瑶和滴水花篮瑶"这些山主群体的固定称呼。

② 费孝通:《六上瑶山》,中央民族大学出版社2006年版,第108页。

③ 费孝通:《六上瑶山》,中央民族大学出版社2006年版,第109页。

内观察到的情形看，地主和佃户之间只存在一种“先来后到”的关系，而随着两者之间社会组织的自然消长，土地的所有权并不被某个群体垄断，最终会朝向普遍的“勤劳和耐苦”的人口倾斜。而这一点也得到了导师吴文藻先生的间接认同，他在该书的导言中总结，“板瑶处于佃户的地位，常受地主长毛瑶的压迫”，但在遇到重大疾病或事故时，“足衣足食的长毛瑶也有仰求于他们的佃户的地方”。① 甚至瑶族山主为了巩固地位，提出一种“限制汉人入山耕地，多给他们（瑶族）保留耕种的土地”的方案。②

由此可见，这样一种限制汉人（雇农），以保持瑶族（地主）地位的主张，彻底颠覆了以往地主与佃户之间的价值和道义关系。从某种意义上讲，正是这样一种在具体情境中，“反价值”/“价值相对论”（巩固地主—限制雇农）的人类学情怀，为费孝通对中国土地关系的“主流”观念提供了最初的反思。

［三］“地主和佃户”——人类学的发现

从大瑶山瑶族社会调查中获得的真知，对费孝通后来有关“地主和佃户”关系的判断，产生了深远影响。在费孝通这里，土地所有权作为一种天然的权力，并不具有单一的“阶级”属性，也不是一个固有的标签，而是一种具有历史因素的

---

① 费孝通：《六上瑶山》，中央民族大学出版社2006年版，第125-126页。

② 费孝通：《六上瑶山》，中央民族大学出版社2006年版，第125页。在这里吴文藻陷入了一个逻辑上的矛盾，他一方面呼吁控制汉族佃户入山，巩固瑶族山主土地，另一方面又预期板瑶佃户应当争夺土地所有权，削弱地主长毛瑶的地位。实际上，这说明他在观察到土地动态所有关系的同时，又被一种固有的权力意识所束缚。

社会变迁的结果。

1938年,费孝通来到云南,开始禄丰地区的调查,完成《禄村农田》的研究。他在这里再次发现了"外来新户得不到土地所有权,在所住社区中只能当佣工和佃户"①的实例,并结合几年前瑶山调查的经验,得出了一个概括性的结论:

> 这也许是一种普遍的现象:就是在一种以家庭或个人为单位的移民,进入一个人口已稠密的地方,土地已被该地人民占有了的时候,他们没有力量来夺取土地,只能接受佃户或佣工的地位。②

正如"在大藤瑶山中,后入的族团不能获得土地权,是牢不可破的习惯法",在云南禄村这样一个基本以自耕农为主的社区中同样如此。③ 费孝通发现,土地所有权和土地的集中,并非因为地主的"剥削",而是一种在定居过程中形成的天然顺序。

人们之所以能占有土地,拥有土地权,成为土地的主人(地主),其实是土地处于一种无主状况。后来者进入该区域时,空置土地已经告罄,后来者对土地的占有不再具有合法性,便只能以受雇者的身份参与到现有土地的开发过程中。其具体表现,则为后来者向土地拥有者(地主、山主)提供实物或者货币租金,即"纳租和服役,在他们的收获中要分

① 费孝通、张之毅:《云南三村》,社会科学文献出版社2006年版,第71页。

② 费孝通、张之毅:《云南三村》,社会科学文献出版社2006年版,第71页。

③ 费孝通、张之毅:《云南三村》,社会科学文献出版社2006年版,第71页。"禄村十九家新户中还没有一家获得土地所有权,只有一家典得了十工农田。"

一部分给长毛”。①

费孝通从“先来后到”的角度,揭示了地主和佃户之间纳租关系的合理性。为我们从人类学角度理解土地制度提供了非常重要的窗口。不过,他所提到的“后入山的,因为该地已经被占据,又没有力量来分割,于是成了靠租地生活的佃户”,却略过了农村土地劳动力雇佣关系中更为核心的一个因素。

20 世纪 80 年代,瑶学研究者胡起望和范宏贵延续《花篮瑶社会组织》,完成了《盘村瑶族》的研究。他们在书中对定居瑶族(山主)群体在土地收入分配方面的贡献,进行了更为细致的记录。其中提到,先来的茶山瑶②占据了山地的所有权。

> (茶山瑶)来了以后,就占据了灌溉方便、易于开垦的山场,在这里垒起田坝,开辟水田,从事定居性的农业生产,并在各村间划分确认了全部山地的所有权,成为了瑶山中的“山主”,使后来进入的过山瑶只有通过向山主交租才能进行刀耕火种的垦荒。③

---

① 费孝通:《六上瑶山》,中央民族大学出版社 2006 年版,第 108 页。

② 《中国少数民族社会历史调查资料丛刊》修订编辑委员会编:《广西瑶族社会历史调查》(第 2 册),民族出版社 2009 年版。转引自吴学东、奉恒高主编:《茶山瑶历史与文化》,民族出版社 2011 年版,第 63 页。茶山瑶的“先到”地位,在《历史故事歌》中也有展现:“初初进入大瑶山,一片荒凉大青山,先把大树砍倒下,后再砍木来开荒,有水地方开田峒,无水地方种旱田,插标为界各占山……盘瑶交租去种山,山租按理三分开……”

③ 胡起望、范宏贵:《盘村瑶族——从游耕到定居的研究》,民族出版社 1983 年版,第 132–133 页。

《盘村瑶族》同样提到:“当最后一批盘瑶前来的时候,这里已经有了一些水田,这是经过前人开垦的,或者在前人的房屋地基上开垦出来的。这些水田的数量虽然不多,其土地权属于金秀、六拉、昔地、田村等村茶山瑶山主,但是由于山主的村寨与这里水田相距较远,因此山主都愿租给迁来这里的盘瑶耕种。除水田以外,盘村附近荒山野岭很多,糟蹋庄稼的野猪比他们原住的十八家村一带相对地少,开垦容易,收获较多,这些都为他们最早的定居创造了条件。”①

值得注意的是,这里特别提到了茶山瑶(山主)对山地进行了重要的先期开发,其中包括“垒起田坝,开辟水田”“确认了全部山地的所有权”。虽然,我们看到后来的过山瑶对山地的开发多以“刀耕火种的垦荒”为主,但这实际上是对山区既有格局,既有资源的重新开发——熟地利用、水源共享,借用了前人已有的开发基础(田地好、野猪少)。正是这些肉眼可见的开发痕迹,使得后来的过山瑶认可了茶山瑶对当地资源的所属权,继而成为了后者的佃户。

在这里,我们或许就得到一个独特的人类学观察,人类历史上“地主与佃户”关系的形成,并非传统上所认为的是阶级压迫和经济剥削的结果②,而是建立在对土地开发的先后顺序上。先期抵达的定居者成为无主土地的主人——地主——对当地环境进行了一定程度的开发,而后来者则通过放弃一部分自己的收入来参与到对资源的分享,这部分“被

① 胡起望、范宏贵:《盘村瑶族——从游耕到定居的研究》,民族出版社1983年版,第135页。

② 参见[匈]马札亚尔:《中国农村经济研究》,陈代青、彭桂秋译,山西人民出版社2015年版,第253页。“在市场破坏,国家凌乱的情形之下,地主、官僚、富豪加紧的在掠夺农民的土地。强制的自有,苛捐杂税的重征逼迫着农民去向地主签订契约:作地主的佃户,求帮助和保护于地主的面前。”

放弃的收入"则自然演变为"地租"的形式。

从更大的角度来说,大量的民族志材料都证实,世界各地的族群普遍通过土地的后来者向先到者缴纳不同形式租税的方式,认可不同族群间对土地开发的先后顺序。比如,埃德蒙·利奇通过对缅北克钦人的研究发现,当地人同样通过(象征性)地租的形式,表达对土地所有权的认可:

> 当克钦人开垦一片雨林作山田时,在大多数情况下这块地以前已被开垦过,而且每块地都"属于"第一次开垦原始丛林的世系群。但第二次开垦土地的,并不一定是上次开垦的世系群。其他一些世系群也可以使用它,有时只是"借用",有时象征性地支付一点地租。①

除此之外,弗雷德里克·巴斯等人也观察到,在阿富汗北部的斯瓦特河谷,"帕坦人本身就是土地拥有者或者同时是土地拥有者和耕种者",而村里的佃户由较晚迁入的塔吉克人担任。② 在老挝地区,较晚迁入的山地部落则"必须以产品和服务的形式向寮人纳税"③。即便被广泛认可的"缺乏所有权"意识的南非布须曼采集者同样也认可先来者对当地最重要资源"水源"的占有权,只有通过提供自身的服务或物品,才能获得水源地的共享。"客人从食物暂时匮乏地

---

① 参见[英]埃德蒙·R. 利奇:《缅甸高地诸政治体系——对克钦社会结构的一项研究》,杨春宇、周歆红译,商务印书馆2010年版,第151页。

② 参见[挪]弗雷德里克·巴斯主编:《族群与边界——文化差异下的社会组织》,李丽琴译,商务印书馆2014年版,第105页。

③ [挪]弗雷德里克·巴斯主编:《族群与边界——文化差异下的社会组织》,李丽琴译,商务印书馆2014年版,第124页。

区过来,再使用此处的水、猎物和食物前,理当征求'主人'的同意。但接受别人的恩惠后,你也得在对方需要时给予回报。"①由此来看,世界各地的游耕或定居农业群体,实际上都有一定程度土地所有权观念,正是这一观念使得人们接受了在土地开发过程中,后来者对先到者的地租支付。

回到费孝通在广西瑶山的发现,我们已经可以确定,他从当地现存的瑶族"山主与佃户"的关系中获得了重要启发,并在随后发生的在20世纪40年代的"土地制度"的论战中,坚持了自身的立场。

[四] 结论:土地租佃制度的合理性一面

尽管其他观察者认为《损蚀冲洗下的乡土》《黎民不饥不寒的小康水准》《地主阶层面临考验》,"这三篇文章是费孝通作为公知的绝响。一年以后暴力土改全面展开,费孝通和平土改的主张从此息声"。② 但是,作为人类学家的费孝通始终没有放弃对中国土地制度,以及由此而来的阶级关系的深刻思考。

比如,他在20世纪80年代成书的《盘村瑶族》的序言中写道:"山区的土地包括水流和飞鸟走兽的所有权都属于长毛瑶,过山瑶得向长毛瑶租种土地,而且要服役。但是这种集团间剥削关系在长期间里并没有引起瑶山内部的分裂。"③地主与佃户,这个经久不衰的话题在这里变得平缓,

① [美]玛乔丽·肖斯塔克:《妮萨:一名昆族女子的生活与心声》,杨志译,中国人民大学出版社2017年版,第16页。

② 郑也夫:《土改:费孝通与董时进》,载《明报月刊》2017年第8、9期。

③ 胡起望、范宏贵:《盘村瑶族》,民族出版社1983年版,第8页。

两者之间的张力也松弛了许多。类似的表述也可从他早期的《江村经济》中找到,“如果佃户连续两年交不起租,地主即可退佃,但该法律并不适用于惯例至上的地方。逐出佃户的实际困难在于寻找一个合适的替换者。……只要是有正当的理由交不起租,村民们是不愿意卡同村人的脖子的。”①同样地,类似的观察也延伸到了《禄村农田》一书。②

在费孝通的笔下,地主和佃户,不再是抽象的名词,而是具体的人类个体。所以这常给人留下“费孝通关于土改的文章,除了不谈封建,也绝口不谈剥削”③,很少进行阶级分析的印象。其原因就在于,如上文所述,他基于自身的实际观察,对两者之间的联系有了更具体的认识。

因为,他从人类迁移的角度,从人与环境开发的动态角度,首次揭示了土地租佃制度的合理性一面。这比 20 世纪 60 年代海外学者张五常,有关“分成租佃制”合理性的分析④早了将近 20 年。雇工之所以倾向于向地主交租,是因为他们认可后者对土地的所有权。就另一个角度而言,地主更像是向无地的外来者伸出了援助之手,令其加入一个土地资源共享的体系中来。两者之间出租和受雇的状态,其实是双方迁移历史的结果。

---

① 费孝通:《江村经济》,商务印书馆 2001 年版,第 162 页。

② 参见费孝通、张之毅:《云南三村》,社会科学文献出版社 2006 年版,第 71 页。经过调查发现,“禄村大部分的田在少数人手中,而大部分的人不是没有田,就是有很少的田。”除此之外的另两个发现则是,一、包括地主在内,“禄村的私家所有的田都是很小的”;二、还有很大一部分土地集中在宗祠、(寺庙宫观)信仰团体手中。那些没有田地的农民,则通过租种的方式获得土地经营权。由于人力投入在一块土地产出方面起到了决定因素——地租并不会很高,而且雇工和佃户地位不低——地主几乎是高价请人种地。在他收集的“告官”案例中,佃户未按约交租,地主即便告到官府,也无计可施。事实上,劳动者与土地拥有者之间并没有天然的弱者。

③ 郑也夫:《土改:费孝通与董时进》,载《明报月刊》2017 年第 8、9 期。

④ 参见张五常:《佃农理论》,易宪容译,商务印书馆 2000 年版,第 226 页。

其次,费孝通在《花篮瑶社会组织》中,还提到过地主/山主土地权的瓦解,“长毛出租土地的数量逐渐增加,甚至有的把水田都租给他们”,最终将导致地主与佃农格局的渐变。这不但破除了传统上两者阶级对立关系的藩篱,还为“地主与佃户”这一议题提供了新的思考路径。

正如他在禄村观察到的那样,在本地购得田产的地主,最终会搬到城市(县城)居住,嫌管理麻烦而售出土地;或者因为将土地分派给子孙,大块土地所有者又再一次变为了小土地所有者。事实上,乡村土地的聚集与再分配,始终处在一种周而复始的运行之中。

再次,瑶山中的独特发现,为费孝通在《江村经济》中即将揭示的一个问题作了数据上的铺垫。中国农村社会的趋贫化,并非因为地主剥削引起,而是一个更大的外部结构调整的结果,世界经济在20世纪30年代所经历的“大萧条”才是农民收入下降的真因,而土地的被动集中仅仅是这个背后原因的间接结果(而不是土地集中导致了农民的贫困)①——农民因为收入不足,才将土地出售给地主,成为雇农,从而降低了独立应对经济不佳情况的风险②。

也正是出于这样一个原因,使费孝通真正提出用“乡土工业”来弥合佃户和地主之间的问题③,“只有扩充和疏通乡市的往来,亟力从发展都市入手去安定和扩大农业品的市

① 参见张经纬:《费孝通与沈雁冰的1930》,载《与人类学家同行》,社会科学文献出版社2019年版,第128-134页。

② 费孝通:《内地的农村》,载《费孝通文集》第4卷,群言出版社1999年版,第195页。“雇工经营的地主却相反,他们付出定额的工资,直接担负农业经营上的风险。”

③ 费孝通:《乡土中国与乡土重建》,风云时代出版公司1993年版,第188页。

场，乡村才有繁荣的希望"①的主张。即要提高农民收入，只有依靠中国乡村工业在未来的发展、技术改革与组织合作（而非其他），如费孝通的姐姐费达生所身体力行的那样，才能使乡村走向繁荣，更好地应对外界经济波动的影响，使中国农民实现富裕并保持富裕的成果。但这一主题已经超出了本文讨论的范围，希望将来得以继续展开。

最后，借助本文的讨论，能让我们对费孝通先生早期瑶山调查的价值建立更充分的评价。同时，也让我们对费孝通先生所亲历的20世纪30年代至40年代，有关中国土地制度的讨论，及其至今余音不绝的影响，展开更全面的反思。

---

① 费孝通：《乡土中国与乡土重建》，风云时代出版公司1993年版，第121页。

《法律和社会科学》(2023)　第20卷第2辑,第115~149页

权利分置的理论与中国土地制度的演进

乔仕彤*

摘　要:本文认为中国过去四十年土地改革的实践契合了权利束的产权观,而非将地权作为对物权。尽管学者就土地所有权争论不休,但中国土地政策的制定者对土地制度变革采取了更为务实的态度,在原有的国有和集体土地所有权的框架内实质性地重新安排国家、集体和个人之间的权利和义务。这种权利分置的思路贯穿于城市的国有土地使用权制度改革和农村的家庭联产承包责任制的建立中。与此相对照的是,执着于所有权和排他权被实践证明对中国的土地制度改革具有误导性。我们更应该问的问题是如何在国家、集体和个人之间合理地安排关于土地的权利和义务以达至公平效率和发展等可欲的政策目标。权利束的概念的有用之处在于它更符合社会实践实际创造出更多元的产权形式的现实;而对物权的概念则做不到这一点。本文的研究是基于对中国过去四十年土地制度变革的回顾,并试图从理论上描述出这一历史性变革的轮廓和逻辑。权利分置有一个潜在的问题:碎片化和因地制宜的产权设计可能会增加产权制度的信息成本和不确定性;怎样确保调整权利束的政府不滥

* 乔仕彤,杜克大学法学院教授。作者感谢张永健教授、程啸教授的建议和批评,苏怡成、郑洁,特别是肖慧娜和霍晓斌的研究协助。文责自负。

用权力也是一个至关重要的问题。就目前来看,我们似乎可以期待实用理性和渐进主义会继续主导中国正在进行中的土地制度变革。在此前提下,上述潜在的问题就变得更加重要。

关键词:土地使用权　对物权　权利分置　土地制度

[一]前言

中国在过去四十年的土地改革过程中成功地重构了国家和集体所有权——其中秘诀就在于抛弃了地权作为对物权这一刻板的观念而采用了权利分置的务实路径。中国土地制度演变的实践为我们理解和反思产权理论提供了丰富的养分。与此同时,法律经济学关于产权性质的争论也有助于我们深刻认识权利分置的内涵、优点和局限,更深刻地理解中国土地制度演变的逻辑,并在相关的土地制度设计中保持一份理论上的自觉和清醒。

权利分置不是新的概念,而是中国过去四十年土地制度改革的核心逻辑。三权分置是两权分离(所有权与使用权)的自然延伸。而权利分置的基础产权观是对人权而非对物权。这一点尚未在关于中国土地的研究中被明确提出。在法律和公共政策领域,浩如烟海的土地研究文献大致可以分为两类。一类是物权法学者的研究。过去四十年里,几代物权法学人,通过移植大陆法系的学说和法律,构建了完整的物权法体系,并初步完成了中国物权法的本土化。本土化的努力主要体现在正视国家所有权和集体所有权的核心地位,以及聚焦所有权与使用权的关系。但是,目前的体系和理论常常面临如何收容和理解新的权利形态的挑战。① 另一类是政策导向的行政法学者、经济学者以及土地政策研究学者的土地制度研究。这类研究的优点是直面现实问题,试图重新理解所有权和使用权,乃至创制和解释新的权利形态。但其面临的挑战是如何在因地、因时制宜的政策中寻找一以贯之的逻辑。②

中国的土地制度已经到了一个比较关键的节点,深刻认识中国四十年土地制度改革的制度逻辑对于进一步的改革有举足轻重的影响。这里面最重要的一个问题是:什么是地权?是对人权还是对物权?不同的概念取舍对解释制度和制度设计又有何影响?

关于对人权和对物权的辩论是产权理论的核心问题,但

① 国家或者集体所有权和使用权的关系,参见高飞:《论集体土地所有权主体立法的价值目标与功能定位》,载《中外法学》2009 年第 6 期;王利明、周友军:《论我国农村土地权利制度的完善》,载《中国法学》2012 年第 1 期;张千帆:《城市土地"国家所有"的困惑与消解》,载《中国法学》2012 年第 3 期;张千帆:《农村土地集体所有的困惑与消解》,载《法学研究》2012 年第 4 期;程雪阳:《中国宪法上国家所有的规范含义》,载《法学研究》2015 年第 4 期;刘连泰:《"土地属于集体所有"的规范属性》,载《中国法学》2016 年第 3 期。目前的物权法理论和体系所面临的理解新的权利形态(包括土地增值收益、农村土地流转、小产权房等问题)的挑战,参见王洪亮:《小产权房与集体土地利益归属论》,载《清华法学》2009 年第 5 期;郑尚元:《宅基地使用权性质及农民居住权利之保障》,载《中国法学》2014 年第 2 期;程雪阳:《土地发展权与土地增值收益的分配》,载《法学研究》2014 年第 5 期;凌斌:《土地流转的中国模式:组织基础与运行机制》,载《法学研究》2014 年第 6 期;李忠夏:《农村土地流转的合宪性分析》,载《中国法学》2015 年第 4 期;彭錞:《〈土地管理法〉合宪性争议再反思——兼论立法形成条款的成因与边界》,载《清华法学》2018 年第 6 期。

② 2013 年《中共中央关于全面深化改革若干重大问题的决定》引发过学者对农村土地制度改革的密集探讨,参见陈小君:《我国农村土地法律制度变革的思路与框架——十八届三中全会〈决定〉相关内容解读》,载《法学研究》2014 年第 4 期;崔建远:《征收制度的调整及体系效应》,载《法学研究》2014 年第 4 期;耿卓:《农民土地财产权保护的观念转变及其立法回应——以农村集体经济有效实现为视角》,载《法学研究》2014 年第 5 期;党国英、吴文媛:《土地规划管理改革:权利调整与法治构建》,载《法学研究》2014 年第 5 期;王克稳:《我国集体土地征收制度的构建》,载《法学研究》2016 年第 1 期。

在中国尚未引起足够的重视。近年来,也有学者对这方面的文献进行梳理,但其结论是对人权理论作为西方的舶来品与中国的现有体系不兼容。[①] 对人权理论与中国现有的以对物权理论为基础的物权法体系不兼容,但却暗合了中国过去四十年土地改革的逻辑,因此是本土经验而非舶来品。物权法仅仅是中国土地制度的一部分,我们需要结合《宪法》《土地管理法》《城市房地产管理法》等一系列的土地法律法规来从整体上理解中国土地制度的变迁和现状。一个可以一以贯之的概念就是串起这些纷繁复杂的法律法规的关键。

地权到底是代表了所有人从天空到地心的对土地的排他的绝对支配权,还是一连串关于土地权利和义务安排的法律和社会关系的集合?或者用物权法学者的术语来说,地权到底是对物权还是对人权?在法律现实主义尤其是法律经济学的兴起之前,对物权这一概念可以说是深入人心。William Blackstone 法官在英国法评述中对产权的定义十分贴切地反映了对物权的概念。在这一脍炙人口的著名段落中,他将产权定义为"一个人对外物通过完全地排除宇宙中任何他者的权利而拥有和实施的绝对控制。"[②]根据耶鲁法学院 Carol Rose 教授的考证,这一定义可能是所有关于财产权的论述中有史以来被引用最多的,当然大多数美国产权学者对 Blackstone 的认识也就到此为止。[③] "风能进,雨能进,国王不能进"这样的强调物权排他性的口号依然激励人心,

---

① 参见冉昊:《反思财产法制建设中的"事前研究"方法》,载《法学研究》2016 年第 2 期;《财产权的历史变迁》,载《中外法学》2018 年第 2 期。

② William Blackstone, *Blackstone's Commentaries*, Philadelphia: William Young Birch and Abraham Small, 1803, p. 1.

③ Carol M. Rose, *Canons of Property talk, or, Blackstone's anxiety*, The Yale Law Journal, Vol. 108:3, p. 601-632(1998).

但学术研究可能需要往前更进一步。

20 世纪初期法律现实主义运动的兴起重新塑造了我们关于法律的认识,其中最重要的是对权利和义务的认识。Wesley Newcomb Hohfeld 关于权利和义务的相对性的观点可以算是始作俑者。① 但关于产权概念本身的反思要到科斯的《社会成本问题》才及充分展开,因此也掀起了半个多世纪的争鸣。科斯告诉我们说谁拥有某物是没有意义的,我们需要知道的是在特定时间特定地点和特点的人之间究竟有着怎样的权利和义务关系。而关于财产的权利和义务不仅是对应的而且是对称和可以互换的—在交易成本为零的理想情形下,互换权利和义务对最终的资源配置不发生影响。② 在此后的法律经济学的讨论中,权利束几乎是默认的设置。但从 20 世纪 90 年代以来,学者们又开始反思产权作为权利束的概念。其中最具代表性的是现在哈佛大学法学院任教的 Henry Smith 和哥伦比亚大学法学院 Thomas Merrill 教授的一系列文章。Smith 教授认为产权区别于合同的最本质特征就在于它是对物权而非对人权;产权的标准化可以极大地节约信息成本。③ 时至今日,学者们关于产权是对物权还是对人权依然争论不休。但是这些争论都还停留在比较抽象的层面或者以发达国家的产权实践作为案例,关于产权性质的争论对于发展中的产权体系究竟有何影响? 是否具

---

① Wesley Newcomb Hohfeld, *Some Fundamental Legal Conceptions as Applied in Judicial Reasoning*, The Yale Law Journal, Vol. 23:1, p. 16-59(1913).

② Ronald H. Coase, *The Problem of Social Cost*, The Journal of Law and Economics, Vol. 3:1, p. 1-44(1960).

③ Henry E. Smith, *Property as the Law of Things*, Harvard Law Review, Vol. 125:7, p. 1691-1693(2012); Henry E. Smith, *The Persistence of System in Property Law*, University of Pennsylvania Law Review, Vol. 163:7, p. 2055-2083(2015).

有实践意义？除了本文作者的另外一篇文章①外，这个问题尚未有充分讨论。

本文认为中国过去四十年土地改革的实践契合了权利束的产权观，而非将地权作为对物权。尽管学者就土地所有权争论不休，但中国土地政策的制定者对土地制度变革采取了更为务实的态度，在原有的国有和集体土地所有权的框架内实质性地重新安排国家、集体和个人之间的权利和义务。这种权利分置的思路贯穿于城市的国有土地使用权制度改革和农村的家庭联产承包责任制的建立中。与此相对照的是，关于所有权和私有化的争论经常导致比较剧烈的冲突，而无益于土地制度的改进。最典型的例子是《物权法》的制定过程中，关于国家所有权、集体所有权和个人财产权谁更值得保护的争论，其实模糊了物权法的焦点，也影响了立法进程。因此，执着于所有权对中国的土地制度改革具有误导性。我们更应该问的问题是如何在国家、社群和个人之间合理地安排关于土地的权利和义务以达至公平、效率和发展等可欲的政策目标。正如哥伦比亚大学法学院教授 Michael Heller 所言，权利束的概念的有用之处就在于它更符合社会实践实际创造出更多元的产权形式的现实；而对物权的概念则做不到这一点。② 本文的研究是基于对中国过去四十年土地制度变革的回顾，并试图从理论上描述出这一历史性变革的轮廓和逻辑。

---

① See Shitong Qiao & Frank Upham, *The Evolution of Relational Property Rights：A Case of Chinese Rural Land Reform*, Lowa Law Review, Vol. 100：6, p. 2480-2506（2015）；中文译本见乔仕彤、潘孚然、宋杉杉：《关系物权的演变：以中国农村土地改革为例》，载《师大法学》2018 年第 1 期。

② Michael A. Heller, *The Boundaries of Private Property*, The Yale Law Journal, Vol. 108：6, p. 1163-1223（1999）.

本文其余部分安排如下,第二部分解析了对物权的概念和理论;第三部分回顾了中国土地制度研究的成就与挑战;第四部分尝试从对人权和权利分置的角度来理解中国四十年来的土地制度改革,具体而言,这部分重点探讨了各项个人权利是如何从国家土地所有权和集体土地所有权中分置出来的,以及国家土地所有权和集体土地所有权在现行体系下的含义和效力;第五部分总结。

[二]对物权理论

谁能够成为物权所有人?个人、关系紧密的社群和政府“都能并且拥有财产”。① 但是,什么是产权?权利束理论认为产权是一种对人权并将其定义为人与人之间就物的使用形成的社会关系。对物权理论则认为“产权是可以对抗全世界的对物的一种独特权利类型”②。这一对物权概念包括三个部分。第一部分强调物权法是关于物的法律。③ Smith 认为,“对物的定义以及物在协调私人互动中的角色是物权的核心”④。“物”能够消除产权关系的人身属性并将物权关系正式化。总体来说,这一对物权的理论认为产权是人和物之

① See Thomas W. Merrill & Henry E. Smith, *The Oxford Introductions to U. S. Law: Property*, Oxford University Press, 2010.

② Thomas W. Merrill & Henry E. Smith, *What Happened to Property in Law and Economics?*, The Yale Law Journal, Vol. 111:2, p. 361(2001).

③ Henry E. Smith, *Property as the Law of Things*, Harvard Law Review, Vol. 125:7, p. 1691-1726(2012); Henry E. Smith, *The Persistence of System in Property Law*, University of Pennsylvania Law Review, Vol. 163:7, p. 2055-2083(2015).

④ Henry E. Smith, *The Thing about Exclusion*, Brigham-Kanner Property Rights Conference Journal, Vol. 3, p. 95-123(2014).

间的关系而不是人与人之间的关系。① "首先，它识别了特定资源（'财产'），并明确指出某个人（'所有人'）扮演该物的守门人或管理者"。② 物是法律能够将复杂关系组织成法律关系的"模块"。③

对物权理论的第二个特点是强调物权的排他性，即从特定财产上排除其他人的权利是所有人拥有财产的核心。④ 要描述某人是某物的所有人是指某人具备排除他人使用该物的权利。Merrill 提出排他权不只是权利束中的一个权利："赋予某人对有价值资源的排他权……你就给予了他财产权。拒绝某人的排他权也就意味着他没有财产权。"⑤这一简单明了也是比较绝对的观点受到了不少批判。需要指出的是，在最近的一篇论文中 Smith 对排他权的重要性有所反思，他指出"排他权……并不一定是物权中那么不可或缺的一项权利。" Smith 的合作者之一张永健教授也在 2015 年的一篇论文中写到，所有权只是财产权中的一种，但同时将其他权利，比如转让权和使用权界定为附属权利。⑥ 尽管有上

---

① Chang 和 Smith（2012）认为"物权是结构化的关系束"，这一晚近的观点某种程度上模糊了对物权和对人权的差异。参见 Yun-chien Chang & Henry E. Smith, *An Economic Analysis of Civil Versus Common Law Property*, Notre Dame Law Review, Vol, 88:1, p. 1-56(2012)。

② Thomas W. Merrill & Henry E. Smith, *The Property/Contract Interface*, Columbia Law Review, Vol. 101:4, p. 773-852(2001).

③ Henry E. Smith, *Property as the Law of Things*, Harvard Law Review, Vol. 125:7, p. 1691-1726(2012); Henry E. Smith, *The Persistence of System in Property Law*, University of Pennsylvania Law Review, Vol. 163:7, p. 2055-2083(2015).

④ Thomas W. Merrill & Henry E. Smith, *The Oxford Introductions to U. S. Law: Property*, Oxford University Press, 2010, p. 4-8.

⑤ Thomas W. Merrill, *Property and the Right to Exclude*, Nebraska Law Review, Vol. 77:4, p. 730-755(1998).

⑥ Yun-chien Chang, *The Economy of Concept and Possession*, in Yun-Chien Chang ed., Law and Economics of Possession, Cambridge University Press, 2015, p. 103-127.

述最近的发展,排他权在对物权理论中的核心地位很难改变,这也是其将产权定义为对物的权利的一个自然后果。如上所述,对物权理论要问的第一个问题就是谁拥有某物,也就是谁是拥有排他权利的守门人。

Merrill和Smith认为法律现实主义者和法律经济学家已经成功地用权利束替代了传统的对物权的概念。① 他们甚至担心秉持产权是对物权这一观点的人可能会被嘲笑不够成熟。尽管如此,Blackstone等人将产权视为绝对支配权利的概念始终主导着我们对财产权利的认识。私人、集体和国家所有权的三分法也是以将产权视为对物权作为基础,否则也不必如此执着于所有权。学者们或主张私有化或主张集体化或主张国有化,但从来没有人挑战这三分法本身。② 这难道不是对物权巨大影响力的证明吗?

尽管私有产权这一概念本身有其内在的模糊性,但它正是上述三分法的基准和起点。正如Dagan和Heller所主张的,"集体财产权指定资源由有限数量的人一起拥有和控制,但排除外来人"③。从本质上讲,它是"一种在集体成员之间是共有财产权,而对群体外的人则是排他权"④。国家财产

---

① Thomas W. Merrill & Henry E. Smith, *What Happened to Property in Law and Economics?*, The Yale Law Journal, Vol. 111:2, p. 357-398(2001); Thomas W. Merrill & Henry E. Smith, *The Property/Contract Interface*, Columbia Law Review, Vol. 101:4, p. 773-852(2001).

② Michael A. Heller, *The Dynamic Analytics of Property Law*, Theoretical Inquiries in Law, Vol. 2:1, p. 79-95(2001).

③ Hanoch Dagan and Michael A. Heller, *The Liberal Commons*, The Yale Law Review, Vol. 110:4, p. 549-557(2001).

④ Carol M. Rose, *The Several Futures of Property: Of Cyberspace and Folk Tales, Emission Trades and Ecosystems*, Minnesota Law Review, Vol. 83:1, p. 129-155(1998).

权指的是国家具有排他权,并且是使用资源的唯一决策中心。① 和私有产权的定义相同,集体和国家所有权的定义展示了物和所有者之间的关系,排他性是核心。

对物权理论的第三个特点是物权法定原则。Merrill 和 Smith 发展了产权最优标准化的理论,进一步讨论了基于对物权概念的物权法定原则。他们的论述总体上来说过度强调了法律的作用而贬低了社会规范在财产权演变中的作用。② 在他们物权法定的世界里,法律是产权的主要来源。Merrill 和 Smith 认为政府,尤其是立法机构,应当要在权利标准化中发挥作用。③ 这一观点和 Bentham 的无法律即无权利的推定一致。④ Smith 关于语言和产权的著名类比在这里很恰当。他指出语法的标准化是自发的,而物权的标准化则不同。⑤

关于对物权的假设也隐含在产权演化的文献中。追随 Harold Demsetz 的开创性研究,关于产权演化的大部分文献都集中于讨论产权如何从开放的或公有的状态进化到私有产权。Demsetz 的理论建立在关于私有产权如何在拉布拉多

---

① Michael A. Heller, *The Boundaries of Private Property*, The Yale Law Journal, Vol. 108:6, p. 1163-1223(1999).

② Thomas W. Merrill & Henry E. Smith, *Optimal Standardization in the Law of Property: The Numerus Clausus Principle*, The Yale Law Journal, Vol. 110:1, p. 1-70(2000).

③ Thomas W. Merrill & Henry E. Smith, *Optimal Standardization in the Law of Property: The Numerus Clausus Principle*, The Yale Law Journal, Vol. 110:1, p. 1-70(2000).

④ Jeremy Bentham, *Pannomial Fragments*, available at http://www.laits.utexas.edu/poltheory/bentham/pannomial/pannomial.c03.html (last visited June 14, 2018).

⑤ Henry E. Smith, *The Language of Property: Form, Context and Audience*, Stanford Law Review, Vol. 55:4, p. 1105-1160(2003).

半岛上的印第安人部落中产生的人类学材料之上。① Robert Ellickson 运用各种实证材料研究随着时间推移集体所有权如何向个人所有权转变。② 最后,Michael Heller 关于反公地悲剧的经典文献也是基于对苏联解体后的私有化过程的研究。③

总之,Blacksstone 等认为产权是物和所有人之间的独占关系的观点在法律研究中比学者所想象的更具威力和持久。④ 此观点之所以盛行要归功于其本身的清晰度和直观性,⑤有效地降低了信息成本。⑥ 然而现实世界往往更加复杂。⑦ 接下来两个部分将要考察的中国土地制度变革将很好地展示这一复杂性。

[三] 中国土地制度研究的成就与挑战

中国改革开放后的土地改革和土地法制的建设几乎是

---

① Harold Demsetz, *Toward a Theory of Property Rights*, American Economic Review Vol. 57, No. 2, 1967, p. 347-359.

② Robert C. Ellickson, *Property in Land*, The Yale Law Journal, Vol. 102:6, p. 1315-1318(1993).

③ Michael A. Heller, *The Tragedy of the Anticommons: Property in the Transition from Marx to Markets*, Harvard Law Review, Vol. 111:3, p. 621-688 (1998).

④ Thomas W. Merrill & Henry E. Smith, *What Happened to Property in Law and Economics?*, The Yale Law Journal, Vol. 111:2, p. 357-398(2001).

⑤ Bruce Ackerman, *Private Property and the Constitution*, Yale University Press, 1978.

⑥ Thomas W. Merrill & Henry E. Smith, *Optimal Standardization in the Law of Property: The Numerus Clausus Principle*, The Yale Law Journal, Vol. 110:1, p. 1-70(2000).

⑦ Shitong Qiao, *The Politics of Chinese Land: Partial Reform, Vested Interests, and Small Property*, Columbia Journal of Asian Law, Vol. 29:1, p. 70-112 (2016).

同步进行的，这就导致立法、法学研究和土地制度改革某种程度上的脱节。甚至如某些法律学者所观察到的，法学家对中国土地法制的改革并没有太多智识贡献，中国土地法制演化的路径往往是“先有实践中自发的探索，政府主管部门再试点铺开，形成党的文件后，再在经济学界和管理学界的主导下启动法律的制定和修改”①。具体而言，学者们对两个情况尚未厘清：(1)对人权理论中蕴含的实践理性以及其与中国土地制度改革的关系；(2)对人权跟权利分置的关系，两者实际具有逻辑上的内在一致性。

首先，对人权理论中蕴含的实践理性以及其与中国土地制度改革的逻辑是不谋而合的。在权利束语境下，财产权的外延是不断变动的，是基于经验的，这点和大陆法的物权法定原则截然不同。事实上的中国土地改革，正如高圣平所说的，是基于基层的现实摸索，政府再逐步承认，最终成为政策和法律，这是一种基于经验的立法模式。② 虽然中国学习的是大陆法系的物权法，但是具体到土地制度的改革，走的却是以经验而非思辨指导立法的路径。也正因如此，基于对物权概念建立的、以物权法定为基本原则的现有物权法理论在应对中国土地改革的实践时常常遇到“瓶颈”。

而对第二个问题，有学者多主张在现有的民法体系(坚持对物权、物债二分、物权法定)下对分置出来的权利进行定性。也有学者反对进行三权分置，强调集体土地所有权的第一性和整体性，承包权无法从所有权中分离出来，认为三权

---

① 高圣平：《新型农业经营体系下农地产权结构的法律逻辑》，载《法学研究》2014年第4期。

② 参见高圣平：《新型农业经营体系下农地产权结构的法律逻辑》，载《法学研究》2014年第4期。

分置的制度设计必须遵守物权制度的基本原理。① 这些主张无疑与我国正在进行的土地制度改革的实践有一定差距。

乍一看,对物权理论和物权法定原则是中国物权法和关于中国土地改革的公共讨论中被普遍接受了的。2004 年《宪法修正案》规定“公民的合法的私有财产不受侵犯”,这一表述受到国内外普遍赞誉。② 2007 年《物权法》第 5 条规定“物权的种类和内容,由法律规定”,本质上是中国版的物权法定。全国人大常委会法工委关于这一条的释义也明确指出新的物权类型和内容只能由法律规定,而不能由双方当事人约定。全国人大常委会法工委的释义也强调物权不同于债权,因为物权是对物权和对世权,其义务人是不特定的。因此,物权不能由当事人自由创设,而只能由法律来创设。③ 这一解释与 Merrill 和 Smith 的信息成本理论完全契合。④ 立法者也考虑到《物权法》应当为可能产生的新物权类型留有空间。然而,与 Merrill 和 Smith 的理论一致的是,中国立法者认为新的物权只能由法律认可。⑤

农村土地改革的公共讨论也反映了执迷于谁应该拥有

---

① 参见韩松:《论民法典物权编对土地承包经营权的规定——基于“三权分置”的政策背景》,载《清华法学》2018 年第 5 期。

② Chris Buckley, *China Approves Amendments on Property and Human Rights*, The New York Times (Mar. 15, 2004), www. nytimes. com/2004/03/15/world/china-approves-amendments-on-property-and-human-rights. html.

③ 参见全国人大常委会法工委:《中华人民共和国物权法释义》,法律出版社 2007 年版。

④ Thomas W. Merrill and Henry E. Smith, *Optimal Standardization in the Law of Property: The Numerus Clausus Principle*, Yale Law Journal Vol. 110, No. 1, 2000.

⑤ Thomas W. Merrill & Henry E. Smith, *Optimal Standardization in the Law of Property: The Numerus Clausus Principle*, The Yale Law Journal, Vol. 110:1, p. 1-70(2000). 参见全国人大常委会法工委:《中华人民共和国物权法释义》,法律出版社 2007 年版。

排他权的对物权理论，即农村土地是否应当私有化、再集体化甚至是国有化。① 私有化方案强调的是个人自治、自由和为长期经济发展而保护私有财产，而再集体化方案考虑到的是农村地区灌溉系统的衰落和公共产品供应的整体不充足造成了农村家庭联产承包责任制的失败，再集体化农村土地有利于规模经济发展。② 国有化方案更为复杂：有些支持者指出国家土地所有权能够防止农民的财产权利受到集体的侵犯；而另外一些人则希望通过农村的国有土地所有制走上以国有农场为基础的现代农业的康庄大道。尽管这些方案的倡导者就谁拥有农村土地的问题存在巨大争议，但就他们执迷于土地所有权这一点而言都是对物权理论的信徒。

谁拥有中国的土地？这一问题具有误导性，因为它预设了权利人和土地之间的排他性关系，尽管这里的主体可以是国家、集体或者个人。通常的讨论也暗含了以排他的绝对的私有财产权作为制度设计的参照。结果是，学者们发明了很多词汇形容中国土地制度的发展，例如"准私有产权"和"不完全产权"。③ 然而，中国土地改革绝不是简单地将独占性的支配权利从国家或集体转移给个人的私有化。对物权理论并不能解释中国土地制度变革的实践。我们需要检视过

---

① 参见秦晖：《十字路口的中国土地制度改革》，载凤凰资讯 2008 年 10 月 7 日，https://news.ifeng,com/opinion/200810/1007_23_819334.shtml。

② 参见岳青山：《展望塘约模式：深化改革亟须重温新中国农业合作化的理论和实践》，载察网，http://www.cwzg.cn/theory/201704/35471.html，最后访问时间：2019 年 8 月 3 日。

③ James Kai-sing Kung, *Choice of Land Tenure in China: The Case of a County with Quasi-Private Property Rights*, Economic Development and Cultural Change, Vol. 50:4, p. 793-817(2002); Michael T. Bennett, Aashish Mehta & Jintao Xu, *Incomplete Property Rights, Exposure to Markets and the Provision of Environmental Services in China*, China Economic Review, Vol. 22:4, p. 485-498 (2011).

去四十年里中国如何重新安排了土地上的权利束。

近年来,不少法学学者开始重视国家所有权和集体所有权在我国土地制度中无法回避的地位并试图对他们的外延和内涵予以重新解释。对国家所有权的讨论比较多样。民法学者主张国家所有权是同时受公法和私法调整的混合法律关系,民法典应对国家所有权作专项规定。① 公法学者有的主张消解国家所有权,②有的强调国家所有权的公法属性。③

对权利归属的执着也延伸到土地发展权到底应该私有还是国有的辩论。④ 日益发展的城市化带来了土地增值收益归属的问题。很多学者主张借鉴美国的土地发展权交易制度。但是学者们多关注英美土地发展权模式的效果和功能,没有讨论其制度背景,包括其与征收制度不可分割的关系,以及更深层次的国家与个人之间的权利分配。只有将地权理解为权利束,并承认国家根据政策和实践需要调整权利束的权力,土地发展权才有其存在的基础。这一权利本身就是由国家创设,用来调节公益与私权之间的平衡。抛开制度背景和概念的逻辑内涵,寻求一个土地发展权到底归谁所有的绝对答案,可能会错过制度发展的关键。

对征收和补偿的讨论多偏重于政策性分析性,而缺乏概

---

① 参见马俊驹:《国家所有权的基本理论和立法结构探讨》,载《中国法学》2011年第4期。

② 参见张千帆:《城市土地"国家所有"的困惑与消解》,载《中国法学》2012年第3期。

③ 参见程雪阳:《中国宪法上国家所有的规范含义》,载《法学研究》2015年第4期。

④ 参见陈柏峰:《土地发展权的理论基础与制度前景》,载《法学研究》2012年第4期;程雪阳:《土地发展权与土地增值收益的分配》,载《法学研究》2014年第5期;彭錞:《土地发展权与土地增值收益分配——中国问题与英国经验》,载《中外法学》2016年第6期。

念的系统性梳理。① 比如集体土地征收的补偿问题,只讨论补偿的标准或方式而不谈在现有体系下国家、集体和个人之间的地权配置,往往解决不了问题。②

[四] 中国土地制度的现实:土地公有制基础上的权利分置

四十年的中国土地改革并没有改变土地所有权。市场化改革近四十年来,中国的土地制度依然是以城市里的国家所有权和农村里的集体所有权为基础。这似乎是与新制度经济学认为的私有产权是市场经济发展的基础的观点相矛盾,③甚至因此带来了所谓的中国问题并促使学者们反思产权在经济发展中的作用。④

---

① 2011 年通过的《国有土地上房屋征收与补偿条例》曾引发过某些学者的讨论,参见吴光荣:《征收制度在我国的异化与回归》,载《法学研究》2011 年第 3 期;房绍坤:《国有土地上房屋征收的法律问题与对策》,载《中国法学》2012 年第 1 期。

② 参见屈茂辉、周志芳:《中国土地征收补偿标准研究——基于地方立法文本的分析》,载《法学研究》2009 年第 3 期;渠滢:《不动产被征收人参与权的价值定位与制度重构》,载《中国法学》2018 年第 1 期。

③ See Douglass C. North & Robert Paul Thomas, *The Rise of the Western World: A New Economic History*, Cambridge University Press, 1973; Robert Cooter & Hans-Bend Schäfer, *Solomon's Knot: How Law Can End the Poverty of Nations*, Princeton University Press, 2012.

④ e. g. , Donald C. Clarke, *Economic Development and the* - 112; Joyce Palomar, *Contributions Legal Scholars Can Make to Development Economics: Examples from China*, William and Mary Law Review, Vol. 45: 3, p. 1011 - 1053 (2004); Michael Trebilcock and Paul-Erik Veel, *Property Rights and Development: The Contingent Case for Formalization*, University of Pennsylvania Journal of International Law, Vol. 30: 2, p. 397-482 (2008); Frank K. Upham, *From Demsetz to Deng: Speculations on the Implications of Chinese Growth for Law and Development Theory*, NYU Journal of International Law and Politics, Vol. 41: 3, p. 551 - 602 (2009).

尽管土地所有权未变,但是将土地使用权从土地所有权中分离出来却是中国土地制度发展的一个核心特征。这种分离导致了城市国有土地使用权和农村土地承包经营权的产生。20世纪80年代,中国政府视发展为首位,自觉地、务实地抛弃了之前对土地公有制的单一和僵化的理解,而将重心放在重构围绕物权的复杂社会和法律关系。在城市里国家土地所有权不再意味着国家对土地独占和排他性的利用;在农村里集体经济组织(之前是人民公社)也不是一定要对土地行使独占的排他权。当将国家土地所有权和集体土地所有权理解为权利束,开始思考国家或者集体和个人之间关于土地的权利义务关系——对土地的占有、使用和收益都可根据政策考量进行务实安排时,国有土地使用权和土地承包经营权的相关实践就分别在城市和农村得以产生,并在20世纪80年代末期和20世纪90年代初期被写进法律。值得注意的是,这两种后来被物权法界定为用益物权的权利的性质并不是一开始就是清楚的。实践中他们也走过了一个从债权到物权的过程。① 最开始只是市场主体和农户通过合同取得以特定用途和方式使用相应土地的权利,他们也不拥有对抗国家或集体的物权。时至今日,两项权利的内容更为完善,但仔细考察其权利内容时,会发现他们离普通法意义上的fee simple还有显著差距。② 国有土地使用权的行使、抵押和转让受到国有土地使用权出让合同中的诸多限制。

---

① Keliang Zhu et al., *The Rural Land Question in China: Analysis and Recommendations Based on a Seventeen - Province Survey*, NYU Journal of International Law and Politics, Vol. 38:4, p. 761-839(2005).

② Donald Clarke教授对此有不同判断。参见Donald Clarke, *China's Stealth Urban Land Revolution*, The American Journal of Comparative Law, Vol. 62:2, p. 323-366(2014)。

尽管国有土地使用权合同有标准文本,但中间留白的部分往往给合同双方留下了充分的协商和因地制宜的空间。因此,每个国有土地使用权人的权利内容都有其独特之处,而非完全的物权法定。关于该项土地上权利内容的约定效力也不仅限于原始出让合同的双方,而是附着于土地之上,因为出让合同本身也是权利登记的一项内容。农村土地承包经营权的转让和抵押到目前为止也受到诸多限制和严格管控,在很多情形下都需要集体土地所有人的同意。

下面我会详述公共土地所有权在过去四十年变革中被反复确认的历史、国有土地使用权和农村土地承包经营权的兴起和合法化,以及对两项权利的性质和内容进行探讨。

(一)土地所有权不变

城市土地国家所有权和农村土地集体所有权所组成的公有土地所有权仍是中国土地制度的核心。1982年《宪法》第10条规定了土地国有权,并在接下来的一系列物权法律中逐步确认。1986年《民法通则》第73条和第74条分别规定了国家财产所有权和集体财产所有权,置于个人财产所有权(第75条)、土地使用权和承包经营权(第80条)之前。2009年《民法通则》修改仍然保留土地国有权及其优先地位。1986年《土地管理法》第1条指出立法目的是"加强土地管理,维护土地的社会主义公有制,保护、开发土地资源"。第6条和第8条分别重申了城市土地国家所有权和农村土地集体所有权。土地管理法在1988年、1998年和2004年的四次修改均保留了国家土地所有权。1990年制定的《城镇国有土地使用权出让和转让暂行条例》以及1994年制定的《城市房地产管理法》均用于规范土地国有权。最后,2002年发布的《农村土地承包法》确认了农村土地集体所有权。

不断强调土地国有权的作用包含两方面，一是通过法律的表达影响力(expressive power of law)实现。① 法律表达了特定意识形态，并且其发挥的作用远远超出意识形态。二是前述法律条文肯定了国家和集体作为土地所有者在私法上的地位。尽管国家和集体对土地的直接控制不如改革之前那么强，私人的土地使用权仍然来源于也因此从属于公有的土地所有权：除了明确界定给私人的权利，剩余权利仍然在国家或者集体手上。上述第二个方面的内容在实践中具有深远的影响，并持续构成土地公有与使用权私有之间的张力。

(二)城市的国有土地使用权

受到香港官地模式的影响，深圳创造了土地使用权。其他城市迅速引入这项制度，并推动了 1988 年的《宪法》修改，确认了城市里的国有土地使用权。一方面，国有土地使用权可以转让、出租和抵押，这是其类似于私人财产权的一面。另一方面，国有土地使用权的具体内容由合同确定，并且出让合同本身附着于土地之上，也就是说起效力不限于原始合同双方。2007 年的《物权法》纳入了物权法定原则，并认定国有土地使用权是一种用益物权。然而，国有土地使用权出让合同给双方当事人留下充分的空间去协商该项权利的内容，控制土地的用途和开放强度，并且由于合同随着地走，未来的土地使用权人在未重新签订土地使用权出让合同的情形下也必须受其约束。

1. 国有土地使用权的产生

1979 年以前在传统计划经济体制下土地不能作为商品

---

① Richard H. McAdams, *The Expressive Powers of Law: Theories and Limits*, Harvard University Press, 2015.

买卖,土地的使用根据计划经济的原则进行分配。但由国家统一控制和安排土地利用的制度与改革开放和建立现代化城市的目标不一致,这就要求结合新时代发展的要求对国家土地所有权予以新的解释。深圳上海等改革开放的前沿城市决定先行先试土地改革。1979 年 12 月 31 日,深圳市城市建设委员会和香港投资企业签订了合同,深圳市政府提供土地,香港投资者投资开发土地并分享一定份额的利润。①1980 年 12 月 5 日,深圳市建设委员会和香港投资企业签订了第一份"土地使用费"合同,合同包含了如今土地使用权出让合同中的核心条款,包括土地使用期限(30 年)和价格(每平方米 5000 港元)。②

征收土地使用费的实践拉开了土地使用改革的帷幕。③1981 年 11 月,深圳将被征收土地使用费的企业范围从国外投资者拓展到国内投资者。④ 但是,由于没有土地市场,所有建设项目适用统一和固定的收费标准,土地的价值和投资者的偏好无从体现。作为第一个收取土地使用费的城市,深圳也第一个意识到了这一实践的局限性。仔细研究过香港官地拍卖制度之后,⑤深圳市政府意识到土地市场的创收能力。

1987 年 12 月 1 日,深圳进行中华人民共和国成立以来

---

① 参见冯杰:《深圳土地管理二十年》,载《深圳特区报》2006 年 6 月 22 日。

② 参见冯杰:《深圳土地管理二十年》,载《深圳特区报》2006 年 6 月 22 日。

③ Robert C. Ellickson, The Market for Social Norms, *American Law and Economics Review*, Vol. 3:1, p. 1-49; Cass R. Sunstein, Social Norms and Social Roles, *Columbia Law Review*, Vol. 96:4, p. 903-968.

④ 参见广东省人大常务委员会《深圳特别行政区土地管理暂行规定》第 19 条,1981 年 12 月 24 日发布(http://www.pkulaw.cn:83/fulltext_form.aspx?Db=alftwotitle&Gid=991a99deec1454494f81eb1f05dbf720bdf)。

⑤ Roger Nissim, *Land Administration and Practice in Hong Kong*, University of Washington Press, 2008.

首次有偿出让国有土地使用权的拍卖,这一拍卖带来的是广东省人民代表大会于 1988 年 1 月 3 日以法律形式正式确认土地使用权的转让。更重要的是,这一举措促成了 1988 年 4 月 12 日《宪法》关于土地使用权的修改和 1988 年 12 月 29 日《土地管理法》的修改。1988 年《宪法》和《土地管理法》的修改消除了地方政府拍卖土地使用权的法律藩篱。1990 年 5 月 19 日,国务院颁布了《城镇国有土地使用权出让和转让暂行条例》(以下简称 1990 年暂行条例)。该暂行条例详细规定了关于国有土地使用权出让和转让的规则,并且至今有效。这一条例也明确了出让和转让国有土地使用权由县市政府具体实施。

2. 国有土地使用权的内容

国有土地使用权实际上兼备物权和债权的性质。一方面,和一般的物权所有者相同,土地使用权人有权转让(1990 年暂行条例第 19 条)、出租(第 28 条)和抵押(第 32 条)。国有土地使用权最长期限从 40—70 年不等,取决于土地用途(第 12 条)。住宅建设用地使用权到期自动延期,除非有必要收回公用。另一方面,土地使用权人所享有的权利取决于出让合同规定。出让合同有标准格式但也给合同双方之间预留了很多协调的空间。首先,就转让土地的用途和开发来说,土地使用者必须严格依据合同规定使用土地。未按合同规定的期限和条件开发、利用土地的,土地管理部门可以发出警告或罚款,严重者还会被收回土地使用权(1990 年暂行条例第 17 条)。土地使用者如果确实需要改变土地用途,需要和出让方重新签订土地出让合同,包括重新调整土地出让金,并办理新的登记(第 18 条)。

其次,土地使用权合同的首个使用者(即土地受让方)在满足合同规定前不能转让。一份标准的土地使用权出让合同要求受让方完成投资总额的25%或者完成规定的条件(第20条)。出让的内容也很有趣。如法律规定,土地使用权转让时,权利义务随之转移(第21条)。因此,转让的不是对物权,而是对人权。土地使用权的出租也是同样的情况,未按合同规定的期限和条件投资开发、利用土地的,不得出租(第28条)。另外,土地使用权转让时,地上建筑物、其他附着物所有权随之转让(第23条)。当土地使用权转让价格明显低于市场价格的,政府有优先购买权(第26条)。

通过参照Merrill和Smith用来证明物权法定原则的Keppell v. Bailey一案,我们更能理解国有土地使用权的对人权性质。在此案中,购买方"为他们自己及其继承人订约,要求工程所需的石灰岩必须从一个特定的采石场购买并且要经特定的铁路运输到工程所在地。"①法院认为这一协议不具有物权的效力,因为它不符合法律认可的地役权的特征,因此工程的受让方无须受其约束。② Merrill和Smith认为若允许当事人创制新的物权形式,如Keppell案件中的契约,并认可其物权效力,将会给第三方带来无法接受的信息成本。③ 在国有土地使用权的情形下,整个土地使用权出让合同是"附随土地"的,跟随土地使用权的转让而转让:转让国

① Thomas W. Merrill & Henry E. Smith, *Optimal Standardization in the Law of Property: The Numerus Clausus Principle*, The Yale Law Journal, Vol. 110: 1, p. 1-70(2000).

② Thomas W. Merrill & Henry E. Smith, *Optimal Standardization in the Law of Property: The Numerus Clausus Principle*, The Yale Law Journal, Vol. 110: 1, p. 1-70(2000).

③ Thomas W. Merrill & Henry E. Smith, *Optimal Standardization in the Law of Property: The Numerus Clausus Principle*, The Yale Law Journal, Vol. 110: 1, p. 1-70(2000).

有土地使用权既包含转让规定在登记文件中的权利义务,也包含规定在出让合同中的权利义务。① 一份标准的土地使用转让合同可以就土地用途进行特殊约定,即具体到用于"商业办公室(增值电信业务)"②和"主建筑、附属建筑、容积率、建筑密度和高度限制"③。这样的细节规定和 *Keppell* 案件中的合同一样奇怪而具体。除了合同规定的土地用途,在没有重新修订合同前该土地不得用作他途。

国有土地使用权的债权性质是由国家控制土地使用和开发的强烈意愿决定的,这一方面是计划经济的遗产,另一方面也是发展型国家在市场中的强干预角色决定的。国有土地使用权的次等地位还体现在城市房屋拆迁中。城市里的房屋拆迁只补偿房子而不补偿土地使用权。2011 年,国务院通过了《国有土地上房屋征收与补偿条例》(以下简称 2011 年条例)。条例的题目说明这些规定只和房屋有关,而没有单独规定国有土地使用权的征收和补偿。该条例第 13 条规定房屋被依法征收的,国有土地使用权同时收回。第 17 条规定补偿只限于被征收房屋的价值、因征收房屋导致的搬迁和临时安置费用,以及停产停业损失。没有任何补偿是针对国有土地使用权损失的。有人可能会说,在计算被征

① 参见国有土地使用权出让合同英语翻译第 22 条,(https://www.sec.gov/Archives/edgar/containers/fix150/1269238/000119312508094260/dex421.htm,最后访问时间:2019 年 8 月 3 日);Yun-chien Chang and Henry E. Smith, *The Numerus Clausus Principle, Property Customs, and the Emergency of New Property Forms*, Iowa Law Review, Vol. 100, No. 6, 2015, p. 2275-308.

② 参见国有土地使用权出让合同英语翻译第 4 条(https://www.sec.gov/Archives/edgar/containers/fix150/1269238/000119312508094260/dex421.htm,最后访问时间:2019 年 8 月 3 日)。

③ 参见国有土地使用权出让合同英语翻译第 11 条(https://www.sec.gov/Archives/edgar/containers/fix150/1269238/000119312508094260/dex421.htm,最后访问时间:2019 年 8 月 3 日)。

收房屋的价值时考虑了地段,因此也间接考虑到了国有土地使用权的价值。然而,这仍然和认可国有土地使用权的独立价值不同。2011年条例表明的潜在逻辑是,国有土地使用权在房屋消失之后自动回复到国家所有权之上,这和民法上的强调所有权弹性的理论一致。①

(三)农村土地承包经营权

农村土地承包经营权是中国市场转型的第一个重要制度创新。农民而不是政府才是这项制度的发明者。中国政府从早期包容这个制度的产生和发展,到建立法律制度保护人们的预期、降低风险并解决纠纷,走过了一个漫长的旅程。值得注意的是,这项权利最开始并不是由法律创立的,它的内涵在实践中的进一步发展也常常超出现行法律的边界。

1. 农村土地承包经营权的产生

农村土地承包经营权的基础是家庭联产承包责任制,其本质是解放农民,使他们得以从分配到的土地上自给自足。该制度由农民首创,尤其是20世纪80年代早期安徽省小岗村村民。农村土地承包经营权首次出现在1986年《民法通则》第五章"民事权利"第一节"财产所有权和与财产权有关的财产权"第80条规定,公民对集体所有土地的承包经营权受法律保护。该条文并没有详细规定土地承包经营权的内容,给未来的发展留下了空间。同一条款中还规定了土地不得买卖、出租、抵押或者以其他形式非法转让。1993年的《宪法修正案》正式认可家庭联产承包责任制作为社会主义集体经济的一种形式。20世纪80年代和90年代初期集体调整承包经营权合同相当频繁。农村集体会干预农民应该

① 参见陈荣文:《所有权保留的法律性质论析》,载《亚太经济》2004年第4期。

种什么和怎么种,并经常性根据人口的增减重新分配土地。① 直到1998年的《土地管理法》才对农村土地承包经营权作出了更为详尽的规定。第14条强调农村土地承包经营权受法律保护,规定期限是30年,并且在土地承包经营期限内调整土地必须经过村民会议2/3以上成员或者2/3以上村民代表的同意。直到2002年的《农村土地承包经营法》才第一次全面地对土地承包经营权进行规定,包括农村集体作为发包方和农民作为承包方的权利和义务,承包的原则和程序、承包的期限和内容,以及承包经营权的保护和流转。2007年的《物权法》在第三部分将农村土地承包经营权列为用益物权的一种类型,和建设用地使用权、宅基地使用权和地役权并列。

2. 农村土地承包经营权的内容

如果和城市里的国有土地使用权一样,尽管被《物权法》确认为一种用益物权,农村土地承包经营权实际上兼具物权和债权的性质。农村土地承包经营权是由农村集体和其成员通过农村土地承包合同设立的,是关于发包方和承包方之间就农村集体土地权利和义务的划分。这一权利显然具有对人的一面,也即集体和成员之间的权利分配有赖于双方当事人的身份和关系,和非人格化的"物—所有权"概念不一致。② 第一,农村土地承包经营权的主体通常是本集经济组织的成员(《农村土地承包经营法》第15条)。当农村土地

---

① Keliang Zhu et al., *The Rural Land Question in China: Analysis and Recommendations Based on a Seventeen - Province Survey*, NYU Journal of International Law and Politics, Vol. 38:4, p. 761-839(2005).

② Michael A. Heller, *The Boundaries of Private Property*, The Yale Law Journal, Vol. 108:6, p. 1163-1223(1999).

承包人迁入城镇户口，则需要将土地交回村民集体，这意味着土地承包人丧失承包经营权（第 26 条）。此外，当妇女和村集体以外的男性结婚，当她在丈夫所在村集体也获得承包经营权时，她就会失去在原来村集体的承包权（第 30 条）。第二，村集体和农户之间的承包合同必须经过本集体经济组织成员的村民会议 2/3 以上成员或者 2/3 以上村民代表的同意（第 18 条）。因自然灾害或其他特殊情况需要调整土地时也同样适用 2/3 多数同意的要求（第 27 条）。第三，承包土地只能用于农业生产，这本质是一种合同上的义务，而不依赖于地方政府的规划权（第 16 条）。第四，农村土地承包经营权自成立之日起生效（第 22 条）。当然，这并不是农村土地承包经营权合同属性的决定性证据，但物权一般采取登记生效主义。① 实际上在发展之初，农村土地承包经营权被视为是一项债权，只是在过去三十多年里逐渐随着期限的延长和固定以及对村集体干预的限制而逐渐物权化。②

下列部分将详细介绍农村土地承包经营权的转让和征收，用以说明其债权属性以及政府对该项权利内容的不断调整，此外还会讨论土地开发权作为土地承包经营权的一个可能的延伸。

（1）农村土地承包经营权流转

农村土地承包经营权有四种流转形式：转包、出租、互换和转让。互换指同一个村集体内的成员交换承包土地。转

---

① Henry E. Smith, *The Persistence of System in Property Law*, University of Pennsylvania Law Review, Vol. 163:7, p. 2055-2083(2015).

② 参见陈甦：《土地承包经营权物权化与农地使用权制度的确立》，载《中国法学》1996 年第 3 期。

让指土地承包经营权从一个主体转移到另一个主体,并且需要取得发包方即村集体的同意。受让方也需要和农村发包方签订一个新的合同(《农村土地承包经营法》第37条)。受让方需要与村集体重新签订合同而转让人丧失原土地承包经营权。分包指的是土地承包人将土地分包给其他村内成员;出租是承包人将承包权出租给村集体之外的成员。分包和出租的情况下,土地承包者并没有失去承包权,只是需要向村集体登记流转情况。① 前述承包权流转均采用合同的方式并且反映了承包权的对人属性。因为交易方是否是村集体成员流转程序和流转的权利内容均具有显著差异。被流转的实际上是对村集体的合同权利,而非对物权。是否需要签订一份新的合同也是不同交易形式之间的重要差别。另外,村集体成员具有优先购买权(第33条)。这一基于村集体成员权产生的财产权利当然是对人权而非对物权,并且并不附着于某一村民的特定土地。

对农村土地承包经营权流转的限制具有其历史和政治根源。改革早期,政府对承包经营权的流转充满疑虑。但到1984年时情况已经有所变化,中共中央颁布一项通知允许村集体成员在村集体的同意下分包土地。数十年来对这一问题的拉锯说明中央政府对全面放开农村土地承包经营权流转摇摆不定。1988年的《宪法》和《土地管理法》的修改允许土地使用权流转,但不是完全清楚这一规定是否适用及怎样适用于集体土地使用权——农村土地承包经营权本质上是一项土地使用权。1995年国务院在一项通知中明确农

① 参见全国人民代表大会:《法律问答与释义:土地承包经营权的流转》,载中国人大网,http://www.npc.gov.cn/npc/flsyywd/jingji/2003-10/28/content_323095.htm。

村土地承包经营权流转是家庭联产承包责任制的延伸和发展,并规定"在保持集体所有权和土地的农业用途不变的前提下,经过发包方同意,承包方可以将土地承包经营权分包、转让、交换或入股"①。

然而,农村土地承包经营权市场化的步伐在接下来的几年里放慢了。尽管中国农业亟须现代化是共识,中央政府仍对工商企业长期租赁和管理土地怀有顾虑。② 政府鼓励将那些没有从事农业种植的土地转让给种田能手。③ 2002 年的《农村土地承包经营法》和 2007 年的《物权法》是关于农村土地承包经营权流转最主要的法律。两部法律维持了在承包经营权转让时需要村集体同意的规定,但在分包、交换和出租时只需跟集体备案即可。

随着城镇化的飞速发展和数以亿计的农民涌入城市,近年来农业土地的流转需求激增。自 2008 年起,许多中央政府文件反复说明要建立"一个农村土地承包经营权市场"的目标。最近的改革方案规定了改革的三条红线:土地所有权必须公有;耕地数量必须保持在国家粮食自足的最低需求之上;以及必须保护农民的利益。④ 犹豫是可以理解的。集体土地所有权具有意识形态上的重要意义。但正如家庭联产承包责任制、城镇国有土地使用权市场的发展以及国有企业

① 参见国务院:《国务院批转农业部关于稳定和完善土地承包关系意见的通知》,载中华人民共和国中央人民政府网 1995 年 3 月 28 日,http://www.gov.cn/zhengce/content/2016-10/19/content_5121672.htm。

② 参见中共中央委员会:《中共中央关于做好农户承包地使用权流转工作的通知》(中发〔2001〕18 号),2001 年 12 月 30 日发布。

③ 参见中共中央委员会:《中共中央关于一九八四年农村工作的通知》(中发〔1984〕1 号),1984 年 1 月 1 日发布。

④ 参见洪乐风:《"农地公有"是红线中的高压线》,载人民网 2014 年 12 月 4 日,http://opinion.people.com.cn/n/2014/1204/c1003-26149221.html。

改革的兴起所证明的,公有制不必然阻碍改革。还有两个考量更具有现实重要性。保护耕地是基于粮食自给自足的战略考虑,但这种考虑可能会造成产量低下。另外一个考量是对农民失去土地的担忧。无论经济上是否有效率,目前的农村土地制度为农民提供了最基本的社会保障。在农村的社保体系完善之前,似乎都有理由暂时不允许家庭联产承包经营权的大规模流转。农民自己是明白这一点的。根据农业部的统计,1/3的农地都含有不同形式的流转。① 然而,大部分的流转采用分包形式,且仅在熟悉的村民之间进行。很少农民工愿意卖掉土地切断和家乡的联系。这正是中央政府强调的,地方政府不应当违背农民的意愿推行农地流转。②

(2)土地征收中的农村土地承包经营权

在征收制度的设计中,土地所有权并非无关紧要。《宪法》第10条规定国家为了公共利益需要,可以征用土地并给予补偿。《物权法》第42条规定了赔偿的种类,包括土地补偿费、安置补助费、地上附着物和青苗的补偿费等。根据《土地管理法》规定,耕地补偿费为该耕地被征收前三年平均年产值的六至十倍。安置费根据农户的数量计算。两项补偿费用不能超过被征收前三年平均年产值的三十倍(《土地管理法》第47条)。补偿的标准和目的是什么?目的是保证被征地农户的生活,保障他们的合法权益(《物权法》第42条)。正因如此,安置费是根据失地农民以及需要安排未来

① 参见林远:《全国农地流转面积达四分之一,土改将推进三权分离》,载新浪网2014年1月14日,http://finance.sina.com.cn/china/20140114/011917938824.shtml。

② 参见李海涛:《土地流转不能违背农民意愿和凌驾于法律》,载中国农业信息网2013年5月3日,www.agri.cn/V20/SC/jjps/201305/t20130503_3450742.htm。

就业的农户数量计算的(2004年《土地管理法》第47条释义)。农村土地所有权和农村土地承包经营权并没有包含开发农村土地的权利。因此,《土地管理法》立法解释明确否定参照政府出售国有土地使用权的价格进行赔偿的意见。该立法解释还强调"征地是一种国家行为而不是土地买卖……因此,补偿不是由国家(政府)和农民协商或按'市价'补偿"(2004年《土地管理法》第47条释义)。

谁有权获得土地补偿费用?根据《土地管理法》的释义,土地所有者和使用者均有权获得。相应地,《土地管理法》第48条规定当地政府应当听取被征地农村集体经济组织和农民的意见。第49条进一步规定被征地的农村集体经济组织应当将被征收土地的补偿费用的收支状况向本集体经济组织的成员公布,接受监督。村集体经济组织和农民之间如何分配土地补偿费用并没有明确的法律标准。实践中,村集体经济组织收取赔偿费用并决定如何分配。土地所有权和土地承包权的各自价值无从知晓。缺乏明确标准导致了土地补偿费用分配的随意性,在村集体做决定的情况下农户能够获得的关于土地使用权本身的补偿并不多。

关于农村征地制度的改革已经讨论了很长时间。关于农村征地的讨论通常关注的是公共利益和补偿。然而,这样的讨论忽略了集体土地所有权和中国现行的土地双轨制,因而很可能是不完整的。

首先,"公共利益"是为了限制政府的征地权力,但在中国,征地是将农村土地转为城市土地的唯一方式,因为只有后者才能出售并实现多种用途。《土地管理法》第43条要求"任何单位和个人进行建设,需要使用土地的,必须依法申请使用国有土地",这意味着城市和县政府必须征收农村土地以满足快速的产业化和城市化进程的需求。“公共利益”被扩大解释也便不奇怪了。因此,在不改变现行的城乡二元体制的前提下改变“公共利益”的定义很难取得实效。如果城市土地使用者无法从农民手里买到土地进行非农开发,他们只能从可以获得土地的政府手里拿到土地,而政府就只能从农村征用土地。

其次,正如之前所述,全国人大法工委关于《土地管理法》的立法释义明确反对按照“市场价值”补偿农民。那么,应该按照何种标准呢?我们需要考察他们拥有何种权利,以及他们是否有权对农村土地进行非农开发。中国农民很准确地意识到农村土地所蕴含的巨大财富。忽略农民的期待常常会引发剧烈的社会冲突。但不解决地方政府对土地财政的依赖要按照农地的非农价值补偿农民也很难实现。① 如果没有快速的替代收入来源,城市将更少地对越来越多渴望找到比原先在农村更好生活的农民提供住房和公共产品。就本文而言最重要的是,如果按照农地的非农价值对农民进行补偿,这已经不是简单的提高征收补偿的问题了,而是实质地扩大农民所拥有的集体土地使用权的内涵和范围。

(3)非农业使用的权利

现行法律并不允许农村土地承包经营权人将土地用于非农业领域。赋予权利人对土地进行非农利用的权利将会是显著扩充现行土地承包经营权的权能,也可以理解是将非农利用的权利从国家让渡给农民。因农地征收和非法土地开发所引发的冲突已经促使政策讨论和实践朝着这一方向

---

① Shitong Qiao, *The Politics of Chinese Land: Partial Reform, Vested Interests, and Small Property*, Columbia Journal of Asian Law, Vol. 29:1, p. 70-112 (2016).

发展。① 这方面的政策发展又是权利分置理论在中国实践的一个贴切案例。

2008 年 10 月初,党的十七届三中全会有史以来第一次提出"逐步建立城乡统一的建设用地市场"以及"依法取得的农村集体经营性建设用地……与国有土地享有平等权益"。它还强调农村土地使用权必须以公开方式通过统一和有形的市场转让,这是由于政府担忧无形或隐秘的小产权市场。一个月之后,国土资源部发布通知要求各地实施这一决定。该通知强调农村建设用地流转对保障农民土地权益具有特殊重要意义,并呼吁建立起和城市土地使用市场相兼容的农村集体建设用地出让和转让的制度。党的十八届三中全会重申了这一方针,并提出了两个具体的要求:(1)建立统一的建设用地市场,允许农村集体经营性建设用地和国有土地使用权一样流转;(2)赋予农民更多的财产权利,通过选择数个实验点,谨慎地推进农民对其住宅的留置、抵押和转让。②

中共中央 2014 年 1 号文件有一段提出把农村建设用地纳入市场。该文件规定,在符合土地规划和用途管制的前提下,应当允许集体经营性建设用地和城市国有土地享有同样权利和按照同等价格进行转让、出租和入股。③ 2014 年 12 月 2 日,中共中央委员会深化改革领导小组颁布关于农村土

① Shitong Qiao, Small Property, *Big Market*: *A Focal Point Explanation*, American Journal of Comparative Law, Vol. 63:1, p. 197-238(2015).

② 参见中共中央:《关于全面深化改革若干重大问题的决定》,载新华网 2013 年 11 月 15 日,http://www. xinhuanet. com/politics/2013 - 11/15/c _ 118164294. htm。

③ 参见新华社:《关于全面深化农村改革加快推进农业现代化的若干意见》,载新华网 2014 年 1 月 21 日,http://news. xinhua08. com/a/20140121/1295025_3. shtml。

地征收、集体经营性建设用地入市、宅基地制度改革试点工作的意见。① “三块地”改革试点经过数次延期后,实践中的相关经验在2018年《土地承包法》和2019年《土地管理法》的修改中被认可。正如家庭联产承包责任制的确立,法律是对成功实践予以追认和推广。

总之,农村土地承包经营权在土地转让和征用中仍然从属于集体土地所有权和国家权力(“国家行为”,正如立法解释所述)。它本身并不是一项完全意义上的物权。作为集体物权权利束中的一个部分,它仍然深陷于承包经营权人、集体所有人和国家的复杂关系里。

[五]结论

将产权理解为一串权利束不仅为从公有土地所有权中分离出国有土地使用权和农村土地承包经营权提供了逻辑基础,并且有助于超越具体的法律规则根据社会和经济的发展不断地调整权利束的内容。尽管学者和媒体经常就土地所有权争论不休,中国土地制度的决策者采取了更为务实的策略,小心翼翼地维持着土地公有和渐进调整权利束之间的平衡。这并不意味着他们懂得或者知道这些学术术语,而只是说,在他们调整土地制度以满足逐渐变化的社会和经济需要的日常工作中,他们没有将产权等同于不可分割的所有权,而是十分谨慎和明智地因时因地逐步调整土地相关各方之间权利和义务。这就是权利分置的理论在中国土地制度

① 参见《全国人大常委会拟授权国务院在三十三个试点县(市、区)暂时调整实施土地管理法等相关规定》,载新华网2015年2月27日,http://www.xinhuanet.com/politics/2015-02/27/c_1114461068.htm。

变革中的实践。

近年来提出的三权分置只是权利分置这一改革路径在中国的进一步实践。为解决同时保障农民财产权益和促进产权交易的难题,目前的政策建议分离三个权利:土地所有权、土地承包权和土地经营权。① 这一政策意味着将现行的土地承包经营权一分为二:一方面农户得以控制土地承包权而避免在市场化的冲击下彻底与土地脱离关系;另一方面又可以通过转让土地经营权给市场主体而获得经济收益。这样政策设计的思路的确很有吸引力,但具体的制度细节尚待制定和完善。回顾产权学者关于对人权和对物权的争论,我们必须要承认信息成本虽然没有 Henry Smith 教授认为的那么重要,但却是设计土地制度的时候需要考虑的一个显著因素。权利分置有一个潜在的问题:碎片化和因地制宜的产权设计可能会增加产权制度的信息成本和不确定性;怎样确保调整权利束的政府不滥用权力也是一个至关重要的问题。就目前来看,我们似乎可以期待实用理性和渐进主义会继续主导中国正在进行中的土地制度变革。在此前提下,上述潜在的问题就变得更加重要。

---

① 参见张红宇:《从"两权分离"到"三权分置"——中国农地制度的绩效分析》,载《农村经营管理》2017 年第 8 期。

《法律和社会科学》(2023)　第20卷第2辑,第151~174页

“边界化”与“去边界化”:草原承包经营制度下围栏的兴起与转型

琪若娜*

摘　要:边界是两个或多个空间的过渡区域,汇集着多种利益。学界普遍认为,产权模糊和残缺是造成草原退化的核心原因。清晰的边界可以清楚界定利益、提供清晰的行动规则、预防和减少越界行为;而模糊的边界则会造成利益交叠和纷争,往往导致冲突加剧。此种观点虽有一定道理,但并不全面。21世纪以来,内蒙古自治区古牧区的产权逐渐清晰完整,为了落实草原承包经营制度,围栏建设面积也在逐步增加,但现实中的纠纷整体数量却不见减少。存在这种割裂的原因是草原承包经营制度在牧区具有一定程度上的不适应性。而针对这种不适应性,非正式规范具有发挥作用的空间。在基于法律人类学提供的关于法律和空间的互动视角下,分析在内蒙古自治区B旗A村收集的不同地图与案例,探讨不同边界的可见性与功能性是如何取决于牧民和各种国家机构之间的权力关系并为之提供依据。

关键词:草原承包经营制度　围栏　边界　纠纷

* 琪若娜,武汉大学法学院博士生。

草原资源是我国重要的自然资源。我国草原总面积约60亿亩,占国土面积的40%,是名副其实的草原大国。草原资源不仅是我国生态系统中最有价值的生态屏障之一,也是人类生存发展的重要资源因素。20世纪80年代以来,我国在草原牧区推行了以家庭承包制为核心的草原经营制度。如内蒙古自治区1984年开始实行了"草畜双承包"责任制,1989年实施草原"双权一制"(落实草原所有权、使用权和承包经营责任制)。这一制度的实行,依法赋予了牧民长期稳定的草原承包经营权。①

随着草原承包经营制度的推进,围栏作为重要的配套设施,被认为是草原生态保护与修复的一项重要措施,是现代草原管理的必要技术手段,在草原生态保护、草原管理和草原畜牧业发展等方面发挥了重要作用。草原围栏是对草原保护、利用及管理的基本方式之一。自从人类开始放养家畜,在有限地域内进行草原资源的利用时就出现围栏,如数千年前蒙古游牧人建立的"草库伦"。其后,16世纪末在英国建立了木杆围栏,19世纪70年代在美国草地以刺铁丝替代木杆围栏。在美国的各个州基本上都颁布了《围栏法》。

① 参见田艳丽、乔光华、乌云:《完善草原家庭承包经营制度——对联户经营模式的思考》,载《乡镇经济》2009年第4期。

草原围栏作用是维持牧草的最高利用率而避免草原退化。可见,目前在世界范围内,草原围栏是普遍而不可替代的。可以说,有草原管理,就会有围栏的存在,因为"围栏"不仅是对家畜放牧的限定,也是对草原所有权或使用权的空间范围的确定。

在我国实行草原承包经营制度的初期阶段,国家认为通过草原围栏建设能够帮助牧民真正实现对草原承包经营权的有效管控,从根本上解决牧民草场①边界争议。19 世纪 70 年代,我国草原牧区在中央及地方政府支持下,一些地区为提升家畜生产、发展草牧业,也大力推广围栏建设。从理论上或更广的意义上看,围栏只是草原管理的一种方式或载体,既可以与家畜放牧制度结合,也能够利用之实施禁牧、休牧,以促进退化草原恢复。在草原承包经营制度实施初期,政策制定者和学者普遍认为,以围栏建设为代表的草原承包经营制度能够明确承包人的权、责、利,调动承包人保护和建设自家草原的积极性,从而达到保护草原生态和提高草原生产力的目的。② 为了解决草原公有与牲畜私有这一矛盾所产生的草原生态恶化问题,20 世纪 90 年代末,国家全面推行草原承包经营制度。但是,部分地区由于草原围栏建设不科学、密度大等问题,影响了草原生态系统的整体性和野生动物迁徙,凸显了该制度的一些消极面。学界对于草原承包责

① 我国现有立法中关于草原的用词十分多元,《中华人民共和国宪法》与《中华人民共和国环境保护法》中使用了"草原";《中华人民共和国畜牧法》中使用"牧草地";《中华人民共和国防沙治沙法》、《中华人民共和国农业法》与《中华人民共和国民族区域自治法》中使用"草场"。本文选用了"草原"与"草场"。其中"草原"指基于草原的生态系统,"草场"则着重草原的生产性。本文基于草原承包经营制度的分析主要围绕牧民这一特定主体以及放牧这一特定草原用途,因此针对牧民与草原之间的交互性时使用"草场"一词;泛指时则使用"草原"。

② 参见盖志毅:《制度视域下的草原生态环境保护》,辽宁民族出版社 2008 年版。

任制度持有类似的意见。如卡洛琳·汉弗莱(Caroline Humphrey)与戴维·斯尼斯(David Sneath)认为内蒙古自治区草场的分割导致了风险的分割,私有化为个体的应对风险能力造成了冲击。① 代琴与杨红认为草原承包经营制度的生态功能与社会功能间存在矛盾。② 草原承包经营制度实施后,牧民的生产成本大幅提高,导致牧民生计困难,③包括在遭遇灾害时无法以走"奥特尔"的方式避灾,只能以买饲草料的方式避灾,导致避灾成本提高,同时普遍存在从不同距离的水源地买水运水的状况。④

现有国内外文献虽然指出了草原承包经营制度存在潜在的社会正义以及环境正义问题,但目前的研究更多停留在对制度本身的分析,忽略了对制度实行过程中牧民之间产生的纠纷的实证研究以及对后期社会结构变化的分析。本文在空间与边界理论的基础上,以制图这一更加直观的方式分析牧民们的法律空间意识随着制度变迁所产生的碰撞,以及边界化与去边界化背后的非正式规范与草原承包经营制度之间的张力。

[一] 围栏与边界:理论基础与研究方法

(一)理论基础:空间与边界

我们生活在一个边界重重的世界,边界属于土地管理根

---

① See Caroline Humphrey & David Sneath, *The End of Nomadism? Society, State, and the Environment in Inner Asia*. Duke University Press, 1999.

② 参见代琴、杨红:《草原承包经营制度功能间的矛盾与草原"三权分置"的法权构造》,载《中国农村观察》2019年第1期。

③ 参见于立、于左、徐斌:《"三牧"问题的成因与出路——兼论中国草场的资源整合》,载《农业经济问题》2009年第5期。

④ 参见张倩、李文军:《分布型过牧:一个被忽视的内蒙古草原退化的原因》,载《干旱区资源与环境》2008年第12期。

深蒂固的历史和现实。自20世纪80年代以来,关于边界的社会学与人类学研究层出不穷。边界研究在20世纪90年代初期以来步入一个复兴时期,产生了新的理论视角和概念转变。边界研究进入复兴时期后呈现出明显的多学科交叉和综合性特征,对边界的理解超越了传统意义上把边界单纯看作国家空间分隔的理解,强调边界内涵的动态性、多尺度性、空间性。① 边界研究已经逐渐从国家边界转移到地方边界。根据大卫·纽曼(David Newman)的观点,地方边界是分隔邻里或群体地界的"线",它可能与正式的行政和管辖边界不同。② 多年来,研究人员逐渐从认为边界是稳定的转变为认为边界是持续变化的。边界通常被概念化为限定实体的线条,如专业、组织、管辖范围、政治身份或问题。③ 把边界理解为动态的意味着把它们看作新兴的、有关系的和活跃的。④

在后现代地缘政治学中,边界被认为是通过社会进程构建的,而这些进程又取决于国家、地区和身份的叙述。从米歇尔·福柯(Michel Foucault)的角度来看,社会边界的建立与权力、知识密切相关,并构成了一种规训的形式。⑤ 边界

---

① 参见廖开怀、何金廖、蔡云楠、WernerBreitung:《国外政治地理学边界理论研究进展与评述》,载《世界地理研究》2020年第2期。

② See David Newman, *The Lines that Continue to Separate Us: Borders in Our "Borderless" World*, Progress in Human Geography, Vol. 30: 2, p. 143 – 161 (2006).

③ See Radin, Beryl A., *Managing Across Boundaries*. In the State of Public Management, eds. Donald F. Kettl and H. Brinton Milward, 1996. Baltimore, MD: Johns Hopkins. Paul Williams, *The Competent Boundary Spanner*. Public Administration, Vol. 80: 1, p. 103–124 (2002).

④ See Abbott, Andrew., *Things of Boundaries*. Social Research: social research, Vol. 62, p. 857–882 (1995).

⑤ 参见肖滨:《现代国家的两种治理艺术——对马歇尔·福柯论述的一种解读》,载《公共管理与政策评论》2021年第2期。

是非常复杂的社会制度集合,存在于不同的空间尺度,并与一系列社会实践和背景联系在一起。“空间”原是地理学意义上“被填充的容器”,①在社会科学研究出现空间转向的理论背景下,空间被定义为“充满关系和意义的集合”。② 正如米歇尔·福柯所言:“空间是权力、知识等话语转换成权力关系的关键”“空间是权力运作的基础”③。米歇尔·福柯认为,“存在着对知识的管理、知识的政治、权力的关系,它们是穿越知识的途径,当人们对它们进行再现的时候,能够指引人们通过区域、地区和领土这样的概念来思考支配的方式”④。边界的划定是一个包容和排他的进程,为了排除所感受到的威胁,边界常常由权力群体所创造,⑤并在日常生活实践中实现再构建。

由此,所谓“空间”并不单纯是一种地理空间属性——它既是权力实施控制的工具与权利实现的条件,也是权力关系和历史过程的产物。⑥ 在法不断完善其对社会控制的过程中,草原承包责任制度的展现代表了一种以划界为方法的策略与技术安排。空间将草原承包经营制度中的国家与牧民、集体与牧民以及牧民之间等种种对应关系放置在动态分析中,进而捕捉到草原承包责任制度显现的瞬间。借用边界与空间的理论,可以分析国家通过围栏的设置对草原进行治理

---

① 参见[德]阿尔夫雷德·赫特纳:《地理学——它的历史、性质和方法》,王兰生译,商务印书馆1983年版,第133页。

② 参见高春花、孙希磊:《我国城市空间正义缺失的伦理视阈》,载《学习与探索》2011年第3期。

③ [法]米歇尔·福柯、保罗·雷比诺:《空间、知识、权力福柯访谈录》,包亚明编:《后现代性与地理学的政治》,上海教育出版社2001年版,第13-14页。

④ [法]米歇尔·福柯:《权力地理学》,载[法]米歇尔·福柯:《福柯访谈录:权力的眼睛》,严锋译,上海人民出版社1997年版,第205页。

⑤ See David Newman, *On Borders and Power: A Theoretical Framework*, Journal of Borderlands Studies, Vol. 18:1, p. 13-25(2003).

⑥ 参见谢遥:《法律地理学论纲》,载《交大法学》2021年第2期。

的逻辑以及在划定边界的过程中的各方行动逻辑。

(二)研究方法:通过制图分析国家和牧民个人空间边界的可见性和功能性

制图有助于具体化分析草原承包经营制度中的边界与空间。制图者的主观意图和技术的发展都潜在地影响着地图所呈现的空间。一方面,国家主导的制图从治理角度出发,使用立体绘图、数学公式、计算机绘图工具和摄影测量技能等完成这一工作。该种类型的基础制图涵盖两个数据部分,位置数据和属性数据:位置数据表明被描绘的区域的位置;而属性数据则显示水体、山脉、山谷、山丘和其他值得注意的地理特征。另一方面,牧民个体的制图行为则从人们开始理解个体需要时就已经开始,考虑的因素包括群体、气候条件、语言、土地标记、历史等。制图术这一概念本身就预设了特定的技术的特性和逻辑会对治理过程产生深刻的影响。因此,制图作为一种研究视角,可以使我们更全面地对比国家主导的制图与牧民的制图,并理解和把握现阶段国家在草原承包经营制度中的逻辑、结构和权力机制的转变以及相应的社会效果。①

法律地理学家尼古拉斯·布鲁姆利(Nicholas Blomley)也明确指出:"一块能够进入法律视野中的土地,首先代表了它本身能够清楚地被地图所测定,而这就是法对空间进行生产的最基本方式。"②我们在制图术这个分析框架下可以看到政府、集体与牧民之间展开的矛盾和互动有若干新的特点。概括而言,制图术以土地为对象,以治理土地为目的,以

---

① 参见杜月:《制图术:国家治理研究的一个新视角》,载《社会学研究》2017年第5期。

② Nicholas Blomley, *The Spaces of Critical Geography*. Progress in Human Geography, Vol. 32:2, p. 285-293(2008).

政府为主体,以技术为核心。哈利·J. B.(Jhon B Harley)等学者指出了制图学中固有的修辞力量,以及制图作为社会和政治权力工具在空间划分方面的使用。① 正如这些文献所言,地图不是对现实的模仿性反映,而是参与社会现实构建的文化文本。因此,地图可以被理解为一种讲故事的形式,伪装在表面的技术客观性之下。通过其权威性,地图以多种复杂的方式产生和再现社会关系,而且往往不被人理解。地图的力量来自符号学的作用——颜色、字体、图标——传达意义并塑造我们对人和地方的看法。

西方的制图法导致地图不能代表本土景观的复杂性。牧民的土地使用权和边界是流动的、重叠的和变化的;牧民们的空间概念反映了复杂的社会关系,而且景观的意义与精神关系交织在一起,这可以用来加强社会纽带和社区意识,重现文化和身份。文章中旨在探索国家和牧民个人空间边界的可见性和功能性之间的复杂衔接,特别是这些衔接塑造本土性、历史和景观的意义的方式。通过分析笔者在内蒙古自治区B旗A村收集的不同地图与案例,文章探讨了不同边界的可见性与功能性是如何取决于牧民和各种国家机构之间的权力关系并为之提供依据的。同时,牧民的空间实践和空间感知是理解该村社会结构变革的关键。

[二]案例分析

(一)草原承包经营制度在B旗实施的现状

本文以内蒙古自治区B旗为例进行分析。B旗可利用

① See John B Harley, *Cartography*, *Ethics and Social Theory*, Cartographica: The International Journal for Geographic Information and Geovisualization, Vol. 27: 2, p. 1-23(1990).

草场分为放牧草场、放养草场和灌木草场。可利用草场包括1193.5万亩草场,占草场总面积的92.8%。1981年,B旗开始实行草场“双权一制”政策(草场所有权、使用权和承包责任制)。到1984年年底,全旗1126.5万亩可利用草场的所有权全部划分给19个苏木,并颁发了28张草原所有权证。2003年,B旗被列为全国在牧区实施“双权一制”的试点旗。至2020年,B旗361.8万面积的草场使用权已经落实,包括嘎查村流动草原12.3万亩,占农区草原面积的3.1%,村民小组2.25万亩,农户359.5万户,共签订草原承包合同16495份,发放草原经营权证书16495份。

实施后,牧民面临无法进行移动性放牧,需要自行购买草料与饲料,生产成本大幅提升的现状。因此在制度实施过程中,违法事件时有出现。以“草原”“草场”等为关键词在中国裁判文书网上进行搜索,仅由B旗基层人民法院审理的关于草场纠纷的案件便有285件。按分类来看,民事类草场纠纷占多数,其次是行政类草场纠纷。行政类草场纠纷中,绝大部分涉及草畜平衡与禁牧休牧制度,属于草原承包经营制度的附带制度。自2021年10月1日起施行的《内蒙古自治区草畜平衡和禁牧休牧条例》第6条规定:“草原使用者、草原承包经营者是保护草原的主体,应当依法保护和合理利用草原,遵守草畜平衡和禁牧休牧制度,履行草原保护义务。”B旗A村实行“红线”禁牧休牧制度,严格按照每10亩1羊单位的标准,严格实行禁牧休牧制度。B旗联合禁牧执法队进行禁牧巡查工作,采取一般区域定期巡查、重点区域突击巡查等方式加大禁牧力度,规定在草原禁牧区和草畜平衡区休牧期间违规放牧的,每发现一次,处以每个羊单位30元的罚款,并清出本地草原;在草畜平衡区内超载放牧的,责令改正;逾期未改正的,处以每个羊单位100元的罚款,逐步清出本地草原;2019 年 1—10 月,联合执法队共开展禁牧执法 135 次,处理在禁牧期放牧、夜牧等违法行为 289 起,处理大小牲畜 46132 头只,罚款总额达 107.68 万元。在 B 旗 A 村,2020 年由政府牵头,林业部门、森林公安、生态监督管理局紧密配合,组织 200 多人,连续 17 天,清理外场 3 万头只牲畜。在季节性禁牧期间,草原监督管理所工作人员在执法过程中,发生 B 旗 A 村村民在禁牧区违法放牧意外死亡事件,后续草原监督管理所补偿其家属抚恤金及费用 68 万多元。

(二)制图分析

笔者于 2021 年在内蒙古自治区 B 旗 A 村进行田野调查,主要以半开放式访谈的方式进行,同时收集不同年龄阶段的牧民手绘地图 24 张。其中年龄分布为 22—86 岁;14 人为男性,10 人为女性。下文列举了长者(如图 1、图 2 所示)和年轻人(如图 3、图 4 所示)所绘制的地图样本,从中我们可以看出他们的空间意识差异。

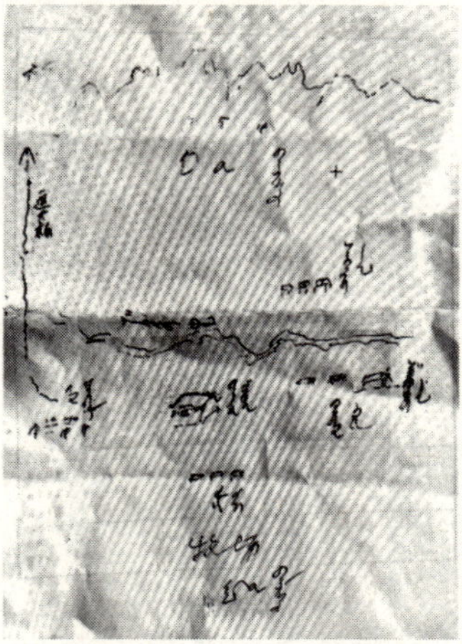

图 1　村民 N(82 岁)所绘制的地图(经授权使用)

我的地图是按照生活在这个地区的祖辈们的说法绘制的。我们把边界画在沙巴尔台河上，一直从敖包到乌兰奥德，再到南部的牧场。这就是我们的土地的范围。

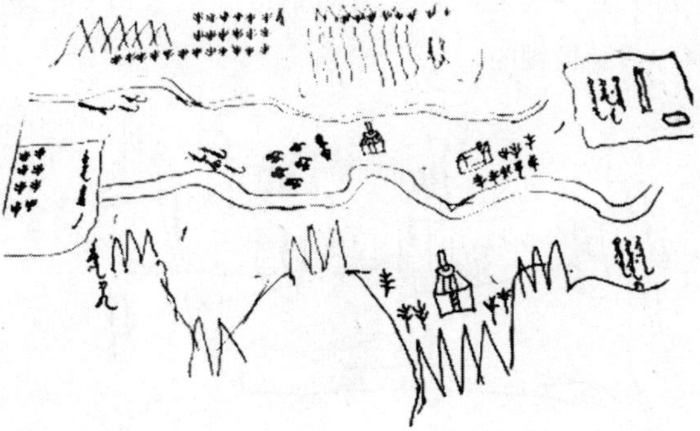

图2　村民W(68岁)所绘制的地图(经授权使用)

村民N与村民W属于A村的长者，经历了草原治理的不同阶段。在这两张地图上，可以注意到他们绘制的地理范围很广，且在私人和公共空间之间没有明确的界限。这两张地图揭示了他们日常生活的全貌，显示了他们如何将牧场、河流、湿地和动物作为一个整体系统来看待。村民N与村民W均经历过游牧，在访谈过程中多次提到赶场的经历。流动牧业是一种有效的、积极的措施，通过充分利用草场、水(河)和湿地，避免过度集中放牧，防止生态环境的恶化。村民N表示“在牧区的生存取决于一个人对整个环境的认识”。牧民通过对牧场、水和动物的整合，使用多种环境要素进行管理。人们不仅要了解某些环境要素，还要了解它们如何融入复杂的实践、价值和社会关系网络，这不仅包括所有动物、植物和地貌,也包括人类。这种轮牧方式既满足了牧民的生产生活需要,又实现了人与自然的和谐相处。游牧是一种充分利用自然资源和畜群资源的生活方式。村民 N 与村民 W 具有相对开放的空间观念。这个意义上的公共空间就是整片草原,它是开放的、流动的。在此意义上的空间不是独立的,且不属于某个人,是随时变化且依赖于互动的空间,其边界是模糊的。

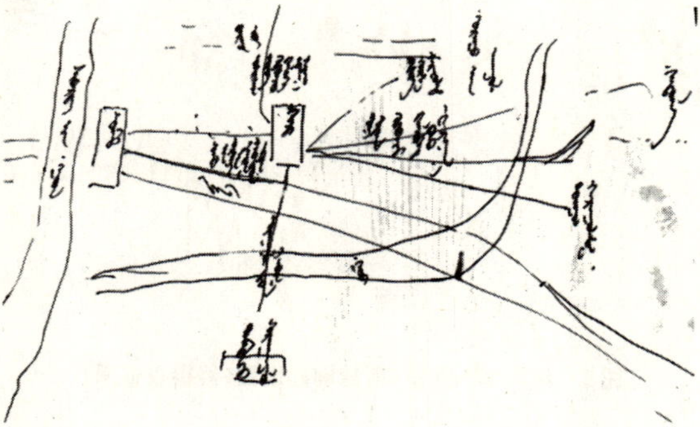

图 3　村民 U(32 岁)绘制的地图(经授权使用)

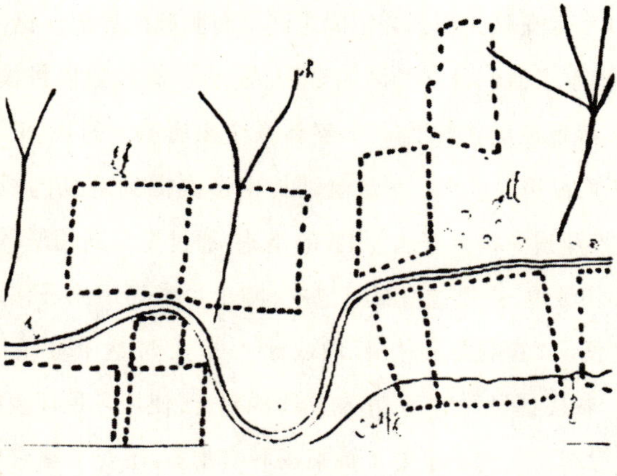

图 4　村民 B(25 岁)绘制的地图(经授权使用)

村民 U 与村民 B 绘制的地图具有明显的线性与块状的特征。以道路以及围栏作为地图中的主要的判读信息。年轻人与长者绘制的地图在表现重点以及范围面积等方面均有很大的不同。青年人由于禁牧、休牧等政策,纷纷外出打工,从事搬运工或服务员等工作。也许是由于关于本土空间样态和历史的观点和知识的不同,青年所绘制的地图通常将村子以一条条道路作为链接,逐渐具有私人土地与空间的意识。例如,图 4 的地图以通往城镇的小路为中心,涵盖区域面积较小,而长者的地图所涵盖的区域大约是其 4 倍。

(三)相关案例分析

在内蒙古自治区 B 旗 A 村进行田野调查时,笔者参与观察了一起叔侄之间的土地纠纷事件。村民 1 与村民 2 两家草牧场是以村中一条河流的 Ω 形河湾为界线,为保证两家的牲畜都能够喝到水,确权之后并没有使用网围栏。村民 1 在 2003 年"双权一制"实行后,以确权示意地图为准,以取直的方式进行围封,使得村民 2 家的牲畜无法跨越围栏喝水,村民 2 便将村民 1 建设的河边部分的围栏强行拆除,导致纠纷的发生。村民 1 与村民 2 对于边界的争议存续较久。村民 1 建议去旗档案局调取相应的地图数据明确两户之间的草场边界,并将积累已久的模糊边界问题一次性解决。村民 2 则认为现有的边界应根据两户对于河流水源的距离进行合理分配,并抱怨村民 1 不近人情。

第一阶段由政府部门介入并主导。村民 1 与村民 2 经多次协商,对于边界的划分依旧存在争议,2020 年 9 月,村民 1 去旗档案局查询当地民政局通过专业测量手段划定的地图,并拿到复印件回村劝说村民 2 依照官方地图的划分来划定边界。村民 2 拒绝之后,村民 1 寻求当地草原监督管理所的帮助。草原监督管理所在查看了双方的草牧场“双权一制”合同与旗档案局保存的A村地图后,结合《草原法》《治安管理处罚法》等相关规定进行讲解、沟通,决定仍以官方地图为基础,要求村民2应当赔偿村民1的围栏或者按照地图的边界重新搭建围栏,明确两户之间的草场界限。

第二阶段的纠纷解决由村中较有威望的社区成员为主导。到了2021年春季,村民2仍未履行之前达成的共同协议,未赔偿或者恢复村民1的网围栏,在地界靠外300米处又自行拉起了网围栏。在纠纷未解决拖延一段时间后,村中退休多年的老书记出面,与双方又进行了详细讨论、给双方做思想工作,最后协商决定原本的溪流两侧草牧场实施两家互换,使得河流能够流经两家草场。

[三]流动的边界到固定的边界:纠纷多发的原因分析

(一)流动的边界到固定的边界

在草原承包经营制度实施之前,围栏通常建设在居所旁,面积较小,用途大多在于傍晚将牲畜围在里面,防止它们走得太远,晚上被狼吃掉或者迷路。这个时候围栏内属于私人空间,围栏外属于广义的公用空间。大范围的围栏是我国实行草原承包经营制度后,迅速发展起来的。这一时期的围栏是与禁止放牧政策密切结合。依靠相应政策所建设的围栏逐渐成为确定产权的一个工具。中国牧区社会正加速步入一个转型时期。在这个由计划经济向市场经济过渡、由传统牧业向现代牧业过渡的社会转型时期,牧区发生的巨大变化对牧民的土地以及产权意识和观念产生了什么样的影响,以及这种意识如何影响牧民对草场的占有、利用和纠纷的处理等是值得分析的。

草原的边界通常具有模糊性。草场利用的空间以及边界较为模糊,通常以河流、敖包、山壑、沟为边界。如河流与沟等自然地貌可能经过多年的冲刷与侵蚀,自然条件发生变化,便易产生边界纠纷,加重了草场纠纷冲突与争议的复杂程度。草原作为一种不动产,其天然性和不稳定性导致它和农区土地以及房屋等建筑物不动产相比,边界具有模糊性。以往以放牧为中心的这种流动的、具有社会偶然性的划分边界的系统与政府主导的制图有根本的不同,后者旨在服务国家领土的合理分配草原通常被几何化的边界线所分割,这种策略有助于将产权承包给各个集体与个体的做法合理化和合法化。这种方法反映了一种由农业利益驱动的发展方式,但与有较强流动性的牧业有一定的隔阂。尽管 B 旗 A 村的牧民事实上确实建立并维持着各种非正式的边界(村庄之间、家庭之间),但草原承包经营制度所带来的围栏建设为牧民们的空间叙述带来了实际的影响。相对于僵硬和不变的分界线,在传统游牧中边界被视为波动的,圈定的往往是相对宽阔的区域,这些区域通常是可协商的、非永久性的,并取决于不断变化的社会关系和地理环境。

同时草原资源本身具有非排他性。农区通过设定固定的边界而成功推行土地承包的经验并不能完全复制到牧区土地承包过程中。对放牧这一生产行为来说,作为生产资料和条件的草原本就具有公共物品性质,如果农地适于界定土地的个体化产权,草原则因其公共物品性质而缺乏将土地产权个体化的依据,由于放牧本身的特殊性其需要建立有别于其他领域的一套特殊的政策工具和话语体系,这是由于放牧对自然生态系统的高度依赖性所决定的。① 建设围栏后,草场的排他性和竞争性被过度放大,而其不可排他和不可竞争的性质在很大程度上被抹杀了,或者说草原资源被过度作为私人物品而忽视了其共有资源和公共物品的性质。

根据2018年全国草原违法案件统计分析报告,虽违反禁牧休牧规定的案件占发案总数量的75.8%,违法案件的总体数量呈下降趋势,较2017年减少了42.3%。但笔者在田野调查过程中发现,实施私有化后,每年围绕草场的冲突仍然很多,例如,在B旗,仅在2016—2017年一年间便有4676件跨越他人或公共草场边界的情况发生,数量与往年相比并无减少趋势。草场纠纷当然也有人为因素。例如,历史遗留的争端以及行政区划变动等。"一方面政府制定纸面上的边界线成本庞大,另一方面由于制定边界的标准不同,牧民们之间内部默认的边界与政府纸面上的边界产生冲突,很难得到当地牧民的认同与遵守,易产生纠纷。"②当地牧民本能根据少数民族传统环境习俗区分边界之间的阻断。草场之间的边界主要依据生态自有的规律,划定游牧的距离与活动半径,根据家畜的不同种类、草原生态环境的多样性,草原的边界与规模都不同。③

固定与流动这两种相互矛盾的空间和边界概念在同一物理或社会空间内相互依存。空间的多重法律构造为行使

① 参见韩念勇:《草原的逻辑 续(上)——草原生态与牧民生计调研报告》,民族出版社2017年版,第10页。

② 琪若娜:《少数民族聚居地区环境习俗的现代价值及其法律实现》,武汉大学2019年硕士学位论文,第34页。

③ 参见阿岩、乌恩:《蒙古族经济发展史》,远方出版社1999年版,第72页。

权力和权利的地方化提供了独特的平台。将空间与边界的可能性系统地纳入法学的理论和方法论框架中,可以提供对人们感知这些空间的不同方式的洞察,以及帮助考察在这些空间的各种权力与权利之间的互动与制衡。

(二)牧民的空间与边界观念的变迁

在国家和地方的空间表征相互博弈的这种制图过程中,边界作为权力关系的仲裁者承担着特别重要的角色。① 从这个角度来看,草原承包经营制度中的围栏可以理解为重新划定边界过程的结果。也就是说,这种围栏所形成的边界是由不断变化的叙述所形成的,这些叙述以复杂的、有时甚至是矛盾的方式将人与空间联系起来,导致一些边界的消除和其他边界的产生。清晰界定产权边界是解决公共资源管理难题的一个基本原则。草原承包责任制的实施意图厘定草原使用权边界以改变原有"草原无主,放牧无界"的破坏式发展模式,调动牧民保护草原的积极性。然而,数量众多的草场边界围栏影响了放牧系统单元的完整性。在生态维度,草原围栏影响了草原野生动物活动和草地食物链,对生物多样性保护产生了不利影响;边界围栏也使得未围栏区域"更加公地化"。在生产维度,生硬的条块化分割并未将饮水、牧草等重要的生产资料均匀划分给各家各户,牧民生产成本上升;围栏的分割降低了牲畜的移动性,使得牲畜无法及时补充新鲜牧草。在生计维度,由于未围栏草原有更强的"公共地"属性,牧民不得不将自己的承包草地围封起来,尽管国家对于草地围栏有一定比例补贴,草原围栏建设及维护仍是牧户家庭的一大负担。

① See Mathias Albert, *On Boundaries, Territory and Postmodernity: An International Relations Perspective*. Geopolitics, Vol. 3:1, p. 53-68(1998).

草原承包经营制度以及围栏的兴起影响着牧民的公共和私人空间观念。空间的变化给牧民的日常实践带来了切实的影响。由于以游牧为主要生计方式,空间在牧民社会中非常重要,应对空间转移是一种潜移默化的传统经验。草原承包经营制度实施后,其放牧的空间被逐渐限定化,生产与生活的空间逐渐分离。原来的空间概念逐渐有了边界感和封闭性,日常活动的范围也逐渐缩小。在此之前,草场之间的边界并不明确,虽然在共用的草场也经常产生纠纷,但共用的草场也起着缓冲区的作用。当各家各户的草场伴随草原承包经营制度的落实进行划分,并在草畜平衡政策推动下修建了大量的围栏,私人空间的边界逐渐变得更加清晰。公共和私人空间不仅仅是本土领土性的象征,它是一个充满复杂含义的特例,被现代性和传统性的混合叙述所影响。在公共和私人空间概念的变化中发生着争论、身份生产的过程和日常决策。国家通过控制空间生产、私有化和自定居以来几个自上而下的空间调整来加强他们的管理,随着现代化和城市化的发展,B旗A村的空间结构也在逐渐变化。在物理空间方面,牧场被划定和分割,造成了空间的重新分割和重新塑造,并产生了新的空间边界。

与朱晓阳提出的,与产权有关的多种法规和政策在一个"有管理的共有地"上实施导致的"语言混乱"状况相似。①笔者在田野中发现,旧的空间边界与新的空间边界之间的衔接也是两种空间与边界观念的并存状态。在这个过程中,牧民们通常陷入一种矛盾的情绪中。搭建围栏可以保护自己的私人财产,但可能导致生活生产成本极速增加,且之前应

① 参见朱晓阳:《语言混乱与草原"共有地"》,载《西北民族研究》2007年第1期。

对草原不确定性中起到重要作用的邻里合作关系也在逐渐恶化。草原承包经营制度通过围栏将具有公共物品性质的草场以产权制度方式作为私人财产设定后,不单约束人们的行为,还会产生更多与制度同向的行为。这时,以原有的自愿合作方式维护草场的设想,就会遇到硬约束和软倡导两种不对称力量向不同方向引领的矛盾,自然难以出现在硬约束下实现软倡导的结果,便是朱晓阳提出的"语言混乱"。

因此,在草原地区,法律失败的原因在于法律私人空间和社会公共空间之间边界的模糊与割裂。在传统的更加具有公共性的空间里,无论牧民迁移到哪里,他们对空间的感知是一种可重复且有效的经验。也就是说,他们可以获得一种"本体安全"①。游牧社会更容易接受不确定性。② 草原承包经营制度是私人空间的制度化,是不同空间尺度上的特定领土单位出现并成为有关区域系统和社会上普遍存在的社会空间意识的组成部分的过程。对于 B 旗 A 村的牧民来说,围栏不仅仅是空间单位之间的法律分界线,也是空间的象征性裂缝,反映并构成了社会关系,改变着本土景观的意义和社会秩序。

[四] 解决路径:"边界化"与"去边界化"

(一)"边界化":以非正式规范搭建缓冲区的可能性

草原承包经营制度中的边界其根本在于资源、生存空间

---

① 安东尼·吉登斯(Anthony Giddens)将本体安全定义为,在无意识和实践意识的层面上,拥有所有人类生活以某种方式解决的基本存在问题的"答案"。See Anthony Giddens, *Modernity and Self-Identity: Self and Society in the Late Modern Age*, Stanford University Press, 1991.

② See Han van Dijk, *Risk, Agro-Pastoral Decision Making and Natural Resource Management in Fulbe Society, Central Mali*, Nomadic Peoples, Vol. 1:1, p. 108-132(1997).

或活动范围。但边界的特征并不仅是封闭性,还具有流通和开放性。草原承包经营制度的这种相对的"边界化"应当建立在对涉及其相关法律规范的复杂性与偶联性的基础上。复杂性本身是我们所处这个世界的整体性特征。① 草原承包经营制度涉及的相关法律规范的复杂性体现在牧民们的环境行为与环境问题的"多因果关系性",尤其在少数民族聚居地区,相应的法律规范不仅包括法律,还包括规范社会成员行为的其他规范,如习俗、道德、禁忌等。由此,少数民族聚居地区呈现出权威多样化以及民众们对于规范产生的认同多样化的特征。在这种"多因果关系性"面前,制定法往往显得力不从心,而习俗以及习惯法等非正式规范更加能够展现出灵活性、生活性的特征,为草原承包经营制度的"化约"作出贡献。

草场边界纠纷产生的焦点通常在于如何合理分配或是否能够获取相应的自然资源,如水源等。在现实中,因为有合同以及地图等合法且明确的依据,牧民们通常不会,也觉得没有必要以诉讼这一方法来解决纠纷。产生纠纷的原因通常是其中一方认为自然资源的分配并不合理,或并不符合以往的分配规则。对于一部分牧民来说,法律在很大程度上仍然是一个"未实现的承诺"。法律提供了一套资源管理的规范规则,但它没有达到理性所能达到的目的,即公共物品的合意管理。笔者认为,"合法"与"合理"之间的割裂便是A村草场边界纠纷数量较大但诉讼案件并不多的原因。那

---

① See Niklas Luhmann, *Soziologie als Theorie Soziale Systeme*, in Niklas Luhmann, Soziologische Aufklärung, Westdeutscher Verlag, Vol. 2, p. 115(1975). 转引自泮伟江:《法律的二值代码性与复杂性化约》,载《环球法律评论》2017年第4期。

么应当如何弥合这种割裂？“缓冲”可以代表一种社会过渡的空间与形式，可以很好地形容传统牧业和现代产权概念的共存状态，以强调个人、社区和国家之间的边界互动、碰撞和协商。在此情况下，可尝试转而用另一种微观的视角去考察草原承包经营制度中的制度设计，不谋求根本性的理念变革，而是保留一定的缓冲空间，以缓和消解既有制度中已存矛盾。

草原承包经营制度实施四十年以来，空间变迁是最为显著的表征与意涵，牧民对于空间与边界的感知及随之衍生的与空间与边界有关的实践也一直处于变动中。在多重空间和边界概念在同一物理或社会空间内相互依存的情况下，在这些空间里的各种权力与权利之间也会相互制衡，通过产权明晰来解决现有制度推行中产生的问题是不现实的。产权的确定性与草原地区生产生活方式本身所具有的变动性与灵活性存在割裂。传统的空间观念存续下来，与现代性及国家主导制图方法形成的空间边界发生碰撞，产生多重空间交叠的景象。草原承包经营制度虽然将相应权利承包到户，但并没有实质性地改变草原的公有性质。草原是典型的公有土地，排他性不强，属于共享资源，因此建设围栏不能解决对共享水源、牧道等的竞争问题。面对草原这一复杂的生态系统，要避免唯产权清晰而忽略其他问题。

将非正式规范构建的规范空间作为重点考量内容，使法律能稳妥地调整草原的产权机制，使各种利益得到平衡且最大限度地缓冲各种不同价值的碰撞。由非正式规范来扮演缓冲阀的角色，为草原承包经营制度的实施搭建一个缓冲空间。

(二)“去边界化”:回归基层公众需求

现代社会的法律需要通过坚实的社会基础实现良好的实施。实现这一目标需要充分了解公众的愿望,回应并尽可能满足社会的实际需要。回归基层公众需求的基层治理可以起到平衡各个群体的利益的作用,争取最大限度的认可和支持。使用现有资源不可避免地会导致各种利益之间的冲突,因此需要以草原地区基层治理来实现最大限度的妥协和平衡。法教义学视角下法律实施不力的原因通常归结为是法律执行过程中出现了问题,而不是法律制定本身的问题。但是,当我们将法律的社会性质与社会控制功能纳入考虑范围时,我们将会发现法律的实施现状千差万别,在每个区域、每个共同体内的实施状况都不同。在这种背景下,回归基层公众需求的基层治理能够帮助构建草原承包责任制度的社会基础与社会意愿,进而促进其在草原地区的有效推行。

首先,可以借鉴内蒙古自治区巴林右旗为着力提高社会综合治理能力水平而创新的“莫日格德”基层警务模式,其旨在充分挖掘利用“乡贤”优势,将矛盾纠纷化解在源头、化解在基层。“莫日格德”在蒙古语中为乡贤的意思。“莫日格德”工作模式立足社情实际及民族特色,通过群众推荐、组织审核、综合评定等程序,从老党员、老模范、老干部、退伍军人、经济文化能人中选拔一批党员支持、群众认可、德高望重的人担任“莫日格德”,同时连片就近划好工作区域。“莫日格德”的工作区域打破行政区划划分,以就近连片、方便工作为原则,由社区警务室根据辖区治安特点,划定工作区域。这种工作模式凭借其地熟、人熟、事熟优势,建立“专业力量+乡贤力量”工作体系,制定工作职责、工作制度、工作目标、工作准则。“莫日格德”的职责包括协助公安机关开展调解邻里纠纷等,是公安机关的民情联络员、情报信息员、人民调解员、法律普及员。同时,"莫日格德"协助开展宣传法律法规800次,入户走访2300户、3600人,提供信息数据200余件。截至目前,巴林草原的莫日格德们调解矛盾纠纷2000余起。这一类的基层治理方式便是一种利用牧民对于传统社区与社会结构的认同。文化认同是人们对这一领域自然和社会的理解的升华,逐渐形成了控制人们行为的思维标准和价值取向。① 在文化认同的基础上形成的基层治理能够对草原承包经营制度的各个方面产生影响,使草原承包经营制度的发展具有合法性和发展前景。习俗或习惯法作为一种特殊的概念,是一种属于整个社会成员的共同心理。② 它是一种集体认知和集体认同,是一种强大且有效的精神力量和精神纽带,它将人们联系并团结在一起。③

其次,尝试建立公共资源池塘,以公共管理的方式经营草场。以内蒙古自治区新巴尔虎右旗芒来嘎查为例,把牧民一家一户的零散经营整合起来,成立合作社。两年来,115户人家已有88户入社,整合了嘎查39万亩草场和5800多头(只)牲畜,一共合并成9个羊群、1个马群、1个牛群,调整优化网围栏92000多米。新巴尔虎右旗一共有51个嘎查,目前已在11个嘎查推广"芒来模式"。小网变成大网,解决了牧户条块分割、分散经营、效益不高的问题,有效提升草牧场综合利用效益。④ 同时,在实现合作生产的基础上,

---

① 参见蔡宝刚:《法律是从"土地"中长出来的规则——区域法治发展的文化解码》,载《法制与社会发展》2014年第4期。

② 参见田成有:《文化对法治的意义》,载《法制日报》2009年12月9日。

③ 参见汤达金、梁玮、朱振进:《浙江法治文化及其建设路径》,载《浙江社会科学》2006年第2期。

④ 参见陈力、余健:《草原建设走出"画地为牢"》,载《经济日报》2021年5月27日。

建立统一生产、统一管理、统一经营的机制。通过草原承包经营权流转方式发展适度规模经营,在以草定畜、草畜平衡基础上,发展家庭牧场、专业养殖合作社以促进生产经营方式转变,从而改善草原生态环境。在严格实行载畜量控制的同时,尝试一种分权不分地的产权形式。

《法律和社会科学》(2023)　第20卷第2辑，第175~212页

潮汕文化背景下的土地执法考察

——基于广东省潮汕地区的个案分析

穆红琴　许展衔*

摘　要：本文通过对广东省潮汕地区某执法大队在土地执法过程中的个案进行微观的观察分析，认为在现实的土地执法过程中，存在违法现象较多和种种执法消耗的因素。特别在独特的潮汕文化背景下，宪法所规定的现代法律意识、行政法所要求的执法价值取向等和本地宗族文化、崇神文化、潮汕法律文化等产生碰撞，执法对象和执法者在这一系列的碰撞中形成了自己独特的规则，即一种实质上有效的"法"。潮汕地区保护耕地的国家意志因此受到了影响。

关键词：潮汕文化　土地执法　情理法　程序正义

* 穆红琴，汕头大学法学院讲师；许展衔，汕头大学法学院法律硕士研究生。本文由穆红琴、许展衔合作完成，穆红琴负责整体筹划、调研、资料收集、访谈及撰稿，许展衔负责调研、资料收集及访谈。

近年来,如何确保粮食安全成了农业部门面临的头等大事。对此,国家和地方陆续出台了保护耕地的各项规定和措施,主要针对农村占用耕地违建的情况要求各基层执法部门进行严格执法。①

关于执法的实际情况,学界已做了许多卓越的研究②,

① 1986年3月,中共中央、国务院印发《关于加强土地管理、制止乱占耕地的通知》;1997年中共中央、国务院发布《关于进一步加强土地管理切实保护耕地的通知》,1998年修订的《土地管理法》中专设一章耕地保护;2017年,中共中央、国务院印发《关于加强耕地保护和改进占补平衡的意见》;2020年,自然资源部、农业农村部联合发布《关于农村乱占耕地建房"八不准"的通知》;2021年,中共中央及国务院发布了《关于全面推进乡村振兴加快农业农村现代化的意见》;广东省于2021年印发《关于进一步加强和改进耕地保护工作的若干措施》等文件,要求坚决遏制违法违规占用耕地。

② 如陈柏峰教授长期关注执法问题,先后分析过弹性执法问题和乡村基层执法的空间制约问题。参见陈柏峰:《基层社会的弹性执法及其后果》,载《法制与社会发展》2015年第5期;陈柏峰:《乡村基层执法的空间制约与机制再造》,载《法学研究》2020年第2期。戴治勇学者研究选择性执法问题。参见戴治勇:《选择性执法》,载《法学研究》2008年第4期。梁永成博士从行政生态学的角度考察了基层执法的衍射效应要素、过程及抑制问题,试图构建一个可以解释更为一般化执法问题的理论概念。参见梁永成:《论基层执法衍射效应——基于生态学视角的考察》,载《法学家》2020年第6期。贺欣教授研究部分外地来京工商户经营执照中的"法律合谋"中涉及的各主体的利益平衡问题。参见贺欣:《在法律的边缘——部分外地来京工商户经营执照中的"法律合谋"》,载《中国社会科学》2005年第3期。郭栋学者研究治超执法中罚款票证的违法共谋问题以及城市流浪乞讨基层行政治理中乞讨证制度的建立。参见郭栋:《从共谋走向共治:治超执法中罚款票证的法治悖反与回归》,载《法商研究》2021年第5期;郭栋:《城市流浪乞讨基层行政治理的困境与出路——以符号互动为理论基点》,载《中国法律评论》2018年第4期。关于土地执法问题,陈柏峰教授从国家能力方面分析如何解决违建执法的困境。参见陈柏峰:《城镇规划区违建执法困境及其解释——国家能力的视角》,载《法学研究》2015年第1期。何艳玲学者将中国土地执法出现摇摆现象的原因解释为集中体制下的嵌入式执法所导致的。参见何艳玲:《中国土地执法摇摆现象及其解释》,载《法学研究》2013年第6期。

学者们对于执法及土地执法困境的研究都各有不同的角度，或者从执法问题出发，或者将执法行为置于更广泛的社会情境中进行分析，但鲜有专门从文化的角度研究土地执法问题。仅陈柏峰教授提到了中国传统法律文化和实践中情理法并重的做法对执法活动的影响，他将其总结为“青睐变通权宜的法律文化”①。

现代行政法学认为，行政执法活动是一种实现保护公共利益的活动，良好的行政执法活动应当包含法律优先，法律保留，尊重和保障人权，程序正当、法律至上等价值取向②，同时，也要求执法人员具有相应的法治思维和控权理念③。因此，在实际的土地执法活动中，更进一步的问题是，面对不同于现代法律理念的多种传统文化，执法人员是否具有费孝通先生所说的一定的文化自觉意识④？土地执法活动中，依法行政、程序正当、法律至上等价值能否被实现？立法层面要求保护耕地这一公共利益的目标实现的怎么样？同时，从执法对象的角度来看，为什么违法，为什么知法犯法，除利益驱动和违法成本较低之外，还有没有其他因素在塑造他们的行为？人们的日常生活规则和国家法律所确定的规则有着怎样的关系？

本文将通过对广东省潮汕地区某执法大队在土地执法过程中个案的微观观察分析，以潮汕文化为分析背景，从现

---

① 陈柏峰：《基层社会的弹性执法及其后果》，载《法制与社会发展》2015年第5期。

② 参见皋华萍：《行政法律文化建设略论——以行政执法为切入点》，载《法制博览》2018年第12期。

③ 参见刘志峰：《内圣而外王——行政执法文化建设初论》，载《内蒙古师范大学学报(哲学社会科学版)》2018年第1期。

④ 参见费孝通：《乡土中国　生育制度》，北京大学出版社1998年版，第52页。

代法律意识、行政法律文化和潮汕传统文化的角度,尝试回答上述问题。

以下将首先介绍独具特色的潮汕文化,接下来结合土地执法的个案来分析在该案的形成发展过程中潮汕文化和现代法律意识之间的冲突,最后分析执法队执法时潮汕传统法律文化和现代行政法律文化发生了怎样的碰撞,并作以总结和反思。

[一] 独具特色的潮汕文化

潮汕是一个地域性①的概念,也是一个文化的概念②。有学者认为:从文化上来看,"潮汕地区既非少数民族聚居区,更非不同人种混杂地,同为汉人,同操汉语,但潮汕人民在方言和习俗甚至观念思维上几乎构成了一个独特的民族",也称潮汕民系③,形成了一个文化共同体。地处省尾国角的特殊地理环境使潮汕人生活于相对封闭的环境中,但也在此基础上保留了大量的儒家文化及风俗礼仪,形成了独特

---

① 从地理上来看,人们习惯于将汕头、潮州、揭阳、汕尾四市及其所辖县域,还有梅州的丰顺县、大埔县部分区域称为"潮汕"。

② 文化一词含义是相当广泛的,一般认为它无所不包,从不同的角度对文化可能作出完全不同的判断。如著名的人类学家马林诺夫斯基将文化界定为:"指那一群传统的器物,货币,技术,思想,习惯及价值而言的,这个概念包容着及调节着一切社会科学。"参见[英]马林诺夫斯基:《文化论》,费孝通译,华夏出版社 2002 年版,第 2 页。也有学者认为,从概念上讲,"它主要指特定社会或群体在长期生活中所生成的特色环境反应模式,这其中包括行为方式、信仰、态度、价值取向、推理方式和感性认识等"。参见焦盛荣:《诉讼文化论》,载《社科纵横》2000 年第 2 期,第 48 页。本文将综合上述两种概念来使用文化一词,即文化既包括特定社会群体的行为方式、信仰、态度、价值取向、推理方式和感性认识,也包括一切器物、货币、技术、思想、习惯和价值。

③ 参见陈文毓、张洪林主编:《潮汕法律文化研究》,华南理工大学出版社 2015 年版,第 2-3 页。

的潮汕文化。有学者将其定义为:“汉文化的分支,岭南文化的组成部分,是一种以潮汕方言为主要特征具有鲜明特色的地域文化。”①

目前关于潮汕文化的研究非常广泛多样,从搜集到的文献资料来看,潮汕文化的表现样态包括宗族文化、崇神文化、潮汕法律文化等多种形式。总体来看,潮汕文化的双向影响已经被越来越多的学者关注到。以下就上述表现样态分别作以介绍。

(一)宗族文化

潮汕人大多同族而居,其村庄的名字往往以该族人的姓氏命名,如“廖厝村”表示该村以廖姓为主,属于廖氏同族聚居区。因此,各村都建有一定规模纪念祖先的宗祠(如图1所示),由村里的老人协会进行管理。

图1 廖厝村当地比较常见的宗祠

资料来源:笔者于2021年11月调研时拍摄。

① 杨晓英:《论潮汕文化在中国文化史上的独特性》,载《广西社会主义学院学报》2014年第3期。

在此基础上,潮汕人形成了世代相传的宗族文化,定期祭拜祖先。家家户户除在家中祖宅于忌日祭祀自己已故的上辈祖先外,还在固定的日子祭拜同族在祠堂里供奉的祖先。

有学者认为,潮汕文化有其正向的影响:"潮汕文化中的宗族文化,紧密连接了世界各地的潮汕人,其正向影响包括对传统儒家礼仪的传承,祖先崇拜及宗族文化所带来的潮汕人紧密团结的精神。"①宗族文化的正向影响还包括:"潮汕族谱中以家训及人物传记方式所传达的潮汕人义在利先,义利并举的义利观,互帮互助的利益共享精神等。"②但也有学者认为,宗族文化也有其负面影响:"宗族文化也使得潮汕人家族意识浓厚,并形成了一定的地域意识,具体表现为光宗耀祖,发财欲望,冒险精神,地缘互助,排外思想以及地方保护主义,宗族文化似乎成了潮汕经济崩溃的原因。"③

(二)崇神文化

关于崇神文化,有学者指出:"潮汕民间崇神多属于三个方面:古今英雄伟烈人物如韩愈、文天祥等;祖先崇拜系统,各姓崇拜自己的先祖;神话传说形象如妈祖、莱芜女神、德生娘娘等。"④据学者的研究:"崇神文化作为一种民间信仰,是海洋文化和移民文化共同作用的结果,在潮汕社会极为普遍,特别是每年春节过后的正月、二月,可以称为崇神狂欢

① 杨晓英:《论潮汕文化在中国文化史上的独特性》,载《广西社会主义学院学报》2014年第3期。

② 黄春梅:《潮汕族谱中的义利观及其在宗族关系中的表现》,载《韩山师范学院学报》2020年第5期。

③ 张仲凯:《来自家族的呼唤:潮汕地区的经济建构——从一个村落的家族组织说起》,载《中国农村观察》2003年第3期。

④ 陈辉林:《地方崇神文化与城市法治建设研究——以广东潮汕地区为例》,载《汕头大学学报(人文社会科学版)》2016年第9期。

季，据不完全统计，从正月初一到正月十五，潮汕三市（汕头、潮州和揭阳）共有近300个村上演规模不一的集体性崇神活动。”①（如图2所示就是村里的游神活动）但“这种集体性崇神活动也带来了盲目性和一定的违法性，比如花费上千万的巨资或违法占用公共道路等。同时，崇神活动只有敬，而没有畏，因此其中的‘神化’属于宗教学上的偶像崇拜，偶像崇拜越是浓厚，法治的理念就越是淡薄”②。对此，也有学者认为：“崇神或游神作为一种民间信仰活动，没有系统的教义，也没有成册的经典，更没有严格的教会组织。”③“民众对所供奉神灵的来历、事迹等信息知之甚少，但有较强的群体意识。游神活动所表达的是一种力量极强而持久的民间意识形态、地方认同心态和血缘家政关系连结的心理化倾向，因而具有强大的社会整合与文化功能。”④同时，崇神的盲目性也强化了潮汕人的冒险精神，怒海求生的生存环境让出海的潮汕人祈求神明的保佑，但对未来的不可预知性也让他们敢于冒险并心存侥幸心理。

① 陈辉林：《地方崇神文化与城市法治建设研究——以广东潮汕地区为例》，载《汕头大学学报（人文社会科学版）》2016年第9期。

② 陈辉林：《地方崇神文化与城市法治建设研究——以广东潮汕地区为例》，载《汕头大学学报（人文社会科学版）》2016年第9期。

③ 王建平、吴思远：《城市化进程中传统社区民间信仰活动的变迁与适应——以广东省潮州市枫溪区“游神赛会”活动为例》，载《韩山师范学院学报》2011年第1期。

④ 王文科：《潮汕游神民俗的认同与思想解放的拓展》，载《韩山师范学院学报》2009年第2期。

图 2　人们在村子里组织的游神活动

资料来源:笔者于 2018 年春节拍摄。

(三)潮汕法律文化

还有学者在对潮汕文化进行综合分析的基础上对潮汕法律文化做了系统的梳理。① 学者们认为,在潮汕地区这样传统文化保存较多的地区,中国传统法律文化中的情理法观念和对实体正义的追求也深深扎根于潮汕人民的意识中。潮汕法律文化承载了儒家秩序文明的正效应,如重礼仪、尚和谐、正清风等。但其同样存在重宗族、拉关系、敢冒险等同现代市场经济法治原则相抵触的负效应。②

宗族文化、崇神文化以及潮汕法律文化对人们日常行为的影响根深蒂固,在实践中也被具体化为人们自觉遵守的诸多规则,如互帮互助利益共享规则,冒险规则,偶像崇拜规则,利益至上规则等。因本文主要探讨土地执法过程中潮汕文化如何与现代法律文化发生了碰撞,因而只探讨其负面影

① 参见陈文毓、张洪林主编:《潮汕法律文化研究》,华南理工大学出版社 2015 年版。

② 参见陈文毓、张洪林主编:《潮汕法律文化研究》,华南理工大学出版社 2015 年版,第 13 页。

响。至于潮汕文化的正面影响如宗族文化带来的团结互爱精神、工夫茶文化带来的“和”与“敬”之精神和圆通之道①、儒家文明礼仪带来的文明执法方式②等限于篇幅本文不再展开讨论。本文通过对潮汕地区某执法队的土地个案执法过程进行观察,并以非结构式访谈的方法获得其部分执法图景,回答开篇提出的问题。③

[二] 违法的发生与持续——潮汕文化与现代法律意识

以下我们以陈某的故事为主来对潮汕文化背景下耕地违建的发生与持续进行微观的分析和考察。陈某是潮汕地区某镇的村民,家里有年迈的父母,一对儿女,大的 16 岁,小的 12 岁,都在读书。现在居住的房屋约 15 平方米,家中 6

---

① 参见陈文毓、张洪林主编:《潮汕法律文化研究》,华南理工大学出版社 2015 年版,第 22 页、第 199-200 页。

② 在本次调研中,笔者观察到执法队员在进入执法场所后,仍保持基本的礼仪,如对年龄较大的当事人仍然使用潮汕语中的尊称等。

③ 需要说明的是,为了研究的便利,本文中的“法律”是广义上的法律,包括现行有效的全国人大及其常委会制定的狭义的法律、行政法规、规章以及其他规范性文件等。法律规则即指在这些法律条文基础上形成的规则。其他社会规则即指无现行法律效力但在潮汕文化的影响下又实际上指引着人们行为的规则。在此基础上,本文不使用“法律多元化”这一概念,而代之以“规则多元化”或“规则丛”,以更为便利地观察代表国家意志的国家法律和在潮汕文化影响下实际存在的其他规则的互动状态。同时,本文所说的规则包括代表国家意志的法律,以及村民在潮汕文化的影响下在社会活动中约定俗成的行为准则,包括习俗、习惯等在内。需要澄清的是,本文不使用“法律多元化”这一概念,并不代表笔者不认可其存在。如林端教授所说,关于法律的概念存在唯法主义的定义,功能主义的定义,甚至非法学派如博汉南等的不做任何定义。对此,笔者赞同功能主义的定义,即不在先验上认定何种社会规则或规范是法律,而从社会规则、规范和其他生活部门,如亲属秩序、经济、宗教等的功能关系来理解法律;关注秩序如何维持以及透过什么方式来排难解非。但本文是对国家法律实施过程的动态观察,重点探讨在这一实施过程中现代法律精神和潮汕地区的原有文化发生了怎样的碰撞。为了研究的便利,以“规则丛”来指代“法律多元化”。

人居住,每年还需要进行农产品的加工。为了方便生活和生产,从2020年开始陈某就在自己的菜园开始建房了,但因缺乏资金,所以建设的过程时断时续。2020年4月村委发现后向他发了一份停工通知,一年后镇政府又给他发了一份停工整改通知书。目前房屋的主体已完成,内部的施工也完成,就缺个大门没有安装上去。最近一次施工是2020年11月进行的室内施工,后一直没再施工。

2021年11月,国土资源系统的卫星拍照拍到陈某的违建房屋,该图像显示建筑物一共为两座,彼此相邻,一座用于生活居住的,房屋主体已经基本完成,另一座用于农作物的生产加工,房屋主体主要由土砖块构成。该案件属于上级移送的案件,即卫片执法①,具有较短的处理期限。由此该案件成为执法队②的首要执法任务。

在听完执法人员对陈某案件前期的基本介绍后,我们随同执法人员进村执法,就案件的发生和发展情况进行了非结构式访谈,访谈对象包括村委的负责人和陈某本人。

(一)放任并支持违法的村委——宗族文化与法律洞的弥补

从故事初始来看,陈某的违章建房持续了将近一年的时间,村委最早发现陈某违章建房的情况③,虽然在陈某建房4

---

① 一般采用自然资源部进行的卫星拍摄模式来发现违章建筑,由上级督办下级完成,简称卫片执法。

② 2021年之前的土地执法权由乡镇政府的规划办公室行使,2021年成立了综合行政执法办公室后,土地执法由执法办公室行使。本文简称执法队。

③ 依据现行法律,村委会不是行政主体,不能行使执法权。但在实践中很多村委会都会对违建发出通知并要求整改甚至限期拆除。本案中村委发出要求陈某停止建房并整改的通知系依据乡镇人民政府的相关要求,所以并不是真正的行政执法,而是一种外在监督。虽然2020年7月1日实施的《中华人民共和国公职人员政务处分法》已将基层群众性自治组织中从事管理的人员即村干部列入公职人员,但村委会仍然属于基层群众性自治组织,没有对违建的认定、整改及拆除的行政权力。

个月后发出了停工通知，但从对村委相关人员的访谈可知，村委非常理解陈某建房的动机。村主任的一部分原话如下：

陈某啊，我们是很了解的，该人是我们重点关注的对象，家中父母是参加过革命战争的老党员了。陈某年轻的时候出去工作，但是工作一直不顺，事业没有很好的起色，赚不到什么钱，加上这几年，他父母病重，才打算回来发展，此人经济条件确实很不好，他也是将他的大部分积蓄都投入建造房屋中，贸然将其强制拆除，可能会让老实人做傻事。①

而陈某收到村委的停工通知后并没有停工，反而继续建造房屋，村委也并没有对此继续监督，也没有上报给镇政府。镇政府在事隔一年之后才获知陈某在菜园建房的事实。可见村委对于陈某的违章建房行为处于一种放任或形式上制止但实际上放任甚至支持的状态，两者形成了对违章建房的消极共谋。②（如图 3 所示，村民住进违建房）这也可以视为村里普遍认同的社会规则。这与村委不具有行政执法权有关，也和潮汕文化中的宗族文化有一定的联系。

上文提到，潮汕地区的村庄普遍同族居住，一个村子的村民大多来自同一位祖先，本案中陈某所在的村庄也不例外。潮汕社会宗族文化盛行，绝大多数的村庄都建有宗祠祠堂，每逢春节等节日，即举办大型的祭祀活动。据笔者调研

---

① 笔者当面访谈，2021 年 11 月 15 日。

② 关于“共谋关系”，学界已有多种分析解读，如“伙伴关系”“横向共谋”“纵向共谋”“官民消极共谋”“积极共谋”等。参见郭栋：《从共谋走向共治：治超执法中罚款票证的法治悖反与回归》，载《法商研究》2021 年第 5 期。

图 3　村民已入住的违建房屋

资料来源:笔者于 2021 年 12 月调研时拍摄。

所知,春节期间仅仅祭祀活动经费常常在几百万元甚至上千万元以上。这一共同的祖先祭祀传统无疑加强了村庄中村民的凝聚力,村民们在供奉祖先画像的祠堂前烧香磕头祭拜,祈祷祖先保佑风调雨顺。同时,延续传统的宗族文化也增强了同族村民间的互帮互助精神。①

在潮汕地区的村庄里,宗族组织还保留着一定的管理权,比如,以老人协会作为组织形态,承担一定的调解和组织祭祀活动等各项与宗族相关的活动。但在执法活动中,直接与执法队员交接的是村委会,而不是老人协会等宗族组织,可见,目前基层政权建设已经基本完成,宗族组织已经不再成为阻碍国家与社会公共事务运行的因素。整体而言,虽然村委的成员和宗族组织的成员并不重叠,从功能上来看,村委和宗族组织在村庄的管理功能上也各有不同,但作为宗族

① 另外,研究宗族的历史学家钱杭先生也指出:宗族制度本身,代表着一种同国家公共权力相平行和对立的私权力。因为它拥有对族人的管理和处置权。在现代社会中,这种私权力的存在,从根本上将阻碍国家与社会公共事务的正常运行。参见钱杭、谢维扬:《亲族聚居现象与我国当前农村的宗族活动》,载《上海社会科学院学术季刊》1991 年第 3 期。

中的一员，村委成员同样受到宗族文化的影响，同族间互帮互助的思想并不会因为其村干部的身份而动摇。陈某案件中村委会主任和陈某系同族亲人，其对陈某违建的态度可见一斑。

宗族文化无疑加强了潮汕熟人社会人情社会的特点。我们在对某村书记叶某的访谈中印证了这一点。当问到村委会在土地执法过程中碰到过什么困难时，叶某回答：

> 农村社会你是知道的，大家多多少少都是有亲戚朋友关系的，我们能被选上村委，也是村民选举出来的。土地执法不像那些民生工程。土地执法很多时候是要求让他们不要再施工，有的甚至是拆了他们的房子。房子在农村，就是这些村民的命根子，你拆了跟要他们命没什么区别。村委都知道那些行为都是违法行为，政府也有交代我们要实时监督，发现就要及时上报。但是，你看我们村委也就 6 个人，大家都是兼职，平时也是忙着自己的工作，整个村那么大，哪有那么多精力去监督他们。①

以上可见村委会对村民的违章建房行为给予了充分的理解。② 然而，在国家法律在基层的执行层面，村委会起着

---

① 笔者当面访谈，2021 年 12 月 1 日。

② 关于在以加工业为主的一些潮汕地区农村人多地少的情况下，如何切实解决村民的实际需要的问题，应当深入思考。本次调研中另一起执法队先后制止过 3 次违章建房的案件，涉案村民就反复解释建房的原因，全家 11 口人挤在 60 平米的房子里，同时该房屋是地质灾害点，存在较大的安全隐患，每次下雨村干部都要求他们一家要转移，但确实没有其他地方可以转移。2021 年七八月的时候，经常下大雨，他所居住的房屋旁边安装的地质灾害点检测仪器报警了 2 次，一家人一整晚不敢睡。所以他要求政府理解他本人的实际困难和诉求，给予一定的帮助和支持。可见潮汕地区村民存在改善居住条件的切实需求，但到底应当如何解决这一问题，因本文主要关注土地执法的过程，对此没有涉及，有兴趣的学者可以就这一问题进行专文探讨。

重要的桥梁作用。本次陈某的案件中,执法队收到上级通知的具体执法任务后,通过乡镇政府确定违建所在具体的村庄,然后首先进村找村委会了解核实情况,同时要在村委人员的带领下辨认违建的主人,接下来还需要和村委协商具体的执法方案。如果村委一开始就对陈某在耕地违建的行为给予同情与理解,这在一定意义上也直接影响执法的目标,进一步影响国家法律在基层的实施。如果按照社会学家对于法律洞的分析理论①,上述情况说明,在执法阶段同样出现法律洞的情况下,即村民和执法队员之间的联系较弱时,村委虽然被执法队作为联结因素拉入了具体执法活动中,但受限于宗族文化的影响及现代法律意识的缺乏,其弥补这一法律洞的作用也很有限。

因此,在这种完全的熟人社会中,村委对陈某的违章建房情况给予支持并且反对将其拆除,以至于出现违法的消极共谋是在所难免的。可见,在这样的背景下,国家法律在遇到宗族文化对应的社会规则即村庄成员间的互帮互助规则时将大打折扣,村委会也无法成为国家法律在基层实施的有力联结。

(二)明知违法而建房的陈某——崇神文化与守法意识

本案中陈某明知违法而建房,并在收到村委的停工通知后继续建房。为什么陈某明知违法而继续呢?他对违法的后果毫不担忧吗?执法队员在询问时也只了解到其最主要的原因是生活和生产需求,其向执法队反映的困难最主要的是家里的孩子慢慢长大,原有的房屋没有适合孩子居住的地方。因陈某性格较为内向,执法队也未获取到更多的信息,

① 张洪涛:《法律洞的司法跨越——关系密切群体法律治理的社会网络分析》,载《社会学研究》2011年第6期。

因此无法深究其背后的原因。不过，从陈某的生活环境和日常行为模式，我们可以推知其背后深层的原因。陈某所处的潮汕地区，违法建房现象非常普遍，近二十多年来有增无减，有占地上百亩引起媒体关注的“豪宅”①，也有在耕地建房二十多年屹立不倒的例子②；陈某只是因为早年出去打工，所以建房比较晚。当然，违法建设现象并不是潮汕地区特有的现象，在中国广大的城镇中，因为土地用途改变所带来的巨大利益，违建现象是城镇建设和社会治理的难题。③ 显而易见，潮汕地区村民违建和抢建也受到了利益的驱动，这应当是出现这一现象的直接原因。当然学界提到的执法不严即弹性执法所滋长的使村民漠视规则的心态也是原因之一。④除此以外，通过观察陈某所处的环境以及日常行为模式，我们认为背后还隐含着潮汕文化中崇神文化所带来的负面影响。

如上文所述，崇神文化在潮汕地区非常盛行。据笔者的调研所知，潮汕人的崇神祭拜各村具体情况也不完全相同，但总体而言，农历每个月的初一、十五都可以在本村的神庙拜神，神的种类也很多，有伯公公、三山国王、风雨圣者、狮子神等。正月的初十、十五、十九各村由新婚的家庭或当年生男孩的家庭组织村里的游神活动。所谓游神即将神从庙里请出来抬在轿子上游街，并在宗祠门口由全村人统一祭拜。每年正月的二十二则由临近的十个村联合起来，每村轮流组

---

① 《震瞎眼！潮汕农田上现四合院风水大豪宅》，载人民网 2017 年 1 月 12 日，https://www.sohu.com/a/124133220_114731。

② 谭林：《潮阳耕地变身豪宅遭质疑被举报多年屹立不倒》，载新浪地产网 2012 年 9 月 3 日，news.dichan.sina.com.cn/2012/09/03/557847.html。

③ 参见陈柏峰：《城镇规划区违建执法困境及其解释——国家能力的视角》，载《法学研究》2015 年第 1 期。

④ 参见陈柏峰：《基层社会的弹性执法及其后果》，载《法制与社会发展》2015 年第 5 期。

织大型的类似庙会的祭神活动,一般称为“营老爷”。至于祭拜先祖的时日,除忌日每家每户各不相同,其他如除夕、元宵节、农历三月初三(扫墓)、端午节、中元节、中秋节、农历十月十五(扫墓)等则需祭拜先祖。祭拜的方式包括准备好时兴的贡品(新鲜水果、整只卤鹅等),纸钱、香烛,跪拜磕头。因此拜神和拜祖宗这些日常行为模式已经深深刻入潮汕人的骨髓,即使离开农村在城市生活的人们,也照拜不误。城市住宅小区里甚至专门配置用于焚烧纸钱的铁桶(如图 4 所示),每日香烟袅袅,祭拜者络绎不绝。

图 4 用于焚烧纸钱等的铁桶

资料来源:笔者于 2022 年 11 月在潮汕地区某小区广场中心拍摄。

至于人们在拜神时的心理是怎样的,信还是不信?调研中发现村民们对此莫衷一是,拜神时的心理活动更趋向复杂。有虔诚心理,有凑热闹心理,也有遇到难事时的心灵寄托心理,多种多样。

但如前文所提到的,这些构成大多数潮汕人日常行为模式的崇神活动大部分并没有成文的教义,也没有像西南少数民族那样有口口相传的神的故事。祭拜的主要目的就是风调雨顺、平安顺心、好运连连等世俗美好愿望,祭拜的方式也显示了传统祭祀文化中人神互惠的特点。

这些日常行为模式在潜移默化地影响人们的意识。如前文所述,崇神文化代表一种盲目的偶像崇拜,同时这一崇拜也带着极强的功利性和侥幸心理,由此可能带来极端的逐利行为,国家法律规定的守法意识并没有进入潮汕人的日常生活,正如赵旭东教授所言:“习俗带有一定的自发性,深嵌于人们的日常生活,并成为人们去行动的一种无意识的支配性力量。同时,正是这种无意识的作用,使得习俗本身作为一种近乎刚性的‘法律’而得以持久存在,并发挥其独特的约束性作用。一旦习俗进入到了人们意识的层面,则会成为一种法律的规则意识而被清晰把握并世代相传,成为一种独特的秩序。”①显然,潮汕地区有组织有规模的集体崇神文化或习俗已经不再是人们无意识的行为,而早已进入人们的意识层面,成为一种“法律”规则意识而支配着人们的日常行为,成为实践中的活“法”。② 同时,这种实践中的活“法”进一步强化了人们日常行为的功利性和侥幸心理,代表国家意志的国家法律在这样的社会中反而无意识地成为被经常挑战的对象,这解释了为什么陈某明知违法而建房,同时在收到违建通知后仍然继续在耕地建设房屋这一行为,同时这也在一定程度上解释了为什么在土地问题上,潮汕地区的违法

① 赵旭东:《习俗作为法律与法律的习俗研究——习俗与法律研究的法律人类学辨析及问题展开》,载《学术月刊》2019 年第 6 期

② 在调研中我们曾问被访者是否担心捐赠给老人协会或理事会用于祭拜的巨额财产有被挪用或占用的风险,一位访谈者的回答是:“不会,因为这是捐给神明的钱,神明在照看着呢。”但当我们向本地的法律职业者了解这一情况时,得到的回答却是挪为私用或占用的情形非常普遍。真实情况仍有待进一步深入的调研。

现象较多。我们对执法队队员的访谈也印证了这一点,某位执法队员反映:

> 土地执法过程中执法队接触到的当事人大多的学历都在高中,有的甚至没读过书,当执法队向其说明其违反了哪条法律规定时,当事人并不接受,很多当事人法律意识淡薄,就拿土地执法中最核心的占耕建房这件事来说,很多当事人在执法队对其开具责令停止违法行为通知书后仍然存在侥幸心理,认为自己能够加速抢建房屋,即便自己违法建房,只要一家人住进该房中,执法队也往往不会对其房子进行强制拆除,而这也是执法队的痛点所在。若对其强制拆除,造成当事人一家人无家可归,无房可住,这个责任应由谁负责?而当事人会记恨在心,这无形之中,在给社会制造了一颗不稳定的(不)定时炸弹。且按照法律规定,基层政府没有强制拆除他人房屋的行政强制权力,而这也是当事人日后攻击政府的一个有力的把柄。①

同时,我们看到,因为受到潮汕文化中崇神文化所带来的侥幸心理的影响,王波学者所说的取消规则②在潮汕地区的土地执法过程中反复出现。保护耕地这一国家法要求早在 20 世纪 90 年代就已经提出并制定法律,但在执行中却一

① 笔者当面访谈,2021 年 12 月 6 日。

② 王波学者延续哈特在社会与法律之间的入口处设立承认规则的用意,将法律向事实上不是法律的转变看作和承认规则具有功能对称性的一种规则,并将其命名为取消规则。参见王波:《执法过程的性质——法律在一个城市工商所的现实运作》,法律出版社 2011 年版,第 122 页。

再被违反①，这说明人们对该法律规则的不承认，从而使这一法律规则在事实上不成为法律。也即贺欣教授所提到的法律的合法性问题，法律并不是天然具有合法性②，人们对国家法律规则的常态违反或规避导致其在事实上失去合法性。这种现象很难用农民不懂法或没有法律意识来解释。虽然潮汕地区的乡村和全国其他地区的乡村一样，随着通信系统在农村的全面展开而迈入现代社会形态，手机互联网等在潮汕乡村也早已普及，国家权力进入乡村不存在技术障碍，法律下乡等都已经是生活常态。③ 特别是耕地保护的问题，早在 1986 年国家就明令规定禁止占用耕地。然而，在调研中有执法队员反映，2020 年在一起土地执法中，一位房子被拆的老先生质问执法队员：

> 农民种了一辈子的地，那些辛苦钱都拿来建造房子，你们说拆就拆，就跟我说了一句这个属于占用耕地需要进行拆除，请问这个占用的耕地的依据是哪来的，农民不识字多了去，如果标准由你们制定，再由你们执行的话，这样说得过去吗？④

---

① 值得注意的是，为什么国家保护耕地的法律在潮汕地区一再遇到障碍？除本地地少人多的原因之外，也和本地的产业结构有关。本地大多数村庄都属于加工业发达的区域，无论是不锈钢加工，还是塑料制品加工等。因此，本地的产业机构应当是农业和工业结合的状态，纯粹务农的农民比较少见。而耕地保护不仅需要耕地存在，而且需要有人来耕种。在潮汕地区缺乏有耕种意愿的村民，更多村民需要的不是耕种耕地，而是改善居住以及加工条件。因此，本地出现了潮汕人民群众的具体需求和国家耕地保护无法对接状况，这也让我们反思耕地保护的国家法律要求在本地是否可行以及应当如何结合本地特点更有效的落实问题。

② 贺欣：《在法律的边缘——部分外地来京工商户经营执照中的“法律合谋”》，载《中国社会科学》2005 年第 3 期。

③ 陈柏峰：《“走出乡土”的“后乡土中国”——评陈心想著作〈走出乡土〉》，载《学术界》2017 年第 10 期。不过就法律下乡而言，潮汕地区也存在名义上的驻村律师情形，在有些地方法律下乡还停留在口号上。

④ 笔者当面访谈，2021 年 11 月 1 日。

可见,在这些村民心中,国家已经施行多年的保护耕地的法律并未得到其内心认可,也并非其心中认为需去遵守的行为准则,因此致使该国家法律事实上不成为"法"。

不过,我们应当注意到,陈某不仅需要解决加工所需场所,还迫切需要解决住房问题,而显然村委无力解决,因而才导致他铤而走险。对此陈某也一再向执法队员讲明,并要求能得到考虑。因此,执法队员陷入了对国家法律要求的耕地保护这一公共利益的落实和对陈某需要住房这一基本个人利益保护的两难之中。

[三]执法的两难——潮汕法律文化与现代行政法律文化的碰撞

面对这一两难问题①,执法队询问了村委的处理意见,对于村委表达的"贸然将其强制拆除,可能会让老实人做傻事"这一担忧,进行了考虑,并将陈某的情况上报给上级领导。在执法任务不变的情况下,综合考虑各种情况后,决定和陈某进行执法谈判,即只拆除涉及农产品加工的那栋房屋,而对陈某用于居住的房屋则要求不得再施工,但并未拆除。同时,执法队判断后续陈某肯定会进行内部装修后住进去。但执法队上报区自然资源部门之后,经确认整改完成,

① 崇神狂欢季执法活动会如何进行?崇神活动的频繁举办会不会影响执法队的工作?在访谈中我们得知,执法队在日常的执法活动中,会有意避开本地的祭拜时节,这表现出执法队对本地崇神文化和宗族文化的尊重。同时,在春节过后的崇神狂欢季,此时祭拜神明的活动并不会影响执法队的工作,反而会影响当地人对于土地的施工,因为在崇神的季节,大多数村民忙于祭拜,反而不会对土地进行违法建设。因问题的敏感性,本次调研未能针对崇神文化和宗族文化对执法队员在执法活动中的影响展开,也未获取最直接的案例。仅从陈某案件来看,执法人员更多受到了潮汕法律文化的直接影响。

对陈某之后的行为就不再跟进了。就执法队而言，认为这样既能完成上级交办的任务，又尽可能地保护了陈某的利益，使案件处于动态平衡中。

（一）“情”“理”“法”与严格执法

经过观察发现，执法队在执法过程中对陈某因居住需求而违章建房给予了同情，就像访谈中所说，从一开始执法队的目的就不是全部拆除。这显然是出于情理的考量。从严格执行法律规定的角度来看，全部拆除才能将菜园还原（如图5所示），但全部拆除会导致陈某重大的财产损失，因村委告知执法队陈某已将绝大部分积蓄投入建房。同时，全部拆除也会导致陈某迫切需要解决居住问题的现实需求落空。进一步来讲，如果陈某真的产生了重大损失，执法队也担心陈某因此会出现不利于社会稳定的过激行为。因而，在执法过程中，执法队结合实际情况对执法目标进行调整，仅拆除用于农产品加工的违章建筑，对于用作居住的则不拆除；虽然要求不得再建，但实际是即使陈某装修后住了进去，也不会再进行干预，而采用了一种放任的态度。

图5　一栋违建房屋拆除后复耕的情况

资料来源：笔者于2021年12月调研时拍摄。

显然,作为生于斯长于斯的潮汕人,执法队员自身也受到本地文化的影响,情、理是他们在执法中首要考量的因素。上文也曾提到,潮汕地区保留了大量的儒家礼仪秩序,其法律文化中承载了儒家秩序文明的正效应,中国传统法律文化中的情理考量在本地执法过程中也更为重视。陈柏峰教授在关于弹性执法的研究中也论证了这一点,他认为中国传统法律思维和实践中的情理法并重思想是弹性执法的法律文化基础。① 陈某一案中,执法队在执法过程中根据其具体情况对执法目的进行了调整,其实质即为弹性执法。它是执法者与执法对象协商后根据具体情势采取不同执法的执法不严行为。② 这一做法在潮汕地区这样保留了大量中国传统文化的地方更加普遍。

虽然关于中国传统法律文化中的"情""理""法"各自的确切含义,学界已经做了很深入的探讨研究,且各自有不同的理解。③ 但总体而言,学者们大多考察了具体的司法活动

---

① 陈柏峰:《基层社会的弹性执法及其后果》,载《法制与社会发展》2015年第5期。

② 陈柏峰:《基层社会的弹性执法及其后果》,载《法制与社会发展》2015年第5期。

③ 如日本学者滋贺秀三《清代中国之法与审判》一文中,对"情""理""法"同为法源的分合问题的论述,他认为情理主要用于事实判断,可理解为一种社会生活中规范性的价值判断,特别是衡平。参见[日]滋贺秀三:《清代中国之法与审判》,载王亚新、梁治平等编:《明清时期的民事审判与民间契约》,法律出版社1998年版,第36页。但是林端认为滋贺秀三所讲的情理和习惯容易存在较大的自由裁量空间的结论有误,原因在于其思维模式受到西方的影响,严格划分实然与应然、事实判断与价值判断、事实上的规范与规范上的规则,将中国传统法律文化与西方的法律文化对立,把情理归结为非实定的规则,与事实上的规则差异不大,其约束力有限。林端教授认为,在中国人的思维里,法与情理并不是截然对立的。而且中国的州县官对判决目标的追求,不是西方法哲学概念中的正义;而是中国式的仁义或情义,即追求中国式的衡平正义感。这种正义不是西方概念中的正义。因此,州县官在判决时对情理法通盘考虑,并依它们共同相通的精神来判决,这是中国式的依法判决。在这种情况下,法与情理都是州县官通盘考虑的法律规范。参见林端:《韦伯论中国传统法律:韦伯比较社会学的批判》,中国政法大学出版社2014年版,第79-80页。

中裁判官在对案件进行裁决时采用的规则，对于现代意义上的执法活动在中国传统中采用什么样的规则，着墨不多。如林端教授将滋贺秀三关于情理法的分析解读为："考察清代民政相关文献，滋贺秀三发现'情'、'理'、'法'或'人情'、'天理'、'国法'常常是为政者决策判案的准则。"①这里，林端教授提到了为政者决策的准则。但这里的为政者决策准则是不是指现代意义上的执法活动准则，我们不能确定。仅从中国传统法律文化的角度来看，我们认为，情理法的中国传统法律多元特点不仅存在于中国传统社会中现代意义上的司法审判活动中，也存在于其现代意义上的行政执法活动中，更何况从现代的角度来看，中国传统上本就是行政和司法合一的政治体制。② 同时，我们赞同赵旭东教授的观点，即在中国的语境中，正义观念并不像一般西方思想家对正义的理性界定，而恰恰是一种以情为基础的伦理本位的正义观。③

但是，我们也应当注意到，执法队员毕竟生活在现代，其对法律的理解已经不完全等同于林端教授所认为的中国传统法律文化中的"情""理""法"皆为法源的法律多元主义观念，因此他们的执法目标也不是追求林端教授所提出的中国式的衡平正义，在执法中对情理的运用反而更贴近于滋贺秀三在中国传统法律文化与西方法律文化二元对立的基础

① 参见林端：《韦伯论中国传统法律：韦伯比较社会学的批判》，中国政法大学出版社 2014 年版，第 72 页。

② 在古典中国法律文化语境下，不存在行政执法的说法，但存在"执法"一词，其意义主要为封建君主专制服务的官职，其功能在于掌管狱讼，依法查处监督官员，其中心在治官而不是治民。参见姜福东、傅圣敏：《"执法为民"的法权文化阐释》，载《山东社会科学》2013 年第 1 期。

③ 赵旭东：《乡土社会的"正义观"：一个初步的理论分析》，载王铭铭、王斯福主编：《乡土社会的秩序、公正与权威》，中国政法大学出版社 1997 年版，第 563-607 页。

上所作的分析。

据此,结合陈某案件中执法队对执法目的的调整,我们发现,在执法活动中,受到中国传统法律文化的影响,执法队员对陈某的特殊情况首先作了情理的考量,此处的“情”主要指事实部分,即陈某的居住条件确实需要改善这一事实;“理”则主要如滋贺秀三所认为的那样,指思考事物时所遵循的,也是对同类事普遍适用的道理①,本案中指对陈某改善住房这一迫切需要的理解基础上的同情。因此执法队不拆除其用于改善居住条件的违建房屋,并将陈某案件的最终处理结果标注为部分整改中,至于什么时候部分整改完成就不得而知了。上级没有要求,执法队也不会继续跟踪,陈某一家最终仍然会在内部装修完毕后住进房屋。按执法队员的话来说,这样既能完成上级交办的任务,又尽可能地保护陈某的利益,使案件处于动态平衡中。我们在访谈中注意到,执法队员多次提到动态平衡,这种对结果要求的动态平衡也体现滋贺秀三所提到的一种社会生活中规范性的价值判断,特别是衡平,即情理的最终应用结果②。

与此相对应,从依法行政的角度来看,执法队员在执法活动中所要遵守的行政法相关法律规范,其内容蕴含形式理性的价值体系,也就是现代法律所追求的依法行政、程序正当、法律至上等价值取向,同时也要求执法人员具有相应的法治思维和控权理念。

研究行政执法文化的学者也指出,行政法律文化在内核

① [日]滋贺秀三:《清代中国之法与审判》,载王亚新、梁治平等编:《明清时期的民事审判与民间契约》,法律出版社1998年版,第36页。

② [日]滋贺秀三:《清代中国之法与审判》,载王亚新、梁治平等编:《明清时期的民事审判与民间契约》,法律出版社1998年版,第36页。

上应当包括法律必须被信仰,程序正当等必要要素。① 因此,如果考虑现代行政法律文化,法律必须被信仰应当是行政执法活动中的首要要素。如果按照这样的国家法律规则,在陈某的案件中,尽管是用于居住的违建房,从国家法律性质上来看,仍然是占用耕地违法建房,属于上级要求严肃查处的目标。

那么执法队作为国家法律的执行者,保留占用菜园耕地所建自住房的做法是否违反了法律的规定?是否符合法律必须被信仰这样的现代行政法律文化?我们看到,按照国家法律的要求,土地执法的目的应当坚持最严格的耕地保护制度和最严格的节约用地制度,遏制耕地"非农化",严格管控"非粮化"的要求。其具体化为如未办理用地手续占用耕地的建设项目一律不准动工,已经动工的一律责令停止施工,严肃查处违法违规占用和破坏耕地特别是永久基本农田、改变耕地用途的行为。按照国家部署,分步分类处置农村乱占耕地建房存量问题,以"零容忍"的态度坚决遏制新增问题发生。②

对照上述规定,我们发现,陈某的案件符合其中的"对违法违规占用耕地进行非农建设的,要坚决予以纠正,立即组织恢复原用途"③。可见,陈某占用菜园耕地进行房屋建设,法律清晰的要求执法队坚决予以纠正,并立即组织恢复原用途,不存在模糊之处。然而,本案中执法队结合上级要求的

---

① 皋华萍:《行政法律文化建设略论——以行政执法为切入点》,载《法制博览》2018 年第 12 期。

② 《关于进一步加强和改进耕地保护工作的若干措施》,粤府函〔2021〕130 号,2021 年 6 月 27 日发布。

③ 《关于进一步加强和改进耕地保护工作的若干措施》,粤府函〔2021〕130 号,2021 年 6 月 27 日发布。

考虑执法手段和社会稳定的平衡,对陈某违法建房的行为进行了制止和教育,同时拆除用于加工的违建房屋;对于自住的违建,虽进行了制止,但之后不会再进行其他的惩罚,也不会拆除,更不会组织恢复原用途。显然,在陈某的案件中,执法队弹性执法的做法与上述法律规定有所出入,现代行政法律文化中所要求的法律必须被信仰这一基本理念在实践中似乎被虚置。刘杨学者在有关基层执法的研究中指出,实际上大多数基层执法活动不具有强制性,比如,在处理小商户的无证经营问题时,执法者一般不会直接采取处罚措施。① 陈某的案件也反映了这样的执法特点,执法队从一开始就将执法目的调整为制止和教育,同时进行部分拆除违法建筑,不考虑采取处罚措施。②

出现这一状况的原因,除刘杨学者所提到社会中的许多因素如违法者的抵抗,社会舆论的压力以及对不良社会影响的担忧压缩了执法者能力中的执法决断外③,我们也赞同陈柏峰教授的观点,这一现象也是传统法律文化作用的结果。特别是在潮汕地区保留了大量中国传统文化的情况下,执法队员在实际的执法活动中,更易于在即使法律有明文规定的情形下,也根据现实情况进行情理的考量,从实际情况出发对具体案件确定具体的执法目的。可见在潮汕文化等多种因素影响下,执法队员与村委一样,将情理作为一个重要的因素,考虑到上级要求的社会稳定和执法手段的平衡,在实

① 刘杨:《执法能力的损耗与重建——以基层食药监执法为经验样本》,载《法学研究》2019年第1期。

② 执法队的这一做法也不属于行政法中比例原则的运用。因为比例原则强调手段和目的的适应性,本案中执法队直接调整了执法目的。

③ 刘杨:《执法能力的损耗与重建——以基层食药监执法为经验样本》,载《法学研究》2019年第1期。

践中模糊刚性国家法律的边界，进行弹性执法，实现了国家利益与个人利益的平衡，可谓在实践中创造了一种活“法”。①

(二)实体正义与程序正义

同时，陈某的案件中执法队员并未严格按照法定程序进行执法，反而使用了执法谈判的方法。如上文所述，执法队认为若按照执法流程来走程序，需要经历立案、执法委员会讨论作出处罚决定、向当事人送达处罚决定告知书和听证告知书、向当事人送达处罚决定书等各种程序，整个流程走下来需要耗费9个月。鉴于执法队无法全天候时刻盯着该当事人是否会继续施工，且向法院申请强制执行也会耗时耗力，且若等到法院进行强制执行的时候，当事人一家可能也已经住进该房子，此时的强制执行必然会产生更大的安全隐患。因此执法队不再按照法律规定的程序进行执法，而直接由乡政府出面组织执法队和陈某进行执法谈判。

在访谈中我们获知，执法谈判在执法活动中非常常见。按照执法队的理解，所谓执法谈判就是和当事人商量来解决事情。② 也即刘杨学者提到的“执法协商化”③。那么具体如何进行呢，我们没能直接进入执法谈判活动的观察，仅通过访谈获得了一些认知。比如，访谈中一位有经验的执法队

---

① 这种情理法的运用，并不是自由裁量权行使的结果。因为在陈某案件中，法律的规定是很清晰明确的，法律并没有赋予执法队员自由裁量权。

② 王波则将执法谈判界定为：执法者先提出较高处罚标准，在经过多轮谈判之后最终施以较低处罚标准执行的执法过程。同时执法谈判的存在依赖于至少两个前提性条件：一是法律法规制定的处罚幅度比较宽泛，执法者有较为灵活的自由裁量权；二是违法现象较多。参见王波：《执法过程的性质——法律在一个城市工商所的现实运作》，法律出版社2011年版，第83页。本文中执法队员所说的执法谈判显然并不仅仅指上述两种情况，其在广义上被使用，即只要需要当事人配合执法的情况都需要进行相应的谈判。

③ 刘杨：《执法能力的损耗与重建——以基层食药监执法为经验样本》，载《法学研究》2019年第1期。

员讲到,他在执法谈判中"知道如何面对那些比较狡猾的当事人,并可以判断出哪些话是真的哪些话是假的,以及懂得怎么去套出他的真话。面对不配合的当事人,在执行的时候拒不配合,又可以保持较强硬的态度,以法律后果为筹码去和他们谈判"①。这样的执法谈判其最终目的是要执行国家法律,同时通过谈判让当事人配合执法,因此执法队员的经验和沟通技巧在这种情况下就显得非常重要了。

但执法谈判还存在另一种情况,一位执法队员提到了另一种场域中执法谈判的运用。他告诉我们:

> 执法谈判目前在基层执法中仍然有其市场,一个程序的走完往往会耗费很多的时间,实务中有很多当事人认识到自己的错误了,但为了不耽误自己的生产工作,他们有的会与我们商量,将罚款交给村委,程序方面,他们希望能够一次性解决,也即只来一次执法队就好。当事人极度配合的情况下,我们一般也会对其行方便,先请示领导,领导如果同意的话,文书会一并制作,让当事人一次性签收。②

上述这种执法谈判和陈某案件中一样,都针对的是法律程序问题,执法队和当事人商量后,经过领导批示,在执法程序上做出了调整。而陈某的案件,执法队鉴于法律上规定的程序耗时太久,不利于案件的解决,所以在立案调查案件后直接进入了执法谈判。由此我们观察到,行政法律规定的执法程序在实践中存在被回避的情形,其所体现的程序价值在

① 笔者当面访谈,2021年11月22日。
② 笔者当面访谈,2021年11月22日。

执法谈判中进一步被削弱。

然而，从案结事了的角度来看，这一执法谈判却达到了其目的。当事人对执法结果比较满意。相反，如果严格按照执法程序来进行，反而有可能会耽误当事人的生产和影响其生活，并不是当事人所想见到的。按照执法队员的解释，程序正义是为了维护当事人的合法权益，其在知晓该程序的耗时较长的情况下，内心愿意放弃其自身所享有的期限利益，同时执法队采取较为高效简便的方式在结果的处理上以及程序上并无出现侵犯其利益的情况，实际上是给当事人“行个方便”。若严格按照办案流程，当事人难免会出现抗拒的情绪，反而不利于当事人接受结果的处理。同时，执法资源缺乏也是导致繁杂的行政程序被规避的原因之一。①

此外，行政法律中规定的严格执法程序要给予当事人的是由程序正义保驾护航的实体正义的实现。可是，在实践中，并非所有的当事人都需要这样的保驾护航，尽可能少地影响生产和生活、尽可能地减少违法成本，反而是村民的目标。国家法律制定的目的和村民的需求之间出现了无法对接的状况。执法谈判正是解决这一无法对接状况的有力措施。然而，从谈判的最终结果来看，代表国家意志的国家法律制定目的却受到了影响。

这也让我们反思国家法律中关于执法程序的严格要求

---

① 访谈中执法队员还提到了与上级部门工作的衔接问题，诸如此次土地卫片执法工作的开展，便是基层执法队与上级自然资源局的工作衔接，执法队被下放了一百多个执法权限，这些权限都是执法队的工作内容，因此执法队的执法工作并不仅仅只有土地执法这一项工作，人手有限，面对上边巨大的工作量以及短暂的完成期限，很多土地执法并不能完全按照法律程序进行，执法队在追求完成上级目标以及稳定当事人情绪以求社会稳定两方面必须保持一个相对平衡的状态下，执法队选择了执法谈判，并采取了一系列快速高效的执法方式，与当事人迅速达成合意，完成上级交代的工作。

为什么在实践中一再落空？当研读现行《行政处罚法》《行政强制法》等法律规范时，我们注意到其中关于执法程序的要求非常细致，其遵循的基本原则是正当程序原则。虽然在我国法律传统中缺少正当程序的观念，而重实质正义、轻程序正义，但我国自 1989 年即在《行政诉讼法》中借鉴了普通法上的正当程序原则，之后的《行政处罚法》等法律引入了听证制度，并进一步明晰执法程序要求，正当程序规则更进一步细化。①

那么，这一正当程序理念是否被行政机关和公众所接受呢？从此次调研的情况来看，尽管有执法队员有程序正义的认识，但大多数非法学背景的执法队员并不能深刻认识程序正义的价值，也不具有现代法律所要求的法律思维。比如，不能深刻理解国家法律要求执法必须依照法定程序进行的目的，即立法者认为权力应当被约束，通过严格的执法程序防止执法权被滥用。陈某的案件说明了这一点，我们对执法队员的访谈也印证了这一点。比如，关于执法活动能否严格按照法律程序执法的问题，一位非法律背景的执法队员回答：

> 我本身不是法学专业，文书制作方面主要交给了队里具有法学背景的年轻人去制作，只要以我的名义即可，我做文书的审核以及签名。②

从这一回答中我们可以看出，该队员将法律程序理解为

① 余凌云:《行政法讲义》，清华大学出版社 2020 年版，第 116 页。

② 笔者当面访谈，2021 年 11 月 22 日。

文书制作①,显然只提到了法律程序中的一个环节而已。

而另一位法学背景的队员的回答则是:

> 按照我的理解,效率是执法的首要价值。执法过程中,行政处罚案件的作出往往需要经历立案,调查,讨论,作出处罚决定,制作处罚告知书和听证告知书,送达当事人,再制作处罚决定书,送达当事人。这其中涉及的审批文书有三份,需要层层领导进行签名,一个流程下来,需要制作的文书多达二十份,但是具体文书的制作,我也是自己慢慢摸索,像在上次司法局开展的行政执法案卷评议中,我们就被指出了文书上体现的各种程序的毛病,诸如缺少见证人签名,缺少证据制作的方式等。②

可见,法学背景的执法队员更能深刻领悟行政执法程序价值,也能提出程序价值和执法效率的冲突,在实际执法活动中更能有意识的思考程序价值的实现。

另外,立法者也希望通过严格的执法程序的设计和运行让当事人能够意识到法律不仅是管理人的工具,而且是公民捍卫权利、自由的武器。然而当事人也并非都能体察到立法者的用意,大多数人不具有程序正义的意识,有的甚至要求执法队一次性解决问题,而不考虑是否有程序的要求。关于

---

① 在调研中我们发现,有不少基层执法者认为所谓的执法程序就是文书制作。显然,基层执法者对于执法程序的要求存在误解。尽管最终所有的执法过程都应形成卷宗,即行政法上卷宗主义的要求,但这一要求并不能等同于所有的执法程序。

② 笔者当面访谈,2021 年 11 月 22 日。

这一点有学者指出,“这一缺乏权利本位意识的现象是中国五千年传统文化深刻影响的结果,社会个体生产和交流的前提是对纲常名教、伦理道德、社会习俗的普遍认同”①,而不是法律规范中所赋予的权利。

可见,国家法律引进的正当程序理念在现实情境下有时不能良好运转。尽管在调研中有执法队员提到司法局也会开展行政执法案卷评议活动,以从文书的角度加强对执法人员的程序要求,然而这并不能保证其良好的运转结果。因为执法结束后补做文书的情况也时有发生。

除此以外,在调研中,我们发现,这一忽视或回避执法程序的做法表明,中国传统法律文化强调的实体正义在执法活动中仍然是执法队的首选目标,其带来的执法理念是以解决问题的思路为主,即案结事了;而违法建房的村民考虑的则是在降低违法成本的情况下,如何最大限度地减少执法活动对其生产生活的影响,仍然是解决问题的思路或以利益为导向的思路。执法队员和村民在具体的执法活动中具有同一种思路显然最有利于执法活动的进行,双方秉持解决问题的价值取向而忽视执法程序的要求,是实体正义的外在表现,也是潮汕人精明务实文化的体现。这证明了格尔兹所说的“法律是一种地方性知识”②的观点。

对潮汕社会而言,国家法律代表一种更加精细严谨的精英文化,而在基层大多数执法队员和广大的村民心中,则存在一种与中国传统法律文化一以贯之的朴素务实的大众文化。这种情况类似于芮德菲尔德在《农民社会与文化》中提

---

① 罗国文:《论人性化执法的文化创新》,载《求索》2012年第12期。

② [美]克利福德·格尔茨:《地方知识:诠释人类学论文集》,杨德睿译,商务印书馆2016年版。

到的“大传统和小传统”①。同时,大众文化作为小传统对于精英文化的影响微乎其微,反而因为精英的介入而应当受到大传统的影响。但本次调研中发现执法队员中的专业法律人员即精英非常少,在15人的执法队中,仅有2人是法律专业毕业,受过系统法律知识训练,具备一定的精英文化意识;其余执法队员都是非法律专业人士,秉持的仍然是解决问题的大众价值观。在这种情况下,执法队员对大众文化的影响微乎其微;反而在执法过程中,和违法建房的村民一起,在中国传统法律文化基础上,按照解决问题的价值取向,进行执法谈判。执法队员对执法程序进行调整或回避,从而创造了一种实践中的活“法”,取得了“动态平衡”的执法效果。

[四]总结与反思

综上,通过对陈某在菜园违章建房一案执法过程的分析,我们发现深受潮汕文化影响的村委最先发现陈某的违法行为,但其仅表面上发出了停工通知,并未采取实际的行动,对陈某的违章建房行为采取的是放任并支持的态度。其背后是潮汕文化中宗族文化影响下互帮互助的规则以及情理的考量。陈某自身则在整个的违章建房过程中,受到潮汕本地崇神文化所强化的侥幸心理等因素的影响,明知违法而建房,具体采用的是在观望中不断使用取消规则,使国家法律所确定的保护耕地红线的规则在实际中无法严格执行。执法队则在执法过程中受到潮汕文化影响,与村委一样将情理

① [美]罗伯特·芮德菲尔德:《农民社会与文化——人类学对文明的一种诠释》,王莹译,中国社会科学出版社2013年版。

作为一个重要的因素,考虑到上级要求的社会稳定和执法手段的平衡,并在其他如社会压力等综合因素的共同作用下,在实践中模糊了执法目的中刚性国家法律的边界,采用弹性执法,实现国家利益与个人利益的平衡,可谓在实践中创造了一种活"法"。同时,执法队受到潮汕文化中追求实体正义的价值观影响,以解决问题为价值导向,在执法中和执法对象一起,遵循取消规则和动态平衡规则,忽视或回避国家法律关于程序正义的要求,以达到保护社会公益和维护私人利益的动态平衡。最后,崇神文化盛行的结果也让国家法律在潮汕地区的实施更加困难。①

这一执法过程所显现的国家法律和潮汕本地文化的碰撞,让我们不禁反思,我国1989年颁布的《行政诉讼法》,以及1996年的《行政处罚法》等相关法律中规定的法律精神和执法程序的要求,在潮汕文化这片土壤上到底能否落地生根?从目前的调研和访谈情况来看,经过了三十多年的发展,法律必须被信仰的精神以及程序正义的价值理念在潮汕地区仍然没有深深扎根,弹性执法依旧普遍。反而是潮汕文化中所保留的传统文化如宗族内互帮互助的精神,情理法的观念、对实体正义的追求等深深影响着基层执法者的行为,并为弹性执法的存在和扩大提供了丰富的土壤。同时,本地村民受到崇神文化的强化,带有极强的侥幸心理,且宗族意识浓厚,村委会和村民之间形成消极的违法共谋成为常态。宗族文化和崇神文化加强了他们的集体行为意识,有组织有规模的崇神习俗实际上支配着他们的日常行为,成为实践中

① 关于传统文化的作用,研究执法问题的学者在探讨解决执法困境的问题时也极力主张。参见宋丽丽:《传统文化视角下的"执法困境"问题——以江苏省扬州市江都区为例》,载《上海城市管理》2015年第4期。

的活“法”,法律必须被信仰的现代法律精神缺乏生根发芽的土壤。

由此带来的问题是:对于在各种因素作用之下,特别是国家法律和潮汕本地文化的碰撞之下由执法队员和村民创造出的实践中的活“法”,应该如何进行评价?国家法律和潮汕本地文化,是否需要作出改变?何者应当做出改变,抑或是两者都应当被改变?

从陈某案件处理的结果来看,执法队员既完成了上级交办的执法任务,又最大限度地降低了陈某的违法成本,同时以放任的方式使陈某一家最终仍然住在违建房屋中,改善其6口人挤在15平方米房间中的恶劣居住环境。对于执法队的上述做法,我们很难仅从法律必须严格施行的角度进行负面评价。法律的施行也必须考虑实际情况,尽管国家法律代表了公共利益,但必要的个人私益也不能被忽视,本案中,陈某一家6口人挤在仅仅15平方米的房子里,让人很难想象,故此执法队在执法过程中极为注重执行法律和保障民生的动态平衡。这可以视为基层执法的基本规则,并获得大多数人的认可。

然而从宏观的角度,我们观察到,村庄里违法占用耕地建房的现象仍然屡禁不止。有些大胆的村民则对此长期观望,时不时地偷偷进行建设,期待建成后政府无论如何不会拆掉。甚至有的村民占用耕地建设了加工厂,在收到要求限期拆除的通知后,也只是将机器搬走,露出土地,其他的房屋框架保留。土地基本不会用作种植农作物,而村民继续保持观望态度,一旦有他人在土地上恢复加工,就会纷纷效仿,继续占用土地进行工业加工生产等活动。这又是一条默认的社会规则。①

因此,从保障良好公共秩序的角度来看,执法队所创造的活“法”,反而有可能使一些心怀不轨的人有机可乘,这也是许多研究执法问题的学者所担忧的问题。而执法队仅有数量有限的执法队员的情况下,很难及时发现并制止,即使发现之后又执法不严,这在一定程度上造成更多的违法过剩,反而鼓舞了更多的观望者,使违章建房行为处于长期持续的失序状态,让国家法律想要通过保护耕地从而保护公共利益的目标受到影响。可见,执法队在执法过程中所遵循的取消规则和动态平衡规则是把“双刃剑”,不宜成为常态化规则。

因此,仅从个案来看,国家法律首先应当做出改变,在考虑到基层执法将会面临的复杂情况时,避免过于刚性,而在立法技术上进行更为巧妙的设计,授予基层执法队员一定的自由裁量权,将传统文化中情理的考量放在合法的范围内,以应对复杂的现实情况,并对学者所质疑的“为什么在立法阶段不将中国的习惯法、人情、面子等因素融进国家法中”②问题做出回应。

从宏观角度来看,国家法律在实体内容上也必须反思保护耕地这样的公共利益是否应当考虑潮汕本地半城市化社

① 在这一社会规则背后,隐含的问题是:为什么这种违法占用耕地进行工业加工生产的现象屡禁不止?对于潮汕地区有些乡镇以加工业为主的情况下,是否有必要强制性的推进耕地保护?因为从实际观察到的情况来看,即使没有建房的土地,也长期荒芜,或者改作种植花木,而不是进行国家急需的粮食作物生产。因此,即使拆除房屋,也无法真正的复耕,反而使村民失去了赖以生存的加工机会,家庭收入来源受限。对此,有必要反思耕地保护的政策在潮汕地区是否有必要“一刀切”地强制执行。

② 张洪涛:《法律洞的司法跨越——关系密切群体法律治理的社会网络分析》,载《社会学研究》2011年第6期。

会的特殊形态①，既考虑保护耕地，又考虑如何解决潮汕地区人多地少、村民需要改善住房以及进行加工业的实际需求。

而对于国家法律中程序正义这样的精英文化，从目前我国法律体系和发展走向来看，其向基层的推广势在必行，这也符合我国建设法治国家的长远目标。因此，面对普遍追求实体正义并以解决问题为价值属性的大众文化，依据芮德菲尔德的研究，如果需要改变，则需要更多的精英分子即专业人员进入基层进行干预，才有可能影响处于小传统中的大众文化。然而，我们知道，文化的改变是一个漫长的过程，非一朝一夕之功，也非仅配备专业人士即可有所变化的（何况在执法资源特别缺乏的情况下，也无法配备足够的专业人士）。特别是潮汕地区盛行的宗族文化和崇神文化，尽管其对国家法律的实施有很多的负面影响，然而其作为一种地方性非正式规范，由社会内部交往活动演化而成，涉及“人们的内在生活，包括对生活意义的思考，价值和信仰层面”②。同时，当地社会中也存在诸如宗族文化带来的团结互爱精神、宗祠祭拜所带给人们强烈的归属感与共享感、族谱家训所强调的传统孝道观、盛大的游神庙会带来的集体意识和文化认同、工夫茶文化带来的“和”与“敬”之精神和圆通之道、儒家文明礼仪带来的家族和睦以及文明执法方式等正向影响；是否需要改变，以及如何逐步改变这样一个有别于现代法律文化的

① 舒均培、陈冬、叶育成：《潮汕地区“半城市化”特征及其乡村高质量发展策略研究》，载中国城市规划学会编：《面向高质量发展的空间治理——2021 中国城市规划年会论文集》，中国建筑工业出版社 2021 年版，第 2028 页。

② 王启梁：《基层农村的规范体系与社会秩序的实现——基于法律人类学的视角》，载《广西民族学院学报（哲学社会科学版）》2006 年第 1 期。

大众文化土壤,仍是有待研究的课题。

因此,由个案反映出的潮汕地区执法过程中的活"法",除受到社会稳定压力等因素的影响外,还受到现代法律文化和本地文化碰撞的影响,将长期存在。这种活"法"虽然可以实现个案的平衡价值,却不利于公共秩序的维护和治理。如何在这种复杂的大众文化土壤中保障社会整体的公共利益,将是基层执法者所面临的艰巨任务,任重而道远。

《法律和社会科学》(2023)　第20卷第2辑,第213~237页

拯救老屋:文化遗产权保护的田野叙事

张雅东*

摘　要:政法传统治理模式下,对文化遗产权的保护体现出自上而下的国家导向性。在具体的法律治理结构中,社会组织起到了传导权力和调配资源的重要作用。国家权力介入乡村社会保持了一定程度的克制,并与传统中国的家族治理模式相互配合,在平等法律关系的协议框架内,实现了国家与公众共同参与文化遗产保护的效果。文化遗产权在国家积极引导、社会组织参与、社会资本投入、产权人受益的多边关系中被真正践行。在"拯救老屋行动"文化遗产保护项目中,我国的社会主义国家性质更有助于实现资源的高效调配,且传统中国家族纠纷解决和财产分配机制在其中发挥了不可替代的积极作用。这场具有明显国家导向性的保护文化遗产的田野实践,构成了当代中国社会公共领域治理的独特民族志。

关键词:乡村治理　政法传统　社会组织　私有文物建筑

---

* 张雅东,山西大同法学院讲师。

[一]前言

文化遗产权,容易给人宣誓意味大于实践意义的印象。得出这种判断是基于一个现实的发问:文化遗产权真的是被普遍需要的吗?文化遗产作为一种权利对象,只有普遍需要引发的社会分配不均和纠纷,才是其法律权利生发的土壤。不同于各种人身权、财产权的基础性;对文化遗产权的探讨,只有在"仓廪实而知礼节"的意义上才有制度价值。现阶段,在经济和文化发展都呈不均衡状态的中国社会,很难生发出对文化遗产权的普遍需要。如果社会普遍不需要,那关于"文化遗产权"的阐释和建构,只是某种人为的"被需要"。不具备紧迫实现需求的权利,只能沦为宣誓和点缀。

为回应这种质疑,学界展开了借助现有权利概念,阐释、建构文化遗产权,探讨其权利属性的尝试。关于文化遗产权的属性,目前有三种较具代表性的学理判断:公权说、人权说和混合说。持公权说的学者认为,虽然文化遗产权的权利主体可以是个人、团体和国家,但其"在很大程度上是一种需要以公法加以规范与保护的公权,只在有限的意义上具有私权的某些属性”①,因为保护文化遗产是基于公共利益的需要。人权说,则认为“历经了由特殊财产法到文化人权保障立法的变迁,文化遗产权利的理念基础也由传统的所有权转变为文化人权。② 遗憾地是,不同于生命权、健康权等基本人权,这个文化人权是基于近现代以来的人为建构,而非上述的紧迫的现实需求。而持混合说的学者则认为,文化遗产权利包括两种形态的权利:物质权利和精神权利。物质的包括对文化遗产的所有权、使用权和经营权;精神的则包括思想自由和表达自由权,及知识产权。③

一项法律权利的生发应该是基于社会的现实需要。当权利流于宣誓,而不被践行,大概只能躺在宪法的文本中被束之高阁。④ 对文化遗产权属性的理解和体认,有待回归实践的社会土壤。实践是检验真理的唯一标准。如果一个社会,从国家到个人,能调动一切有利因素,共同用法律手段践行文化遗产保护,则是对文化遗产权正当性的最好证成。正所谓,“一个民族的生活创造它的法治,而法学家创造的仅仅是法治的理论——其实只是些事后的解说或正当化”。⑤

本文的田野调研对象“拯救老屋行动”作为近年来标杆式的文化遗产治理领域的成功项目,充分体现了我国社会主义性质在调配资源上的优越性,也反应了中国社会传统的家

① 王云霞:《论文化遗产权》,载《中国人民大学学报》2011 年第 2 期。

② 胡姗辰:《从财产权到人权:文化遗产权的理念变迁与范畴重构》,载《政法论丛》2015 年第 4 期。

③ Mo Jihong, *Legal Protection for Rights to Cultural Heritage*, Social Science in China, Vol. 24:1, p. 138(2003).

④ 自 1982 年起,我国通过《宪法》第 22 条第 2 款,确立了文化遗产保护的宪法条款:“国家保护名胜古迹、珍贵文物和其他重要历史文化遗产。”

⑤ 苏力:《问题意识:什么问题以及谁的问题?》,载《武汉大学学报(哲学社会科学版)》2017 第 1 期。

族式纠纷解决和财产分配机制仍在公共领域发挥着积极作用。从法律层面看,有着明显不同于西方社会公共领域治理的独特之处。这也反应了不同文化和制度背景下,针对同一社会治理对象,其法律治理路径的侧重可能完全不同。

回望2022年年初,“中央一号文件”①在第五部分“扎实稳妥推进乡村建设”中提到“实施‘拯救老屋行动’”。② 该行动由中国文物保护基金会③发起,由财政部、国家文物局资助,针对中国传统村落内各级文物保护单位和第三次全国文物普查登录的一般不可移动文物中的私人产权文物建筑,进行修缮保护。

事实上,这已经不是“拯救老屋行动”作为关键词第一次出现在党和国家的高规格文件中了。2021年国家文物局局长李群向全国人大常委会所作工作报告④中,也提到“拯救老屋行动”。该报告最终审议通过。这是受国务院委托,向最高国家权力机关的常设机关所作的履职报告;是政府部门由人大产生,受人大监督的体现,是法定国家治理方式的必

---

① 《中共中央、国务院关于做好二〇二二年全面推进乡村振兴重点工作的意见》,中发〔2022〕1号,2022年1月4日发布。“中央一号文件”,因系每年中共中央以第1号文件编号发出而得名,主题均为“三农”问题,是我国“三农”问题的根本性大政方针文件。自1982起(1987—2003年一号文件非“三农”主题)至今共发布了24个“三农”文件。

② 中国文物保护基金会(以下简称“基金会”)“拯救老屋行动”项目。笔者于2018年冬作为课题组成员参与“个人所有文物建筑保护利用中的权利义务”课题调研。课题系该基金会委托中国人民大学法学院文化遗产研究所所做,旨在为“拯救老屋行动”进行国家补贴私有产权文物建筑,作正当性论证。本文所用田野材料,主要来自调研所到的浙江省L市S县的项目示范点采访及系列会议,但均不涉及课题委托成果保密内容。

③ 创立于1990年,是经民政部批准、由国家文物局主管的具有独立法人地位的全国公募性公益基金组织。其理事长按惯例由最近一届退休的前国家文物局局长担任。其法律属性为《民法典》当中规定的“非营利法人”。因直接业务主管部门是国家文物局,有着非常强烈的官方属性。

④ 《国务院关于文物工作和文物保护法实施情况的报告》,第十三届全国人民代表大会常务委员会第三十次会议,2021年8月18日发布。

经程序。两个月后,国务院正式发布的《国务院办公厅关于印发"十四五"文物保护和科技创新规划的通知》①,再次"推介'拯救老屋行动'"。

更重要的是,自2016—2020年,国家文物局针对政协和人大代表的建议、提案所作的各类答复函、协办函、会办函多达6件②。其中每一件都涉及"拯救老屋行动",展现了该项目从研究、试点,到开展、深入的全过程。针对人大和政协代表的答复,国家文物局在"两会"基本国家治理制度层面,以"拯救老屋行动"为传统村落治理的样本,向广大人民群众交了"答卷"。

综上,"拯救老屋"行动在国家治理的顶层设计中实现了完整的"闭环"。然而任何宏大叙事背后都需要细节建构。从国家治理、法律支撑和权利保障的视角切入,从"庙堂之高"到"江湖之远",这场宏大叙事背后隐藏着的关于法律与乡村治理的田野"画卷"徐徐展开。

[二] "拯救老屋行动"的国家主导背景及其肇始

从法政策学角度讲,这场乡村治理展开的基础性背景,

---

① 国办发〔2021〕43号,2021年10月28日发布。

② 参见《国家文物局对第十二届全国人大四次会议第6728号建议协办意见的函》,办保函〔2016〕579号,2016年6月3日发布;《国家文物局关于政协十二届全国委员会第五次会议第3154号(城乡建设类117号)提案会办意见的函》,办保函〔2017〕549号,2017年5月12日发布;《国家文物局关于政协十二届全国委员会第五次会议第3394号(文化宣传类285号)提案会办意见的函》,办保函〔2017〕558号,2017年5月12日发布;《国家文物局关于政协十三届全国委员会第一次会议第1212号(文化宣传类085号)提案答案的函》,文物保函〔2018〕1028号,2018年8月28日发布;《国家文物局对十三届全国人大二次会议第1820号建议的答复》,文物政函〔2019〕656号,2019年7月9号发布;《国家文物局关于政协十三届全国委员会第三次会议第1123号(文化宣传类057号)提案答复的函》,文物政函〔2020〕951号,2020年9月29日发布。

是建立在政法国家传统之上的。“新中国政法传统的根本特征就是法律为政治服务,为中心工作服务”①,农村工作始终被放在“中央一号文件”的政治高度,既是我国的人口构成决定的,也是历史传统和政法传统的延续。尤其在现阶段国际政治局势动荡,经济走向下行的大背景中,某种程度上的“回归”乡村,具有重大战略意义。

现阶段农村工作的政治主题是乡村振兴。② 在这样的政治气氛的主导和烘托里,这场乡村古建保护运动,经历了前期酝酿后,正式启动。对项目开展时机的把握,反映出文物行政主管部门对政策把握的准确性、深刻度,以及强烈的社会实践感。

更重要的是,文物行政主管部门能够自觉意识到:对私有产权文物建筑直接给予政府补贴,仍需在法理上形成更有力和更详尽的论证。③ 从学理角度看,这反映出了文化遗产权作为一种文化权利类型,尚未“发育完全”,围绕权利概念的阐释和建构需要进一步吸收来自理论和实践的营养。反过来,保护实践也需要理论的支撑,即前述的对私有产权文物建筑给予政府补贴,尚须基础法理正当性论证。这种治理实践对基础法理的需求,丰富和发展了新中国成立以来既有的政法传统,是依法治国不断推进和深化的体现。

(一)“拯救老屋行动”的国家主导与设计

“拯救老屋行动”最早的设计来自官方。作为文物行政

① 侯猛:《政法传统六十年:重述与反思》,新中国法治建设与法学发展60周年理论研讨会,2009年于北京。

② 《中共中央、国务院关于实施乡村振兴战略的意见》,中发〔2018〕1号,2008年1月2日。在《民法典》确立农村土地“三权分置”基本制度后,国家旋即出台《乡村振兴促进法》,是乡村振兴政策法律化的具体表现。

③ 委托课题组论证主题是“个人所有文物建筑保护利用中的权利义务”。

主管部门，国家文物局2016年6月给人大代表的针对传统古建和特色民居保护利用建议的协办意见函（以下简称“协办函”）载，“争取中央财政传统村落文物保护经费13.2亿元，研究涉农各类资金和吸纳社会资本等多种途径为村落保护提供经费保障，并商有关部门积极探索传统村落中私人产权文物建筑保护的资金支持模式，支持相关社会组织开展传统村落中的‘拯救老屋’行动”。①

从行文中已能看到清晰的运作思路：首先是吸纳多渠道资金来源，其次是会商“有关部门”。这个“有关部门”实际指与国家文物局一起负责传统村落保护的住建部。② 由两部门共管的制度设计，导致传统村落保护的行政工作事权分散，资金来源多而散。但这也使社会组织在传导国家权力下行，促进权利实现的过程中，实现了其自身“双向嵌入”的社会功能。③ 显然在奉行政法传统的体制内，治理是自上而下的，国家的主导是关键。对比环境权，个人对基本环境要素水、空气等资源的需求，直接关乎个人的健康权甚至生命权这样的基本人权；文化遗产权缺失的正是这种个人对权利需求的必要性和紧迫性。如此，能担负起对文化遗产权成为独立、正当化法律权利概念的论证责任的，唯有国家。国家需要完成的是对文化遗产法律保护必要性的价值取向

① 参见《国家文物局对第十二届全国人大四次会议第6728号建议协办意见的函》，办保函〔2016〕579号，2016年6月3日发布。

② 参见《历史文化名城名镇名村保护条例》，住建部和国家文物局一同作为法定的历史文化名城名镇名村的业务主管部门。在实践操作上，传统村落的管理也因袭这样的安排，由两部门一同负责。

③ “双向嵌入”（embeddedness）是经济社会学基础概念，最初指经济和社会、文化二者的相互嵌含。后被其他社科领域借用拓展。此处指社会组织在国家与基层民众的互动关系中，发挥着上下交互、传导权力、分配资源的作用。参见陈晓运、黄丽婷：《“双向嵌入”：社会组织与社会治理共同体建构》，载《新视野》2021年第2期。

论证。①

我国在何种意义上需要文化遗产权呢?首先,在政治意义上,中国作为一个拥有独立完整主权的民族国家,需要借由文化传统形塑共同的民族意识和认同。② 这个根源只能从中华民族的文化遗产里来;面对经济发展和环境破坏所带来的文化遗产人为损毁和加速灭失的风险,国家必须给予超越普通财产权的特别法律保护。其次,在法律层面,文化遗产权,是国家对内进行文化遗产行政、刑事处罚的合法性来源;也是国家承担责任,主动进行预防性保护的权利来源。最后,文化遗产权,是国家对外追索近现代历史上被劫掠文化遗产,预防和救济非物质文化遗产侵权的合法性来源。

基于行政管理资源的有限性,以及文化遗产价值本身的差异性,对其只能进行法律上的分层分类管理和保护。以国际通行的前溯100年即为文物的标准,我国有太多的文物无法被纳入《文物保护法》的法定保护制度内,因而面临巨大的损毁风险。即便是在法定的保护制度内,也存在大量因保护力量不足,而无法实现均衡保护的一般不可移动文物。③

低级别的一般不可移动文物,依旧在一些传统村落广泛存在,是一部分农民真实的家园,甚至是家族的根。所以这是对中国传统的家国一体、家国同构的最小单元的关切和保

① 此处所说的对文化遗产权需求紧迫性的论证,并非文化遗产权证立的必须条件。因为紧迫性是一个可以被时间消解的概念,将时间放到足够长远,只要保护对象存在损毁灭失风险,就应予以法律保护。

② [美]本尼迪克特·安德森:《想象的共同体:民族主义的起源与散步》,吴叡人译,上海人民出版社2016年版,第6-7页。

③ 我国法定文物保护单位依其保护价值分国、省、市县三级;此外在《文物保护法》2002年修订时新增:"尚未核定公布为文物保护单位的不可移动文物,由县级人民政府文物行政部门登记并公布",即前述"拯救老屋行动"重点保护的"登录文物"。

护。法律治理从来都不是单独运行的,而是深嵌于社会之中的,与众多人事、观念纠缠在一起。

将关注点再次落到政法传统之上,向"拯救老屋行动"项目之前追溯,依旧能够发现其在经济结构转型后的一整套关于"三农"的官方话语里的痕迹。习近平2013年在前往湖北鄂州峒山村考察时指出,"实现城乡一体化,建设美丽乡村,是要给乡亲们造福……不能大拆大建,特别是古村落要保护好"。① 2015年在考察云南大理古生村时,习近平又提到,"新农村建设一定要走符合农村实际的路子,遵循乡村自身发展规律,充分体现农村特点,注意乡土味道,保留乡村风貌,留得住青山绿水,记得住乡愁"。② 在此后的历次考察中,关于保护传统文化遗产的"乡愁"话语一再被重提。基金会也在其官网"拯救老屋行动"的项目简介里明确指出"资助项目以习近平总书记关于'留住乡愁、保护传统村落'的重要讲话精神为指导"。③

从对领导人讲话精神的践行,到前期酝酿设计,到法理正当化论证,再到试验推广,"拯救老屋行动"的全过程实际上是政法传统下,由国家主导的一场乡村治理活动,法律主要不是其中的纠纷解决调节机制,而是综合施治的主要框架。在这个法律框架内,社会组织的作用不可替代。

(二)官方背景的社会组织发挥纽带作用

"拯救老屋行动"的真正的执行者是中国文物保护基金会。作为"中间人",其要处理的社会关系相当复杂。项目

---

① 习近平2013年7月22日于湖北省鄂州市长港镇峒山村考察城乡一体化试点工作时讲话。

② 习近平2015年1月20日在大理市湾桥镇古生村考察时讲话。

③ 参见中国文物保护基金会官网,http://www.ccrpf.org.cn/Project/Index,2022年6月16日访问。

从上至下涉及的各级各类政府机关、科研院校的信息传递、资源调配,都要经它中转。该机构作为具有独立法人地位的社会组织,属于《民法典》中规定的"非营利法人",具有以公益为目的的显著特征;①并依据《慈善法》《慈善组织认定办法》的规定,在满足了一定的设立标准(特别是财务审计)后,经民政部正式审批授予其慈善组织公开募捐资格。这些都是基金会服务文化遗产保护公益事业的直接正当性和合法性来源。

应该看到这种制度安排的中国化语境,和背后的经济、文化观念所发挥的作用。中国作为庞大的发展中国家,公民参与公共事务管理,维护公共利益的法律意识并不高。此外中国传统文化里还有"事不关己高高挂起"、"各人自扫门前雪,休管他人瓦上霜"的民间处世"哲学"。在一个农业人口比例偏大,且刚完成"全面小康"建设任务的国家,保护公共利益的社会职责,将在相当长的时间内,主要由政府和国家承担。

基于基金会社会组织的法人属性,"拯救老屋行动"的政府资助资金,是由财政部以"政府采购"②的方式支付给基金会的,在法律关系上形成了第一个层级的政府和社会组织的公共服务购买关系。二者是基于协议建立的民事法律关系,地位平等。这就在法律上肯定了基金会的独立地位和社会组织功能。

但这种公共领域的法律治理模式,依旧要还原到政法传

① 参见《民法典》第 1 编第 3 章第 3 节"非营利法人"第 87 条:"为公益目的或者其他非营利目的成立,不向出资人、设立人或者会员分配所得利润的法人,为非营利法人。非营利法人包括事业单位、社会团体、基金会、社会服务机构等。"

② 参见中国文物保护基金会官网,http://www.ccrpf.org.cn/Project/Index,2022 年 6 月 16 日访问。

统之下去审视。其设置虽在形式上满足法律理论,但实质上已经和中国的政法传统、经济基础、文化惯习相融合。虽然在政治上并不具备独立性,但社会组织的确在公益事业上实现了价值引导、理念倡导、提供服务、催生社会资本等组织功能。① 随着《民法典》《慈善法》《志愿服务条例》等一整套促进社会公益事业的法律制度的不断健全完善,社会组织管理和运行也进入了法制化发展的"快车道"。

在政治学学者的研究里,普遍将国家文物局与基金会的这种基于政府向社会组织采购公共服务的关系,称为"行政外包制",即政府通过契约方式向非政府组织发包政府事务。② 但透过单纯的法律契约关系,考察基金会主要官员的委任及其上级主管单位,可以看到,作为社会组织的基金会仍带有极强的官方色彩,是政府行政权力所能实质性延及的社会组织。其在文化遗产公共治理中所发挥的作用,由此也必然带有强烈的国家导向性。

[三] "拯救老屋行动"的田野实践

(一) 田野对象基本情况

田野调研所在的浙江 L 市 S 县,是"拯救老屋行动"推进的整县示范点。全县境内有格局形制完整的传统村落一百多座,仅第三次全国文物普查登录的民居类文物建筑就有一千余处。地处浙西南腹地的 L 市经济 GDP 在省内排名并

① 参见王诗宗、宋程成:《独立抑或自主:中国社会组织特征问题重思》,载《中国社会科学》2013 年第 5 期。

② 参见周黎安:《转型中的地方政府:官员激励与治理》,格致出版社、上海三联书店、上海人民出版社 2017 年版,第 29 页。

不高,境内多山地、丘陵。S县依靠本土丰富的传统建筑资源优势,在“拯救老屋行动”的基础上开展乡村环境综合治理,将自身打造成了中国“乡村振兴”的县域范本,以“拯救老屋行动”为杠杆,撬动社会资本进行文旅产业投资和涉农产业投资,大大提升了经济活力。

S县的传统村落里年轻人已很少见,在老屋中居住的主要是中老年村民。从人口结构上看,和中国绝大多数农村无明显区别,空心化、老龄化程度很高。项目对五保户、低保户实行免费资助,很多年事已高的老人成了受益对象。调研中时年87岁高龄的M村M奶奶即为其中一位(如图1所示)。她对政府补贴修缮老屋非常高兴。修缮之前的老屋破败不堪,每遇台风大雨天气,村干部为了她的安全都要通知她转移。现在她可以在党和政府的好政策帮扶下安享晚年了。而在乡村工作的年轻人主要集中在文旅行业和农产品开发行业。反而是负责直接对接项目的主管县级文物工作的S县文广新局①的一线公务员平均年龄偏小,在30岁上下。

图1 S县文广新局工作人员(左二)M村M奶奶(左三)

① 因为基层文物资源和行政资源分布不同,目前中国有相当多的县市级文物行政工作被整合到一个负责公共文化工作的职能部门——文化广播新闻出版局,主管文化艺术、广播影视、文博考古、旅游、新闻出版类工作。

参与到这场乡村治理中的主体主要包括:省市县乡各级政府、古建保护科研院所、村民委员会、农村集体经济组织、基金会、社会资本、公共媒体、村民。下沉到乡村之后,新的权利结构在以上群体间形成:基金会成了处于最上方的总设计和总督导,负责具体制度的拟定审核,在其中起着关键性导向作用;而在村民和基金会之间,真正在发挥中介协调作用的是县级文物主管部门的一线公务员和村委会的主要领导。吸引如此多的群体参与到"老屋拯救"的实践中来,这个项目真正做到了文化遗产法倡导的公众参与理念。有文物建筑的产权人、传统村落的原住民的居住、保护、利用,才使得传统村落的文物建筑不仅仅是供人参观的文物,更是活态的文化空间。"公众参与"①作为国际社会文化遗产保护的通用语汇和理念,在乡民中是失灵的。乡民不认为自己是公众,更多认为这是自己的家事。但是作为中国最基层的乡村古建保护,在践行的却是一套国际化的话语,构成了"全球性法律事件"的"地方法律现象"②。

(二)传统家族治理最后的遗存

除少部分红色革命遗址、庙产、家族祠堂、戏台等,村民居住的老屋基本都修建于清中后期至民国前期,多是家族祖产。从法律上看,实际对其拥有合法继承权的人往往繁衍到了三、四代,而且相当多的人都在世。这使非常多的老屋产权关系极其复杂。在产权人都主张其对老屋部分享有继承

① 如UNESCO《保护非物质文化遗产保护公约》(2003年)第15条规定:(社区、群体和个人的参与)缔约国在开展保护非物质文化遗产活动时,应努力确保创造、延续和传承这种遗产的社区、群体,有时是个人的最大限度地参与,并吸收他们积极参与有关的管理。另参见李响:《公众参与文化遗产保护的公益诉讼进路研究》,载《中国高校社会科学》2019年第6期。

② 参见高丙中、章邵增:《以法律多元为基础的民族志研究》,载《中国社会科学》2005年第5期。

权的时候,民法学家靠逻辑推衍构造出来的完美法律关系,无法消解紧张的矛盾。即便就继承份额能达成一致协议,各自在如何利用和后期收益分配上又会产生分歧。针对这一情况,基金会创新性地推出了"产权人代表"制度。即对存在继承权属争议和产权不明晰的老屋,由民众自行协商,最后选定一名产权代表人/执行人,经授权委托书的授权,代表产权人与基金会签署资助合同。剩下的关于家族祖产如何继承,以及后续修缮利用中的权责义务如何分配问题,统统交由村民私下协商解决。可见,在中国乡村,这种民间的家族间纠纷调节机制还在发挥着作用。

以同族血缘为纽带形成的小型自助团体,在共同的利益面前,不但能为了争取国家补贴迅速做出内部的合理化利益分配,并选任其中有一定能力或威望的人作为产权人代表和基金会签署资助合同,更能形成以劳力和手工技艺为主的互助合作模式。因为产权人被允许以劳抵资、以物抵资,因而这种互作合作模式起了巨大作用,彼此间高效配合,大大节省了施工的人力成本。项目甚至在技术专家指导下着手培养以乡邻兄弟关系为主的传统工匠团队(如图2所示)。这些团队分散在S县各乡镇的传统村落中,进行劳务或技术帮工。

图2　S县拯救老屋行动正式启动仪式中工匠合影

另外,S县中国传统的宗族关系,还体现在同村人对宗族祠堂修缮的重视。家族宗祠或家庙一般也是传统村落保护得最完好的部分。因为有族人在不断维护修正,很多至今还在发挥着祭祀祖先、家族议事、年节庆典的功能。在S县的大部分传统村落里,有一村一姓一祠堂的,也有一村两三姓合用或分立祠堂的。迄今为止,祠堂仍是每年重要节庆族人进行祭祀的重要场所,许多已经居住在外地甚至海外的族人都要回来认祖归宗。这是中国传统家族型社会结构凝聚力的最直接体现。在许多被修缮的老屋中,产权人的父母辈、祖父母,甚至曾祖父母的牌位、遗像或画像还被供奉在老屋的客堂最正中。老屋从形制到布局、功能,基本上还保留着最原初的样态。能够修缮祖屋,对产权人而言不仅仅是改善生活或经济利用那么简单,还寄托着他们对先祖的哀思,以及能维护祖产、延续家族根源所在的自豪感和精神上的欣慰。修缮后的老屋人居环境和条件大大改善,在外的年轻人更愿意回来探望和居住(如图3—图6所示)。这应该就是很多人的"乡愁"所系。

图3　某私人文物建筑修缮前

图 4　某私人文物建筑修缮后

图 5　春节村民在修复后的老屋中打米粿

图 6　恢复生气的老屋春节情景

资料来源:S 县"拯救老屋行动"领导小组办公室官方微信公众号"老屋春至"。

(三)官民合作"撬动"民间合作

官民合作，主要在代表官方的基金会和被资助文物建筑产权人之间的协议上展开。在修缮中和修缮后引入的社会资本与村集体、产权人进行了不同方式和程度的合作。项目形成了以政府资助为引导，文物建筑产权人为主体，社会资本积极投入，社会组织推动和监管的私有产权文物建筑保护利用新模式，有效促进了乡村文旅事业的发展，形成了产权人和投资人利益共享，改善民生和促进经济并举的乡村振兴新格局。

1. 平等的法律协议关系

基金会在这一项目中主要作为两个"甲方"而存在：第一是S县政府的"甲方"；第二是文物建筑产权人的"甲方"。通过这两类平等主体间的协议，基金会明确了各方权利义务；并在项目的资金管理办法中强调，项目按照公平、公正、公开、自愿原则进行。[①] 基金会在以上两类协议中都强调了，基金会主要起制定规则、协调资源和审查监管的责任，而县政府则处于宣传动员和配合基金会工作的次要地位。依据和S县政府的协议，S县委、县政府特成立"S县'拯救老屋行动'领导小组"，负责具体的统筹协调工作。此外，项目

---

① 基金会主导出台的项目协议、管理办法等文件主要包含：《中国文物保护基金会和浙江省S县人民政府合作协议书》《"拯救老屋行动"项目资助合同》《S县"拯救老屋行动"实施方案》《S县"拯救老屋行动"项目与资金管理办法》《S县"拯救老屋行动"项目修缮导则》《S县"拯救老屋行动"造价评估标准》《S县"拯救老屋行动"项目申报表》《S县"拯救老屋行动"项目资助资金核拨单》。因涉及课题保密义务，本论文仅提取其中涉及法律施治的部分，以上文件不予全部展示。该小节所用基础性材料均出自以上文件，不再逐一添加注释说明。项目的开展总体包括：发动宣传、调查摸底、申报审查、项目监督、技术指导、竣工验收、资金管理与拨付、档案管理、项目总结等。根据资助合同，为防止有产权人不履行修缮义务，资金等拨付方式是：在修缮进行到三分之一工程量时，在施工验收和质量监督基础上分批次拨付。

聘请浙江省古建筑研究院作为施工的技术指导方,在保护的技术标准上发挥了关键作用,体现了基金会多方协调社会资源的社会组织功能。

虽然基金会以社会组织的身份与S县政府和产权人签署协议,但在项目中他们实际的话语权和地位却并不平等。这反映了法律关系在一定的社会外力因素的影响下,会和理想模型发生偏差,书本上的法律如何演变成现实中的法律,需要法社科的研究提供更多的合理化解释。从法律多元论的视角看,是因为不同社会选择的治理模式不同;这与一个社会的传统资源和现实情况密不可分。项目所具体反映的是当下中国在政法传统的影响下,社会公共治理领域的国家导向性。

仔细考察基金会与产权人之间看似地位平等的民事合同,能找到基金会基于优势地位,对产权人权利的限制。这是国家基于文化遗产公益属性,对私有文物产权人进行权益限制的体现。如合同中规定"乙方自修缮工程竣工验收后的五年内,如果转让房屋产权(转让给村集体的除外),乙方应当全额返还资助资金给甲方"。虽然在该项目开展之时,我国已经在进行在探索宅基地的使用权、资格权、使用权的"三权分置"的办法,以盘活宅基地的经济价值。但是迄今为止,这一探索仍在各地试点之中,未形成全国统一的宅基地利用模式。①《民法典》也只是通过转致条款规定宅基地使用权的"取得、行使和转让,适用土地管理的法律和

① 参见席志国:《论宅基地"三权"分置的法理基础及权利配置》,载《行政管理改革》2022年第3期;温世扬、梅维佳:《宅基地"三权分置"的法律意蕴与制度实现》,载《法学》2018年第9期;刘灿:《民法典时代的宅基地"三权分置"实现路径》,载《法学论坛》2022年第1期。

国家有关规定”①。

基金会对文物建筑产权人的这种限制性约定的主要出发点是:首先,基于合同拟定当时的基本宅基地利用法律规定(宅基地使用权仅限在村集体内部流转);其次,在全国性的宅基地“三权分置”改革试点未形成可复制的有益经验之前,不敢贸然对其上有文物建筑的宅基地使用权进行超越法律规定的探索。因为其上承载着被公共利益化了的文化遗产。这一合同条款的限制性规定,与文化遗产法的“保护为主”的基本原则保持一致,体现了这套制度选择背后的国家导向性。

2. S 县政府和村民自治组织的作用

从负担的具体工作而言,县政府的工作总量和责任是最大的,需要统筹协调所有的人力、物力、资金,是与基金会直接对接工作的地方政府。作为政府的一部分,以实现项目的治理目标为准,其组织和落实工作实际上依靠的是政府权力。但其所代表的政府权力在介入乡村社会时,表现出了一定程度的克制。虽然文化遗产有较强的公共属性,但作为私产和百姓民生所系的老屋,不宜进行过分的干涉,在有权益分配不均的情况下,只负责做好资质审核、矛盾疏解、引入投资等工作。项目中的 S 县政府,在国家导向性得以顺利实现的过程中扮演了重要角色。

比照基金会作为社会组织,嵌入国家和地方政府;S 县各乡镇村委会,作为村民自治组织,嵌入的则是县政府和基层乡民。基金会和村委会,是这一整套自上而下的“科层制”行政系统里的缓冲组织,表现出了灵活性较强的组织功

① 《民法典》第 363 条。

能特征,在实际的项目工作中直接与村民对接,是行政权力和资源传导的最末端。此外,农村集体经济组织,作为我国《民法典》非营利法人中的"特别法人"是最独特的存在,表现出了代表村民属性的一面,首先体现在关注民生,对困难群众的帮扶,项目中所涉的困难户的修缮资金,有的由村集体经济组织垫付,有的则由村集体经济组织协调社会投资进入,使资金困难的产权人获得了极大惠益。其次体现在对修缮文物建筑的后续商业化利用上,有的村集体直接以自办企业的方式参与经营,更是比较常见的。

3. 修缮后的利用

在S县整县推进的申报初期,基金会在审报表表格中设置了对居民修缮后利用意向和经营方式的收集,利用意向的选择具体包括:"自住、民宿、农家乐、乡村博物馆、艺术家工作室、公共活动及其他";对经营方式信息的收集包括:"自主经营、联合经营和出租"。

需要强调的是,项目希望实现的目的是综合性的,并不只着眼于商业化利用,而是希望通过保护文物建筑的方式,首先改善民生,其次才是一定程度和范围的合理商业化利用。基金会在其项目与资金管理办法的"总则"中确定项目评审原则为"价值优先、整体优先、使用优先"的"三优原则"。这三个原则反映出我国在文化遗产保护事业上的基本态度,也与文化遗产法保护的基本原则相一致。① 这种法律

① 参见《文物保护法》第4条规定:"文物工作贯彻保护第一、抢救第一、合理利用、加强管理的方针。"我国《非物质文化遗产法》第4条规定:"保护非物质文化遗产,应当注重其真实性、整体性和传承性,有利于增强中华民族的文化认同,有利于维护国家统一和民族团结,有利于促进社会和谐和可持续发展。"总体而言,两部文化遗产保护基本法的保护原则,都呈现出保护为主,强调公益属性的一面,对文化遗产的利用,表现出了一定的谨慎态度。

保护原则的确定,以文化遗产的属性为基础,反映出法律对文化遗产保护的谨慎态度,更反映出文化遗产的公共利益属性和文化遗产权的强烈公权属性,因而也从法律原则上证立了文化遗产权国家导向的必要性。

在修缮后文物建筑的利用上,S 县的村集体作为村民自治组织在其中发挥了重大作用。S 县探索出了一条以集体所有制为基础,村集体、产权人、社会资本共同合作的多样化联合经营模式。在 S 县 SD 乡 SH 村,村集体和村民以田地、文物建筑入股,与政府资金一起建设运营文旅项目,使村庄从昔日破败的空心村变成旅游打卡网红村。因为农民个人的宅基地使用权仅能在村集体成员内部流转,导致外部资本商业化运营只能走租赁的道路。而村集体在发挥其组织优势地位上,起到了关键作用;由于村委会掌握着农村的各种建设用地、四荒地、农用地的土地配额,村集体可以在其内部实现买卖、置换,灵活使用。社会资本选择与村集体合作,是由于便捷的渠道。所以 S 县的村委会大都发挥组织优势,兴办村集体企业,带领产权人一起参与文旅投资和经营,与各种公私资本进行合作投资。

值得一提的是,基金会在与产权人的合同中对修缮后的文物利用保留了优先经营权。具体约定,产权人"改变自己居住用途转为经营,应事先告知"基金会,基金会"在同等条件下可优先参与。告知后十个工作日内无回复意见,视为放弃参与经营"。这种规定实际上是在民事合同中拟定了类似国家可针对文物行使的优先权,也可以被视为基金会在发挥灵活性基础上,所展现出的代替国家行使的某种文化遗产权。背后的基本逻辑是,国家对文化遗产的保护利用有优先决定的权力,这也是文化遗产权国家导向性的具体体现。

4.法律和市场意识的觉醒

S县的文物建筑产权人除有自住需求的老年人,很多都对自家老屋的商业化利用怀有一定的期待。外来民宿的商业化的确带火了乡村旅游业。在先行者的示范带动作用下,希望对自有住宅进行商业化利用的村民越来越多。虽然经过改革开放40余年的市场化影响,村民的法律意识和市场化意识普遍都比以前强很多,但他们依旧对具体该如何将自家的文物建筑进行商业化利用不太明了。大都是在村集体有成熟的商业运作经验的前提下,选择与村集体合作经营。

对于和基金会签署的合同,他们一般都是在村委会和县政府相关工作人员的指导下完成的,这个过程中独立性不是很强。面对条款繁复的合同,大部分年纪较大的村民也不能真正了解其含义,甚至大都不会去阅读,只要相信和依靠村委会和县政府工作人员的解释后便可以落款签名了。因为他们大都对党和国家的惠农政策比较相信。但他们依旧能够明确地意识到签署合同意味着法律责任的承担。

他们大都将族人、邻里内部的协商和互助认为是道义,而不是法律。法律这个词汇在这场声势浩大的文化遗产保护活动中一直处于潜藏的状态,但确实是一整套完备的法律制度,尤其是民事法律制度在其中发挥着不可替代的基础性作用。国家权力自上而下传导的过程中,全部是在法制化、规范化状态下运行的。

[四]结语

回顾近现代以来的文化遗产保护历程,国家的自觉意识始终是引领和促进这项事业的主要动因。在我国经济结构转型和乡村振兴的国家战略背景下,文化遗产权开始找到在乡村的实践土壤。官方背景的社会组织在国家和乡民间起到了关键的连接作用。国家、社会组织、乡村社会三者通过一整套完整的法律结构完成了合理的资源配置,促进了文化遗产权在乡村社会的实现。

《文化遗产法》所倡导的公众参与,实际上是在鼓励每一位公民践行个人的文化遗产权。在用法律手段保护和传承文化遗产的同时,为塑造中国城乡一体的公民意识作出了重要的贡献。这其中包括法律上的契约意识、产权意识,甚至更微观的文化遗产法律保护的意识。虽然这种倡导才刚刚开始,但能够看到其巨大的社会影响力和文化凝聚力。而国家导向和公众参与并不矛盾,反而是相辅相成的。国家导向的目的,就是为了促进公众参与。国家责任导致国家导向,国家导向促进公众参与。

不可否认,对文化遗产法领域公众参与理念的倡导,最初来自西方。中国在陆续加入若干遗产类保护国际条约以来,积极践行联合国教科文组织所倡导的对文化遗产保护的基本精神和价值,是履行公约义务的一部分。但在法学基础理论的研究和权利的构建上,我国应谨慎审视西方话语体系和法律权利的构造。以文化遗产权为例,在解释其权利构造时,不能全盘地接受西方模式和话语的宰制,而要结合我国内生性的社会实践和原有制度基础,去搭建动态有机的权利构造。以国家导向性为主的文化遗产权的权利特征,是我国的社会主义国家性质、社会经济、文化和法治状况共同决定的。

从法律人类学的角度讲,“拯救老屋行动”中所体现的我国的文化遗产权的实现,有着明显不同与西方社会的具体路径;作为西方法治的“他者”,中国社会的法律治理显然在发挥制度优势上更胜一筹。以欧洲社会为例,大量的私有产权文物建筑,如欧式的城堡庄园,大都因为国家投入的保护力度不足,日渐衰败。虽然西方国家在文化遗产保护上也是国家主导的,但是其力度和效率相较于我国有着明显差距。而且基于不同的文化传统,我国的家族式基层社会单位,在市场经济的模式下并未完全瓦解。传统家族式的纠纷解决、财产分配机制仍能在公共社会治理领域发挥积极作用。

需要强调的是,国家的导向性,不等于文化遗产权的国家主导性。国家可以承担主要责任去发动和主持,并指明方向,但保护的执行和权益的实际享有都归于具体个人。故文化遗产的法律保护路径,才始终强调公众参与。国家作为虚拟的符号意义的存在,在其中发挥的是国家责任基础上的导向作用。倡导文化遗产权的国家导向,而不是国家主导的另外一个重要原因是:文化遗产还包含非物质文化遗产,要和物质遗产整合到一个权利结构里,并使其具备统一特征,具有相当难度。因为其活态性,存在状态的分散性,对群体、个人,甚至文化空间的依赖性等不确定特征,使得法律保护很难形成有效机制。① 在非遗的保护利用过程中国家权力和法律制度表现出了一定程度的干预过度,使得非遗被过度商业化,甚至遭受损害。所以,在这个意义上,强调文化遗产权的国家导向,而不是国家主导,尤为重要。

总结"拯救老屋行动"的成功经验,可得出以下通过法律实现社会治理的基本经验,首先,要注重实验样本的推广。

---

① 王云霞、胡姗辰:《理想与现实之间:生态博物馆法律地位的尴尬》,载《重庆文理学院学报(社会科学版)》2014年第6期;张小军、张晓松:《文化? 文物? ——简论文化遗产保护中的"文物化"困境》,载《原生态民族学刊》2011年第3期。

尤其对于中国这样自然、文化条件各异，经济发展不平衡的国家，更应该倡导由实验样本出发，总结经验成熟且可复制的经验后再推广。其次，倡导在公共治理领域，发挥社会主义国家的制度优势，以国家责任为主。具体到法律领域，文化遗产权、环境权等涉及公益的权利的实现，首先仰赖国家在做到立法完备的前提下，发动群众和不同社会主体参与，以切实推进相关发展权的普惠共享。根据现代法律构架，应用中国本土资源发挥政法传统国家优势的过程，相较于西方模式，是中国的贡献和创新，也是西方法治模式之外的新的具有重大治理意义的"他者"。来自中国的文化遗产法治经验，丰富和发展了文化遗产法律保护模式，尤其是在私有产权的低级别文物建筑保护经验上，更加值得西方社会借鉴。

从法律与政治关系角度讲，这一治理过程，从实践层面揭示出文化遗产权的国家导向性。文化遗产权的这一特性与我国的国家性质相适应，强调国家责任的承担，体现国家集中配置资源的制度优势，是民主集中制和全过程人民民主在文化遗产保护和治理领域的体现，丰富了我国人民民主专政政治制度的内涵和形式。

从法律与社会关系角度讲，国家导向与乡村社会的自我治理相互配合，是现代法治理念和方法融入中国传统乡村社会的家族结构的过程，呈现出当代中国语境下独有的法律人类学面向。传统中国的家族本位、邻里弟兄的社会结构，在今天的中国乡村仍有迹可循。而且，传统中国乡村旧有的资源和利益分配机制，弹性很强，可以与刚性的国家法律治理互为补充。在文化遗产保护领域开展的这场自上而下的乡村振兴社会实践，展示的是一副全景式的当代中国乡村治理的民族志。

《法律和社会科学》(2023)　第 20 卷第 2 辑,第 239~261 页

规范互动:村规民约推动移风易俗的过程与机制

童孟君*

摘　要:人生重大节点时的宴请庆祝是村庄的社会风俗,背后有一套礼仪和规范作支撑。随着村庄社会结构的变动,村庄内的仪式性人情宴请激增,人情规范也逐渐演化为无效率状态,村民苦不堪言又无力打破。本文考察鄂西南响村的移风易俗实践,发现通过重新标识特定社会行为的社会意义、借助正式执法力量的策略性干预、提供新的行动选择契机,村规民约能够推进移风易俗。在村规民约矫正无效率人情规范的过程中,村庄内逐渐产生了新的人情规范。从中可以看出,村庄社会秩序混乱是国家权力介入的正当性基础;而当前国家主导的村规民约试图干预村庄社会生活时,依然无法直接为村庄提供行为规范。村规民约在实施过程中实际成为凝聚村民共识的平台,从而影响村庄社会规范的演化方向,促进村庄社会秩序的重建。

关键词:村规民约　移风易俗　村庄秩序　国家权力

---

* 童孟君,中国人民大学法学院博士生。本文系教育部人文社会科学研究青年基金项目“村规民约实施中的社会诚信机制研究”(编号:22YJC820044)的阶段性成果。

[一]引言

村规民约由来已久。传统时期国家能力有限,在"皇权不下县"的现实政治背景下,村规民约在乡村社会的生产生活互助、纠纷解决、社会秩序维护等方面发挥着重要作用。传统村规民约以儒家伦理为支撑、以道德教化为主要运行方式,其实施有赖于传统社会的宗族结构、政治背景和文化基础。① 彼时的村规民约是乡村自治的结果,奠定了我国民治的基础②。

中华人民共和国成立的前30年,国家对乡村的控制达到了前所未有的程度,同时传统村规民约及其赖以存在的社会组织和基础也逐渐瓦解。随着家庭联产承包责任制在乡村的实行,基层群众自治制度也逐步建立实施,1987年《村民委员会组织法(试行)》颁布,村规民约作为基层社会自治规范重新进入乡村社会。《村委会组织法》第27条规定:"村民会议可以制定和修改村民自治章程、村规民约,并报乡、民族乡、镇的人民政府备案。"与此同时,村规民约的内

---

① 参见周家明、刘祖云:《传统乡规民约何以可能——兼论乡规民约治理的条件》,载《民俗研究》2013年第5期。

② 参见杨开道:《中国乡约制度》,商务印书馆2015年版,第27-28页。

涵也发生了一定的变化,村规民约是"村或者村民小组依据法律授权,按照法定程序,就村民组织内部事务制定的各种自治规范的总称。"①这个时期的乡村社会则如费孝通所说,礼治被破坏,而法治尚未建立。② 税费时期的村规民约借助村庄对村民成员资格及其权利的排他性管辖权(村庄治权)实施,多为义务性规定。③ 其内容中存在诸如剥夺女性继承权等与国家法律明显违背的地方,此时的村规民约多以村委会主导,起着管理村庄内部村民、组织村民实现村庄基本公共服务自给自足的作用,村规民约也是一种变相的村庄内部再分配制度。这个时期的基层相对独立于国家权力,此时的村规民约是村庄内部"自治"的产物。税费改革后,村庄与村民之间的权力关系也随之解除,在调研中发现,除却有集体经济存在的村庄依然保留与经济收入分配有关的单项村规民约外,村规民约基本退出村庄或几近成为"挂在墙上"的宣传语。

而国家权力再次深度嵌入村庄则是在国家向乡村输入资源的背景下发生。随着资源输入,国家权力通过组织科层化、强化监督、技术治理等方式增强了对乡村的控制,④也加强了对村庄自治和村规民约制定的控制⑤。尤其是近年来,

---

① 罗鹏、王明成:《村规民约的内涵、性质与效力研究》,载《社会科学研究》2019年第3期。

② 参见费孝通:《乡土中国》,上海人民出版社2007年版,第55页。

③ 张静:《乡规民约体现的村庄治权》,载《北大法律评论》1999年第1期。

④ 参见杨宇、陈丽君、周金衢:《资源输入背景下国家嵌入与村庄自主的张力及调适》,载《宁夏社会科学》2021年第1期。

⑤ 近年来,国家越发强调修订出务实管用的村规民约,发挥村规民约在稳定乡村社会秩序中的作用,2018年12月4日,民政部、中共中央组织部等部门发布了《关于做好村规民约和居民公约工作的指导意见》;同时,《村委会组织法》第27条规定,"村民会议可以制定和修改村民自治章程、村规民约,并报乡、民族乡、镇的人民政府备案"。《村委会组织法》规定了乡镇党委政府对村规民约制定的指导、审核权限,这也是国家权力介入村庄社会的途径。

在国家政策的推动下,村规民约的修订工作徐徐展开。相较于此前村规民约侧重于调整村庄生产、经济等方面,当前的村规民约深受国家政策和法律的影响,除对国家法律的重述外,更多的是调整规范村民的日常生活,内容主要涉及风俗习惯、环境卫生、公共道德等方面。与此同时,村规民约修订具有强烈的国家建构性①,在某种意义上当前村规民约中的国家意志嵌入程度远超此前的任何一个阶段。

与此同时,市场经济发展对村庄的传统宗族、文化力量造成了冲击,村庄中的内生性秩序逐渐被破坏,继而陷入秩序混乱的状态。② 在此背景下,国家权力重新下乡,并非局限于资源下乡这一维度,而是试图重建村庄秩序。这是当前村规民约制定、实施的背景。

村规民约作为基层社会规范,具有定分止争、维护社会秩序的作用。关于村规民约对乡村秩序的作用,已有诸多学者进行了研究,村规民约作为"软法"在基层社会治理中发挥着规范个体行为、补充法律漏洞、促进民主政治参与等作用。③ 在基层社会中,村规民约具有社会秩序整合、促进法治、纠纷调解等多重功能,在与国家法的良性互动中推进乡村社会秩序的实现。④ 而随着国家权力的深度嵌入,村规民

① 参见苏曦凌、梁舒萍:《村规民约何以转化为实质秩序:建构机制与效能——基于18省份36个优秀村规民约的整体性分析》,载《北京行政学院学报》2022年第5期。

② 参见董磊明、陈柏峰、聂良波:《结构混乱与迎法下乡——河南宋村法律实践的解读》,载《中国社会科学》2008年第5期。

③ 参见李敏:《村规民约在基层情境治理中的法治功能分析》,载《广西民族大学学报(哲学社会科学版)》2019年第2期。

④ 参见李延玲:《互动与整合:村规民约现代秩序价值的实现》,载《湖北民族学院学报(哲学社会科学版)》2014年第4期。

约展现出普及化①和建构主义的特征，村规民约的文本制定与实质秩序转化之间的张力引发了学者的关注②。但这些研究都过于宏观，如前所述，或从规范的层面讨论村规民约的秩序价值，或从理论层面反思、论证如何改进村规民约的制定、实施。有学者注意到国家建构性的村规民约转化为村庄实质秩序需要一定的条件机制③，国家主导的村规民约的制定与秩序的实际产生之间存在着间隙，村规民约转化为实质秩序的过程和机制值得进一步关注。

本文以鄂西南响村村规民约促进移风易俗的经验个案为基础，采取微观的视角关注此问题。由于响村出现大规模的人情激增现象，基层政府和村委会组织村民制定村规民约以对人情往来行为进行规范。然而，在村规民约的实施过程中，村庄内的人情往来并不完全按照村规民约的规定进行。村规民约在规范人情往来行为时，影响了原本无效率人情规范④的演化方向，促进了新的人情规范的生成。这是国家权力主导的村规民约推动移风易俗的核心机制。本文将这个过程和机制称为“规范互动”，即国家主导的村规民约对人情往来行为进行干预时，既存社会规范的影响使得村规民约

---

① 参见孙梦、江保国：《断裂与更替：普及时期村规民约的法治化》，载《兰州学刊》2022 年第 1 期。

② 参见苏曦凌、梁舒萍：《村规民约何以转化为实质秩序：建构机制与效能——基于 18 省份 36 个优秀村规民约的整体性分析》，载《北京行政学院学报》2022 年第 5 期。

③ 参见苏曦凌、梁舒萍：《村规民约何以转化为实质秩序：建构机制与效能——基于 18 省份 36 个优秀村规民约的整体性分析》，载《北京行政学院学报》2022 年第 5 期。

④ “法与社会规范”研究将这种对个体行为产生约束但却有损于自身和总体社会福利的社会规范被称为“规范失灵”或“无效率规范”。See Eric A. Posner, *Law, Economics, and Inefficient Norms*, University of Pennsylvania Law Review, Vol. 144:5, p. 1697-1744(1996)；参见戴昕：《“守法作为借口”：通过社会规范的法律干预》，载《法制与社会发展》2017 年第 6 期。

无法完全执法,由此形成了一定的互动空间;客观上,村规民约的实施过程成为村民重新凝聚共识的平台,促进了更有效率的社会规范产生。

[二] 无效率的仪式性人情规范

仪式性人情本是村庄内村民在人生重大节点时互帮互助、表达感情的一种社会机制,人情往来行为背后有一定的人情秩序和人情规范。但随着乡村社会流动性增强,村庄生活预期变短,人情往来的互助功能减弱、逐渐成为敛财的工具。人情往来频度激增却无法实现彼此互助和表达情谊的功能,逐渐演化成无效率状态。对此,村民无力打破,只能期待外部力量介入。

(一) 仪式性人情激增

人情可分为日常性人情和仪式性人情,本文所讨论的主要是仪式性人情。传统仪式性人情是指农民在人生重大节点时举行仪式和办酒席的活动,俗称办酒、整酒、办事等。它最初是一种生命仪礼,亲人聚集在一起为庆祝和宣告一个人进入新的人生阶段和身份转变。① 在不断的演变中,仪式性人情的模式逐渐成熟,成为人生重要节点(如结婚、生子、失去亲人)时亲友间的情感表达与经济互助方式,在村庄范围内占据重要的地位,是村庄社会关系的表征。

人情往来是熟人社会中社会交往的重要部分。人情往来表现为“送人情—收(欠)人情—还人情”的不断循环。按理来说,每个人一生所经历的重大节点基本都相似,因此从

---

① 参见黄玉琴:《礼物、生命仪礼和人情圈——以徐家村为例》,载《社会学研究》2002年第4期。

长远来看,相互之间的人情是均衡的。而人情往来的核心又在于“欠”,因为一般来说“还人情”的礼金和礼物会与所收的人情持平,甚至多出一些。而只要不想断绝交往,就需要将人情不断地持续下去。人情往来起着整合和凝聚村庄社会关系的作用。

人情互动不仅彰显人的基本情感状况与社会交往范围,同时蕴含相应的人情观念和人情秩序。人情圈的范围代表着社会交往范围,礼金金额表征着关系的亲疏远近,这蕴含一套“礼”的秩序①,如同费孝通所说,“我们的格局不是一捆一捆扎清楚的柴,而是好像把一块石头丢在水面上所发生的一圈圈推出去的波纹”②。在传统的熟人社会中,仪式性人情的往来规则是一种地方性共识,如办宴席的事项、走人情的情境、人情圈的范围、礼金金额的多少等。如果违反了这个规则,就会失了面子,也会受到舆论的谴责。

近些年,新闻中也报道了各地仪式性人情中的“反常”现象,诸如出现人情名目的随意增加、丧礼仪式丧失庄重性等现象。本文调研所在地响村也有这样的现象,较为突出地表现为人情激增。响村地处鄂西南,其所在的县级市经济发展较好,常住人口 367374 人。该市位于长江中游南岸,地处江汉平原向鄂西南山地过渡地带,地势西高东低,域内水系发达,溪流纵横,属于亚热带季风气候,四季分明。响村距离市区较近,2001 年经历过合村并组后辖 4 个村民组,耕地 1934 亩,现有 795 户、2301 人,农民人均年收入 27235 元。随着

---

① 阎云翔在研究下岬村的礼物流动时观察到,超越“礼数”送礼会受到惩罚。参见[美]阎云翔:《礼物的流动:一个中国村庄的互惠原则与社会网络》,李放春、刘瑜译,上海人民出版社 2000 年版,第 3-4 页。

② 参见费孝通:《乡土中国》,上海人民出版社 2007 年版,第 25 页。

城镇化的进程,常有附近山区居民搬迁至距市区较近的村庄,响村内也持续地发生着人口变动,同时村庄内居住较为分散。经调研考察,附近的村庄缺乏宗族、小亲族等内部结构力量,社会关系呈原子化趋势,以家庭为最小的社会行动单元,属于较为典型的原子型村庄①。

与村民访谈得知,响村在2014年左右开始出现大规模仪式性人情激增现象,村民认为2014年左右由于修路、企业用地等几次大规模征地拆迁,加速了部分村民盖新房的进度,村庄内新房频频盖起,为庆祝乔迁之喜村庄内办宴席大规模增加。自此之后,人情的名目逐渐增加、人情频度也不断增高,人情规范演化出新的形式。周围的几个村庄也都有相同的现象。而随着物价的上涨和人情竞争的压力,礼金金额也水涨船高,一般的普通村民关系需要随300元左右,亲戚朋友要随500—1000元,多数家庭每年的人情开支需要几万元。

从村民的回忆中,还发现整个仪式性人情从举办方式到人情往来形式都经历了逐步市场化过程。最初村庄内人情活动的名目比较单一,主要是结婚、老人过世、高龄老人祝寿。宴席举办也以亲友团聚和互助为主要内核。邻里会主动义务性地参与到主家的宴席筹备中,当时的仪式举办本身就是彼此互助的成果,而人情往来的礼金也很少,也有直接送鸡蛋等物质性礼物表达祝福或情感的。2000年以来,打工经济兴起,无论是在工厂还是在乡村场域,劳动力和劳动时间开始明码标价,举办红白仪式时请人帮忙需要给工钱,

① 贺雪峰教授及其团队的研究认为我国农村村庄社会结构区域差异明显,在理想类型上,村庄可分为南方团结型村庄、北方分裂型村庄、中部分散原子化村庄。参见贺雪峰:《论中国农村的区域差异——村庄社会结构的视角》,载《开放时代》2012年第10期。

而人情往来中的礼金也逐渐完全更替为金钱的形式。宴席举办也开始统交于市场化的"一条龙"服务来完成。"一条龙"服务有一套人员班子和相关的设备,既能够提供厨师、乐队等专业人员,也能够提供桌椅棚架及打扫卫生服务;"白事一条龙"还承包唢呐吹打、"八大金刚"、灵堂设置、香火纸钱等一系列特定服务。

宴席的举办中蕴含面子竞争,高频度的宴请造成大量的铺张浪费。整个宴席举办中的烟酒档次、菜品样式、乐队质量、鞭炮烟花的品质和数量等,都是村民之间议论的话题,也是面子竞争的方式;同时,礼金也存在竞争、攀升的现象,礼金彰显着客人与主家关系的亲疏及客人的慷慨程度。因此,从整体的礼金流动来看,除村民之间来回流动的部分金钱,更多的金钱其实都浪费在宴席成本上。

总体而言,仪式性人情的激增表现为以下几个方面:其一,人情名目增多,除传统的婚丧嫁娶、生子需要办宴席之外,考学、入伍、36 岁生日、60 岁生日、70 岁生日、80 岁生日都成为办宴席的事由。其二,人情往来范围变大,有的村民举办宴席时广发请柬,甚至邀请此前没有人情往来或者已不"欠"自己人情的村民来参加宴席。其三,人情频次变高,周期变短。其四,人情往来的礼金数目高涨。也因此,农民的人情开支畸高,村干部、小组长、商户等社会关系较多的群体,一年人情支出要 5 万元左右;一般村民,一年需要支出 2 万—3 万元;新搬来的村民或社会边缘群体等小部分人,一年人情支出 1 万元左右。而周围几个村庄的人均年收入也才 2 万—3 万元。

(二)无效率人情规范对村民的束缚

面对仪式性人情激增现象,村民个体往往无能为力。部分村民财大气粗,人情宴请成为他们面子竞争和敛财的机会;有些村民则因无力举办仪式性人情而长期处于亏损状态之中;还有村民则逐渐在繁盛的人情往来中被边缘化。这种失去原本意涵而以敛财、竞争为目的人情往来,也被学者称为"人情异化"①。而"法与社会规范"的研究也关注到了类似的现象。这种对个体行为产生约束但却有损于自身和总体社会福利的社会规范也被称为"规范失灵""无效率规范"②,从这个角度可以更好地理解规范本身的演化和对个体行为的约束。一般而言,社会规范是有利于社会总体福利的,紧密的群体内往往通过社会规范实现合作。③ 但群体规范也会出现无效率的情况,人们常常会身陷自己所厌恶的社会规范之中,而无效率的社会规范也会对人产生约束。埃里克·波斯纳(Eric A. Posner)指出,认为社会实践和社会规范总是在某种意义上具有效率性和适应性的观点经验论是错误的。他以信号传递理论分析人们之间泛化的赠送月饼行为为何无效率而又持续存在。曾经在大多数人只能吃得上大白菜的时代里,月饼是一种有意义的礼品。而在经济繁荣年代,月饼本身没有那么受欢迎,而由于每个人都加入送月饼的行列中,送月饼作为传递自己是良好的合作者的信号也

---

① 黄玉琴在《礼物、生命仪礼和人情圈——以徐家村为例》中讨论了生命仪礼的异化,后来越来越多学者用人情异化表达人情中情感交流、互助机制被敛财目的替代的现象。参见陈柏峰:《农村仪式性人情的功能异化》,载《华中科技大学学报(社会科学版)》2011年第1期;朱政:《基层法治的实践生成——以鄂西地区仪式性人情异化的治理为切入点》,载《法商研究》2016年第4期。

② See Eric A. Posner, *Law, Economics, and Inefficient Norms*, University of Pennsylvania Law Review, Vol. 144:5, p. 1697-1744(1996);参见戴昕:《"守法作为借口":通过社会规范的法律干预》,载《法制与社会发展》2017年第6期。

③ 参见[美]埃里克·波斯纳:《法律与社会规范》,沈明译,中国政法出版社2004年版。

失去标识性意义,却又造成大量资源浪费。①

村民之间的仪式性人情的往来与赠送月饼行为之间有一定的相似性,都经历了因外在社会变化导致的行为模式的变迁和演化,而人情规范的演化则更为复杂。人情往来在演化过程中,受到经济水平发展、社会结构变迁等外部因素的综合冲击。这导致庆祝人生节点的宴请活动的仪式性功能逐渐式微,演化为一种大多数人受其所累却又无法逃离的"枷锁"。

这种"繁盛"的人情往来,承载着部分村民敛财和面子竞争的意图,给村民带来诸多困扰。高频度的宴请造成铺张浪费;村庄中的村民对频频请客之人表面表达祝福,内心实则抱怨,这有损社会团结;人情往来中以礼金表达情谊的功能,也被人情的逐利性和竞争性打乱。因此,失灵的人情规范对于个体或村庄社会整体而言,都没有实质性的益处和正向功能。而碍于"低头不见抬头见"的情分,村民无法直接拒绝他人宴请,只能加入巧立名目的行列之中,增加自己办宴席频次以实现"收人情"目的。人情往来逐渐无效率化,意味着村庄内生性规范的衰落,否则起初肆意增加人情频次的行为可能就不被允许。从个体角度来看,村民苦不堪言却又无力打破,只能寻求外部干预,甚至出现村民主动向政府求助、要求政府"管一管"的情况。

[三]制定单项村规民约以规范人情往来

仪式性人情看似只是涉及村民社会交往的私人性事务,

---

① 参见[美]埃里克·波斯纳:《法律与社会规范》,沈明译,中国政法出版社2004年版,第257-269页。

实则具有很强的公共性。人情往来行为背后蕴含一套人情秩序和乡土社会交往的道德伦理。而如今以敛财和竞争为目的的高频次的宴请活动罔顾情义、道德,引发村民在物质和精神层面的多重困扰。同时,该现象也引起了中央的关注。国家出台系列移风易俗政策,试图改变村庄的这种"人情风"铺张浪费的风气。政策落到基层,响村所在的县级市政府进行统筹,最终以制定村规民约的形式规范村民的人情往来行为。

(一)从移风易俗政策到村规民约制定

乡村的不良乡风和红白仪式中的不文明现象不符合国家法律和政策精神,引起了中央的关注。2018年1月2日中共中央、国务院发布的《关于实施乡村振兴战略的意见》,在第五项"繁荣兴盛农村文化,焕发乡风文明新气象"中提到,"开展移风易俗行动",要求遏制农村厚葬薄养、大操大办等陋习。2019年8月23日中央农办、农业农村部、中央组织部等部门联合发布《关于进一步推进移风易俗建设文明乡风的指导意见》,指出,"支持依据村规民约采取约束性措施","引导和鼓励村民委员会依据村规民约出台具体约束性措施,对红白喜事大操大办……等进行治理",提倡村级以教育、规劝、奖惩等方式引导村民移风易俗。国家基于实现乡村现代化、促进乡风文明的目标,出台移风易俗政策,并建议以村规民约的形式规范村民行为。

风俗习惯具有较强的地方性特征,国家政策只能从宏观层面上引领和指导,不宜也无法作"一刀切"的规定,具体如何推进依然需要地方政府因地制宜采取针对性的措施。响村所在的县级市政府进行统筹,在传达上级文件精神的同时对具体工作提出指导性意见,要求各村村委会通过征求村民意见制定村规民约、成立红白理事会的方式来推动移风易俗。按照《村民委员会组织法》的规定，“村民委员会是村民自我管理、自我教育、自我服务的基层群众性自治组织”，但实践中基层政府与村庄的关系日益紧密，在国家向乡村持续输入资源的过程中，村庄越发成为科层的行政系统中的一环，村庄自治越发受到基层政府的影响，在移风易俗的过程中亦是如此。

（二）以村规民约规范人情往来行为

在基层政府的统筹领导下，村委会组织村民制定村规民约。在制定正式村规民约之前，响村先行召开村民代表大会，按照乡镇党委政府的政策文件精神，组织党员、村民代表就如何规范人情往来进行了协商。移风易俗的导向和目标为大多数村民所认同，但是村规民约中的具体规则大多是由基层党委政府与村委会干部、村民代表统筹决定。村规民约中的协商过程体现在文本内容的因地制宜和具体实施的规则变通之中。比如，响村村规民约原本规定不在8年限制之列的宴席事项只有婚事、丧事和第一个新生儿出生，而有村民提出百岁老人的存在十分难得，向老人祝寿也是孝道的表现，于是响村将百岁老人生日也纳入不受8年之限的事项之中，这是其他村庄所不具备的。最终出台的移风易俗单项规约《红白事办理暂行规定》就红白事的范围、间隔年限、办事程序、处罚规则进行了规定，内容包括：

> 村民举办红白喜事宴必须提前向村委会审批，聚餐结束垃圾清理干净后，及时联系该片环卫工并将垃圾上车，应当注意饮食安全、道路畅通。
>
> 红白事仅限于婚事、丧事、第一个新生儿出生、

百岁老人寿宴,办理红事必须到村委会备案,白事即时联系。其他宴请(如乔迁之喜、升学宴、寿宴等等)需要间隔8年以上,除婚丧嫁娶外的宴请未间隔8年一律视为以敛财为目的的宴请。同时,事主需要向红白理事会缴纳保证金1000元,事后由红白理事会验收确认,如果按规办理则全额退款。

举办宴席的席面上单盒烟不得超过20元,单瓶酒不得超过100元,桌数不得超过20桌。

办红事不可请乐队、不可放鞭炮。

亲戚朋友人情费不得超过200元,普通村民人情费不得超过100元。

从中可以看出,村规民约对宴席举办、人情往来的方方面面进行了细致的规定。较为突出的是,村规民约还对宴席举办流程进行了规范,这些程序致力于加强村庄对村民办宴席(包括宴请规模)的控制和干预。村民办宴席需提前向村委会申请,申请人填写《农村自办宴席申报审批表》,其中包括"宴席承办人承诺一项",宴席承办人对宴席期间的食品安全、交通安全、环境卫生负责,并保证宴席规模符合要求,还需要签字确认、交纳1000元的保证金。红白理事会和环卫工人到场进行相应检查,符合标准时签字同意,村委会才返回保证金。另外,宴席申请人还需要填写《农村集体聚餐活动申报表》,除申报人基本信息、申办事项信息、厨师信息外,申请人还要填写"计划采购食品清单""菜谱"等;村委会敦促举办人与承办人签订《农村家庭宴席食品安全责任协议书》。这些程序性的事项和规定使整个举办宴席仪式更为规范化和可视化。通过交纳保证金、签订协议书,能够在一定程度使村庄与村民之间形成合同意义上的权利义务关系，从而引导村民遵守村规民约的规定。

除制定单项规约外，移风易俗过程中还组织成立红白理事会作为主管机构。红白理事会由村庄内的村干部、小组长、宴席管事、老党员、老干部、村民代表、退休教师等成员组成。红白理事会能够将村庄中可利用的自治资源集结起来，与既有的党政组织、血缘组织、文化权威组织形成互嵌结构，集中发挥村庄内既存的权威力量，通过对违规办宴席的村民进行劝阻、做工作，保障村规民约的实施和移风易俗的推进。

[四] 村规民约促进移风易俗的机制

人情的繁盛模糊了"人生重大节点"的独特性和仪式感，也模糊了人情往来行为和情谊深浅之间的关联关系。而在国家权力主导下制定的村规民约，虽然没有在具体的细则上凝聚村民的共识，但是能够重新标识特定行为意义，厘清人情往来行为中存在的混同，分离出不同行为的意义；借助正式执法力量的策略性干预，村规民约具备一定的威慑力，从而对村民行为产生影响；而正是因为有国家意志和国家权力加持，村规民约在一定程度上能够与原本无效率规范形成竞合，从而给村民提供新的行动选择契机，改变既往的人情往来模式。也即村规民约并非直接为村民提供人情往来规范，而是在规范村民人情往来行为的过程中，影响了人情规范的演化方向。

(一) 重新标识特定行为的社会意义

仪式性人情往来有其规范和秩序，既包括对宴请名目

(对应着人生特定节点)的规范,也包括对礼物、礼金金额方面的规范。一方面,宴请意味着人生节点的重要性和独特意义;另一方面,客人的随礼行为和礼金金额是彼此情谊表达的符号象征,礼物的流动伴随情感的表达和维系。而当仪式性人情演化为敛财和竞争的工具时,"重大节点"本身和随礼行为的意涵变得模糊。原本需要庆祝的人生节点的独特意义在骤增的名目中被淹没,值得庆祝的节点所内含的人生仪礼和文化意义丧失;人情往来范围变大,使得人情往来行为无法具备表达情谊的独特信号传递功能。① 特定的行为表征着特定的意涵,当大范围村民都参与到随礼的行列中,参与人情往来的随礼行为变得混同;同时,礼金金额与关系远近之间的表征关系也被模糊掉。

因此,从"法与社会规范"的理论视角看,繁盛状态的人情往来模式失去了原本的信号传递功能。同时,更多的金钱和精力浪费在宴请的席面和娱乐上,这无益于村庄范围内社会总体福利的增加。可以说,此时人情规范也演化成为一种无效率状态。但人情往来意味着关系与交往的延续,村民即使深感负担沉重也无法轻易切断,而只能通过增加人情频次的办法收回人情,以达到"收支平衡"。这种无效率、失灵的社会规范无法由村庄社会内部打破,而只能借助于外部力量的干预。

国家政策推动下制定的移风易俗村规民约对人情规范的干预在于,通过明确人情名目和人情规模,重新标识特定行为的社会意义。具体来说,村规民约对人情往来中人情名目进行限缩,界定出生、结婚、生子、老人过世、百岁老人生日

① 参见[美]埃里克·波斯纳:《法律与社会规范》,沈明译,中国政法出版社2004年版,第25-40页。

等事项具有不同于其他事项的独特意义，恢复了这些人生节点举办仪式性人情的独特合法性。与此同时，通过村规民约明确将其他办酒行为定义为“敛财”。而对人情规模的限制，如不允许超过20桌的限定，也使得人情往来恢复了原本的社会交往意义，恢复了原本参与人情往来所具有的表达情感的信号传递意义，一定程度上消除了信号的模糊性。

村规民约明确了人情往来中特定行动的社会意义，限缩人情往来中借仪式性人情之名行敛财之事的空间。这使得办宴席、随礼等特定行为恢复至仪式庆祝、情感表达、经济互助的本原意义。

（二）正式执法力量的策略性干预

然而村规民约不具有法律般的强制力，红白理事会也难以保障其充分实现。部分村民在此前已经参与了村庄里大量的人情往来，需要通过办宴席收回人情，而这个契机可能不在村规民约允许范围之内，因而出现偷偷办宴席的情况；与此同时，也有村民出于逐利敛财需求，无视村规民约的规定办宴席。因此，纵使有大部分村民支持对宴席肆意举办进行约束，但是村规民约在执行过程中亦受到部分村民的抵制。此时，正式执法的策略性干预成为辅助村规民约实施的重要力量，在一定程度上增强了村规民约这一“软法”①的威慑力。正式执法力量干预的策略性在于，一是调动多个执法部门参与，形成对宴席举办全环节的监控；二是参与的阶段性，表现为在移风易俗初期的实质性参与和在中后期的象征性参与。

在村规民约实施的初期，经由党委、政府的协调，基层正

① 参见罗豪才、宋功德：《认真对待软法——公域软法的一般理论及其中国实践》，载《中国法学》2006年第2期。

式执法力量通过食品安全执法、交通执法介入移风易俗实践中,成为辅助村规民约实施的重要力量。县级市政府出台与移风易俗政策相关的食品安全管理规则,以完善食品安全执法的依据。基于《食品安全法》《国家食品药品监督管理局关于进一步加强农村餐饮食品安全监管工作的指导意见》,当地政府出台了《农村集体聚餐活动食品安全管理办法》,对办宴席涉及的食品安全问题进行管理。乡镇党委、政府协调条块关系,利用各部门的剩余执法权①,将食品执法、交通执法都作为配合移风易俗村规民约落实的手段。

红白理事会是保障村规民约实施的主要组织,但红白理事会对村民违规办酒行为的干预主要是规劝、教育,这种约束只是软约束,利用的是乡土社会原本的面子机制和基于村民会议确认的村规民约的权威性,存在强制性弱、"执法"资源不足的问题。但在乡镇党委政府的统筹下,食品执法、交通执法部门也成为村庄内移风易俗可借助的力量。对于违规办宴席的村民,红白理事会先行进行规劝,如若无效则通过联系乡镇的工商局、食监局,对厨师资格、菜品质量进行查验;联系交通部门对参加宴席客人的驾驶证和酒驾情况进行查验。正式执法部门只在村规民约实施的起始阶段有实质性的介入,而后大多数时候是作为一种威慑性机制。一般情况下只要告知村民有引入正式执法部门介入的可能性,村民就会放弃或终止违规办宴席的想法。

(三)提供新的行动选择契机

正式执法的策略性干预成为村规民约实施的兜底性保障,一定程度增强了村规民约这一社会规范的强制性,从而

① 参见黄锫:《为什么选择性执法?制度动因及其规制》,载《中外法学》2021年第3期。

与既有的无效率人情规范形成竞合力量；同时，村规民约的不完全执行，给村民留出自主选择的空间以促进新的共识的产生。

在村规民约实施初期，村民的抗争时常存在，村干部和红白理事会利用乡村内便捷的信息传递机制和村民监督举报，来获取村民办宴席的信息，从而出场进行干预。响村的治保主任讲过他带着红白理事会去拆违规办酒的宴席棚子的经历，但他也说道："有的客人也已经来了，总不能不让客人吃饭，所以拆了棚子减少后续客人的规模，而不能完全杜绝那次的宴请。"村干部和红白理事会成员终归是村庄内部的社会成员，在规则面前仍然需要考虑人情、面子。

村规民约实际上无法完全实现，一方面是村干部难以应对完全执行的压力，另一方面没有必要过分严格显得不近人情。因此，整个村规民约执行的底线原则是"不能搭棚子"（宴请规模无法扩大化）、"不能放鞭炮"。这样一来，既保留了核心亲友之间庆祝的温情，也避免宴席举办规模的扩大化。与此同时，在执行村规民约的过程中，村干部和红白理事会也会考虑情理对村规民约进行变通执行：

> 一位搬来许久的村民自搬到当地以来都没有办过酒席，向村委会申请给女儿过8岁生日，村委会考虑该村民搬来多年未办过酒席，但是过去已经参与村庄人情互动多年，于是同意了该项申请。

由此来看，实践中村规民约的执行给村民保留了一定的自主空间和缓和余地。政策要求下制定的村规民约《红白事暂行规定》，并非村庄内实质运行的人情往来的规则，新的人情规范和秩序在村规民约实施的结构性背景下,由村民在行动选择、彼此互动中逐渐产生。有村民曾谈起,在村庄范围内依然有村民违反村规民约办宴席,他们或者是悄悄在村庄里办,不放鞭炮、不请乐队,或者去城里办,而避免被举报,也不可能再像以前那样广发请柬。这样,觉得不欠人情或没有人情往来的村民便可以因为不知晓或假装不知晓而不去参加。村规民约的实施对于推进移风易俗也确实卓有成效,在访谈中,村民纷纷表示每年的人情支出有大幅度的缩减。

> 他也不在门上(家里)办,我也不欠他人情,所以知道他在酒店办也没去。①
>
> 这两年大概每年支出三五千,反正比以前少多了。

因此,村规民约的意义不在于给村民提供了一个现实中人情往来的固定模式,而在于为村民提供了重新选择行动的机会。在这样的情况下,部分村民会选择遵守规定不再举办规定外的宴席;部分村民依然违规办宴席,或为收回人情、或为敛财,但违反村规民约的宴请更为低调,其他村民则可以根据自己的意愿选择性参与。因此,村规民约与无效率人情规范形成竞合关系,无法充分实现的村规民约给村民留下了一定的空间和余地,村民得以自主选择行动。在村民的自主选择范围内,村民在人情往来实践中逐渐凝聚共识,形成新的人情往来规范。村规民约在约束村民人情往来行为的过程中,影响了人情规范的演化方向,促使更有效率的人情规范的生发,从而推进村庄范围内形成更符合村民利益和村庄

① 这种往往是主家违反村规民约的规定办宴席,为避免在村庄内遭到村干部和红白理事会的抵制而选择去市区酒店办宴席。

整体福利的人情规范,形成新的人情秩序。

[五]村规民约中的国家权力与自治

随着国家现代化的进程,乡村社会已经不复“乡土中国”式的理想样态。社会的流动、生产方式的异质化,导致生活方式与价值观念的异质化,共识逐渐解体。村庄内的社会关联松弛、甚至断裂,原本的社会秩序逐渐解体,而又难以生成新的秩序,这种状态给村民个人发展、生活和村庄发展带来负面影响,村民身心难以安放。而很多具体细微的社会关系也难以由法律调整,国家试图通过村规民约的修订、实施重新安顿乡村秩序。这种基于国家权力主导的村规民约是国家权力介入村庄秩序的重要载体,其中蕴含多元规范①,既包括对国家法律的重述和细化,也包括得到国家认可的风俗、道德。

村庄内生性社会秩序的衰落是国家权力介入的正当性基础。当前村规民约中的国家主导性较强,蕴含通过理性设计调整村庄社会关系的美好期望。以村规民约推动村庄社会秩序重建,是国家这两年来不遗余力地推进村规民约修订、普及的重要目标。村规民约的内容往往包含调解乡邻关系、保护环境、移风易俗等涉及村民日常生活的部分;国家权力也借助村规民约的形式渗透到村庄中更为细微的日常习惯之中,试图将现代社会中的文明观念借此渗透到村民的观念和日常行为之中,以实现乡村社会的全面现代化和社会关系的规则化,并以村规民约的形式将其固定化、制度化。当

① 参见池建华:《从村规民约看乡土社会规范的多元性》,载《学术交流》2017年第5期。

代村规民约中有着明显的国家权力符号标识,这无疑能够增强村规民约的正式性,但往往会通过基层民主形式形成社会确认,通过村民代表会、村民大会等形式塑造其合法性①,增强村规民约在村庄社会中的权威。

而就村规民约推动移风易俗的经验而言,经过地方党委政府的统筹,村庄制定单项村规民约以改变不良风俗。虽然村规民约对人情往来进行规范是村民的意愿所在,但具体的规则主要由基层政府、村干部、村民代表决定,因此,响村所制定实施的村规民约更接近准正式规范②,其中有较强的国家意志导向。而人情往来则是村民的日常生活实践,其所依据的是自生自发的交往规则和习惯,难以由外部规范直接调整。村规民约是理性化、制度化的产物,试图以建构性的村规民约直接改变既有的风俗习惯有一定的难度。既有的风俗、习惯中包含着价值观念、思维习惯、社会交往方式,蕴含着情感价值;而国家权力主导的村规民约更多是理性化的,与具体的日常生活实践的做法和内生性社会规范有一定的差距。如杨雪东指出的,制度与生活习惯有四种互动方式:冲突、改变、接受、放任,随着社会生活的多元性,制度干预生活习惯的过程中往往会呈现出"强动员弱参与"的境地。③这主要是因为村规民约的制定过程中,以基层党委、政府为代表的国家权力的主导性较强,而村民自治的色彩较弱。

制度化的村规民约本身虽无法直接为村民提供人情往

---

① 参见印子:《法治社会建设中村规民约的定位与功用》,载《华中科技大学学报(社会科学版)》2023年第1期。

② 参见王启梁:《基层农村的规范体系与社会秩序的实现——基于法律人类学的视角》,载《广西民族学院学报(哲学社会科学版)》2006年第1期。

③ 参见杨雪冬:《论生活习惯与制度建设:变革的视角》,载《清华社会科学》2020年第2期。

来规范，但是实际上发挥了推动移风易俗和促进新规范生成的作用。无效率的人情规范约束着村民且给村民带来困扰，但个体村民难以行动、改变。国家权力通过嵌入制度化的村规民约来干预不良风俗，这成为村民摆脱无效率人情规范的契机。村规民约的实施本身，成为村民之间重新凝聚共识的平台，村民得以重新选择行为，在互动中表达意图、扭转人情规范的演化方向，进而形成新的人情规范。可以说，制度化的村规民约在实施过程中影响了人情规范的演化方向，推进了移风易俗，促进了新的人情规范和人情秩序的生发。

然而，这种效果的实现也需要一定的条件，比如，制度化的村规民约作为“软法”也需要一定的威慑机制，诸如文中所提及的正式执法力量的策略性干预的加持，才更具有影响力。与此同时，还需要注意到国家主导的村规民约最终能够发挥作用，是因为村规民约在实施过程中为村民提供了自治的契机，某种程度上，理想意义上的村民协商和共识凝聚实则发生在村规民约的实施过程中，而不是村规民约的制定过程中，当然，这意味着村规民约的不完全实现。因此，即使在村庄内生性社会秩序逐渐走向解体的今天，国家权力在致力于重建乡村社会秩序时，依然需要对村庄原本的社会规范有所察觉和重视，同时，也需要对组织村民和民主协商有更多的耐心。

《法律和社会科学》(2023)　第20卷第2辑,第263~295页

依势调解:离婚纠纷调解的一个解释框架

乔慧慧 *

摘　要:在离婚纠纷的审理过程中,调解扮演着重要的角色。既有研究多从法官如何选择调解策略、施展调解技艺的视角思考调解如何能够成功,对纠纷本身、原被告的互动如何影响甚至塑造法官调解行为的关注度不够。本文认为,调解成功的关键要素在于法官对纠纷情势的判断、顺应或有意识地改造。因此,本文提出"依势调解"的分析框架,试图揭示调解行为随纠纷发展实况演变的过程。"势"这一概念,既指静态意义上法官、原被告双方在调解结构中各自的位势,又指因法官、原被告双方不断互动而变化着的纠纷情势。依势调解包含了知势、顺势、造势三个维度,涵盖了法官对纠纷的识别、对调解时机的把握和对有利条件的创造。法官在依势调解的过程中表现出两种面貌:既是利害关系参与者,又是消极中立者。

关键词:离婚纠纷　依势调解　纠纷情势　法官角色

---

* 乔慧慧,中南财经政法大学法学院博士生。本文系中南财经政法大学博士研究生科研创新项目(项目编号:202310604)的阶段性研究成果。顾培东教授、陈柏峰教授、贺欣教授、印子老师、冯晶老师、熊浩老师为本文提出宝贵意见,杨子潇同学为本文提供了很多启发性建议,特在此致谢。

[一]经验地理解法官调解

当前时期,社会矛盾凸显,大量纠纷涌入法院,司法调解因其程序便宜性、内容协商性、易于执行性等解纷优势为司法系统追捧。大部分基本事实清楚、法律关系明确的民事案件都要经过调解,调解更是离婚纠纷的必经程序。事实上,当代中国法庭调解起源于离婚法实践,独具特色地混合了法庭的强制和当事人的服从。① 关于司法调解的研究,始终保持着延续性的沟通与对话。功能论在承认调解的纠纷解决功能外,更多的注意到通过调解实现的整合社会、动员群众支持政策的政治功能、治理功能。② 文化论则是将调解放入广阔的文化背景中,认为调解是一种建构文化意义上的社会事实的实践。现行调解制度与传统儒家文化中的"无讼"理

① 参见[美]黄宗智:《离婚法实践——当代中国民事法律制度的起源、虚构和现实》,载黄宗智主编:《中国乡村研究》第 4 辑,社会科学文献出版社 2006 年版。

② See Stanley Lubman, *Mao and Mediation: Politics and Dispute Resolution in Communist China*, California Law Review, Vol. 55:5, p. 1355-1356(1967);强世功:《权力的组织网络与法律的治理化——马锡五审判方式与中国法律的新传统》,载《北大法律评论》第 3 卷第 2 辑,法律出版社 2000 年版;韩伟:《司法调解与治理变革——以陕甘宁边区基层司法档案为中心的考察》,载《法学家》2020 年第 3 期。

想相契合，并吸收了不同时期的价值理念，兼具历史延续性和与时俱进性。① 国家与社会关系论则认为调解是法制现代化过程中国家重建与乡村社会之间权力支配关系的努力。比如黄宗智认为，离婚法实践中的调解和好就是党政国家介入夫妻关系、强行提供消除矛盾的“服务”。② 强世功认为法制现代化过程也是国家政权建设的过程，调解是理解整体性权力结构变化的重要媒介，可通过权力/技术的分析路径对调解进行谱系学考察。③

上述关于调解的研究大多带有对法律现代性的价值关怀，即使有些研究没有明确的方法论自觉。但它们也存在一些问题：功能论中对调解的政治功能、治理功能的关注遮蔽了调解的纠纷解决功能；文化论中由于增添了对调解进行文化解释的理论指向，模糊了调解实践的具体运作；国家与社会关系论主要借助宏观话语分析国家权力对农村社会的渗透与控制，却忽视了经验材料本身的细微与复杂之处。正是看到了上述调解研究迫切进入某种话语体系的局限，董磊明、陈柏峰才提出要把经验材料放在本体论意义上考察，去村庄中语境化的研究调解。④ 这种研究进路针对正在发生的社会实践，目的在于探究社会生活的真实、理解法律运作

---

① 参见梁治平编：《法律的文化解释》，生活·读书·新知三联书店 1994 年版。

② 参见［美］黄宗智：《离婚法实践——当代中国民事法律制度的起源、虚构和现实》，载黄宗智主编：《中国乡村研究》第 4 辑，社会科学文献出版社 2006 年版。

③ 参见强世功：《一项法律实践事件的评论——“法律”是如何实践的》，载王铭铭、王斯福主编：《乡土社会的秩序、公正与权威》，中国政法大学出版社 1997 年版，第 512-514 页。

④ 参见董磊明：《农村调解机制的语境化理解与区域比较研究》，载《社会科学辑刊》2006 第 1 期；陈柏峰：《调解、实践与经验研究——对调解研究的一个述评》，载《清华法律评论》第 2 卷第 1 辑，清华大学出版社 2007 年版。

的社会基础。笔者认同这种进路中理论源于经验研究和实践的逻辑,并致力于经验地研究调解,继而提炼出能够为经验所检验、为实践发展服务的理论。

从经验出发研究司法调解的不在少数,其着眼点在于如何调解成功。① 比如高其才总结了法官调解采用的预判术、隔离摸底术、拖延术、借力术;②王启梁、张熙娴研究法庭调解时分析了离婚案件中法官如何把调解贯穿于全过程,运用话语建构和让时间来解决问题等策略促使调解成功;③此外,情理法并用、软硬兼施、分而治之、寻求合力也是调解中主要使用的手段。④ 这些研究仍有不足之处,即从司法制度的制约视角展开法官的调解策略,未明确点出法官作为调解者受纠纷本身、当事人互动所影响的一面。

本文认为,调解成功虽然是较为功利性的目标指引,法官受制于调解率、服判息诉率等考核指标,这主导着调解节奏,但调解过程中却要受当事人及其近亲属、律师等行动者的影响,所有参与者的行动共同塑造了最终的调解结果。法官既是组织者,又是参与者;既可能作为中立的第三方,对当事人自由博弈的结果进行确认,也可能主动制造议程,为当事人提供争夺的方向。法官在调解中的角色又离不开纠纷本身的形态。因此,能够回答以下问题才能从微观意义上理解法官如何调解成功:法官如何判断纠纷?纠纷本身如何影响法官行为?法官与当事人三方互动甚至多方互动的过程

---

① 参见苏力:《关于能动司法与大调解》,载《中国法学》2010年第1期。

② 参见高其才、周伟平:《法官调解的“术”与“观”——以南村法庭为对象》,载《法制与社会发展》2006年第1期。

③ 参见王启梁、张熙娴:《法官如何调解?——对云南省E县法院民庭的考察》,载《当代法学》2010年第5期。

④ 参见汪永涛、陈鹏:《诱导型调解:法院调解的一个解释框架》,载《法制与社会发展》2016年第5期。

是怎么样的?

本文从纠纷本身出发,基于法官如何能够调解成功的问题意识,对离婚纠纷的调解实践进行参与式观察,试图呈现出法官判断纠纷性质、根据纠纷发展情境针对性调解的具体过程。为了使本文想要呈现的调解情境更加直观,本文借助"势"这个概念,提出了"依势调解"这一框架,指出依势调解中知势、顺势、造势的三个逻辑结构。"势"既指静态上法官、原告、被告在调解中各自具有的位势;又指因法官、原告、被告不断互动而变化着的调解格局。依势调解的本质是对纠纷的识别、对时机的把握、对有利条件的创造,法官对纠纷的审时度势是调解成功的关键。

[二] 解释框架与经验来源

"势"是经验地理解调解情境的一个关键词。法官、原告、被告三方各有自己的调解位势,调解依据于当事人互动呈现出来的婚姻发展趋势,在当事人的婚姻发展趋势中又缺不了三方各自位势的介入。不同"势"之间的耦合,构成了总体上的调解情境。

(一)"势":一个解释框架

"势"是中国传统文化中一个内涵复杂的概念。20 世纪前半期,金岳霖在《论道》中结合摩尔和罗素的实在论和中国的道论,引入"势"和"理"等概念,展开对休谟因果论的批评。他提出"理有固然,势无必至"作为解决方案。关于"势"的含义,金岳霖认为,"势"相当于一种整体性的"变"

和“动”的原则。① 朱晓阳将“势”与福柯的“权力”、卢曼的“沟通媒介”相比拟,认为三者之间的相似性在于它们不再将“行动者”视为社会学的必要因素。但“势”与日常语言中的“势”具有深刻的联系,在汉语语境中,“势”或“势力”具备政治性;还包括个人/集体相互进入的“地势”“局势”等环境或物质性因素;此外,“势”与“时势”这一具有时间向度的因素相关。② 在此基础上,朱晓阳借助当代演化论人类学,将地势理解为体验视角(embodied)下的现实存在,包括地势的生活环境称作“生境”(niche)。③ 讨论地势/生境/处境与政治/法律等问题时,朱晓阳将“技能”作为中介,来讨论基层社会空间的法。④ “地势”成了莫斯意义上的“整体社会现实”,凝聚了精神和物质,还包括人的世界感知、情感和地方认同。在用“家宅”测度法律的研究中,朱晓阳不仅提出作为“物”的家宅和居住者缓慢演化而成的“住居现实”,还进一步提出政治势力(以国家发展大计为背景进行的拆迁改造)能够穿透传统家宅法与现代法律两种法律空间,这种势力除依据“发展”的意识形态外,还依凭于“势”,即以地势、局势、人势为进退取舍的根本考量。⑤ 此时的“势”具有了

---

① 参见金岳霖:《知识论》,商务印书馆1983年版,第683页。

② 参见朱晓阳:《地势、民族志和“本体论转向”的人类学》,载《思想战线》2015年第5期。

③ 参见朱晓阳:《地势、生境与村民自治——基于滇池周边村落的研究实践》,载《广西民族大学学报(哲学社会科学版)》2018年第1期。

④ 参见朱晓阳:《“误读”法律与秩序建成:国有企业改制的案例研究》,载《社会科学战线》2005年第3期;朱晓阳:《语言混乱与草原“共有地”》,载《西北民族研究》2007年第1期;朱晓阳:《林权与地志:云南新村个案》,载《中国农业大学学报(社会科学版)》2009年第1期;朱晓阳:《“彻底解释”农民的地权观》,载《法律和社会科学》第8卷,法律出版社2011年版;朱晓阳:《物的城市化与神的战争》,载《法律和社会科学》第10卷,法律出版社2012年版。

⑤ 参见朱晓阳:《基层社会空间的法:社会形态、兵法和地势》,载《原生态民族文化学刊》2021年第3期。

“兵法”意涵。这似乎与法国学者余莲对中文语境“势”的阐释不谋而合。余莲从兵法、政治和审美等方面解读“势”,总体来看,余莲所称的“势”,多指通过事物的布置来捕捉一切可能的姿态并且使其产生作用的技法。① 人的能力可以做到有技巧地运用“势”,适当利用情势能使它朝有利于我们的方向发展;有时对情势不加干预也能让情势发挥最大的效力。

董海军曾从以下三个角度阐释“势”:一是“势”作为本土资源性概念,这一概念基于面子与权力的运作过程,并结合个人权威、道德品质、利益往来等因素而提出;二是从传统含义梳理,“势”作为一种隐性力量,并不直接作用于对象,而是依靠其他方面力量产生作用,因此“势”可能源于形势、地位、权力、时机、情况等;三是批判性借用“资本”概念扩充“势”的含义,“势”就是象征资本与客观资本的深化。②

上述研究提供了深刻的洞见。本文所指的“势”也包括三个层面:一般层面上,较为抽象的本原性范畴;日常生活层面,是一个与社会行动者所处位置、所倚仗资源有直接关联的概念,可以作为一种影响力而存在,如势力、权势、人势等;社会交往层面,“势”可以看作由多个行动者互动引发事物发展或变动的趋向。如局势、形势、情势等。三个层面的概念并非是孤立的,而是互相作用、互相影响。一般层面上的“势”提供了基础语境,而每种事态局面都有一定的参与者,参与者所处的位置、拥有的资源都可以对局面的演变造成一定的影响力乃至支配力。参与者具有的影响力,或此消彼

① 参见[法]弗朗索瓦·余莲:《势:中国的效力观》,卓立译,北京大学出版社2009年版,第86页。

② 参见董海军:《塘镇:乡镇社会的利益博弈与协调》,社会科学文献出版社2008年版,第11-16页。

长,或互相促进,或互相妥协,或互相博弈,由此形成的综合状态就是事态演变的趋势。凭借业已形成的趋势而继续推进,则可以称之为借势、顺势;通过各种技法营造有利于事态演变的趋势,可以称之为谋势、造势。

离婚纠纷调解中,依势调解的结构由知势、顺势、造势构成。所谓知势是在了解原、被告双方力量对比关系的基础上,根据原、被告双方的互动情势对纠纷情境进行综合判断,确认双方当事人婚姻关系能否维系;顺势是指利用纠纷发展情势或等待合适的时机促成调解达成;造势是指主动发起布置、制造调解议程。

(二)经验来源

本研究的经验材料源于2020年春于河南北部地区N县人民法院(N法院)的实地调研。N法院的家事法庭作为专门处理家事案件的法庭,受理包括离婚纠纷、彩礼纠纷、抚养纠纷、离婚后财产纠纷等家事案件。家事法庭有两名员额法官、两名法官助理、三个书记员、一个调解团队。家事法庭现有的资源配置得益于家事审判改革,尤其是以家事审判改革为契机吸纳了包括妇联干部、政协委员、医生、心理咨询师、退休干部在内的调解团队。

本研究的分析主要基于对离婚纠纷调解的参与式观察和对法官、调解员、当事人的深度访谈。一方面,参与调解过程能够增加对调解的"经验感受",也更能直观地观察情境的变化及各方的应对;另一方面,为了避免旁观者在场而造成调解者、当事人刻意地进行印象整饰,笔者在法院实习了一段时间,成为别人司空见惯的一个"在场者",以保证调研的真实性与相对客观性。对法官、调解员、当事人的访谈也是开放式的,并未设定具体的框架,且是在不经意、非正式场景中开展的。所聊话题主要涉及：法官对离婚纠纷的看法及对当事人的评价、法官司法行为的原因、调解技巧、当事人的婚姻状况以及对自己婚姻的真实态度等。

[三] 知势：对纠纷情境的综合判断

在“势”的逻辑结构中，知势是逻辑前提。知势包括了解原、被告双方的力量对比关系和原、被告双方基于力量对比关系的互动而表露出的婚姻形势。知势是对纠纷样态、纠纷情境进行综合判断并因势而异的过程。

(一) 对纠纷情境的识别

法官着手准备调解时也是对当事人纠纷情境进行识别之时，法官会对原、被告之间的力量对比关系和原、被告的婚姻形势有个初步的判断。就起诉行为而言，它可能是原、被告力量对比关系的表征，即婚姻关系中的强势一方摆脱弱势一方的手段；也可能是原、被告力量对比关系的反转，即婚姻关系中弱势一方利用法律强化自己力量旨在婚姻博弈中取得优势的武器。因此，实践中成为纠纷的离婚存在两种形态：“离婚”与“闹离婚”。两种形态中，原、被告双方有着迥然不同的行为表现与互动模式。

想要“离婚”的原告，在维系婚姻关系方面已无太大的争议，往往表现得理性平和，在调解中也不愿多发一言。如何使被告同意离婚并妥善处理抚养权归属和财产分割问题是此类离婚纠纷的主要矛盾。

而在“闹离婚”情形中，原告起诉离婚可能是为了发泄自己在婚姻中积攒的怨气，也可能是为了实现某些目的以离婚相要挟。就前者而言，怨气往往源于人们对“应然”的强烈期待和“实然”感受之间的落差,可以压抑、克制、调适,也可以迸发成语言暴力或身体暴力。① 当存在于夫妻关系中的忍耐不再具有支撑性力量,当事人无法安然承受不公的感觉,怨气便会外化成冲突行为。② 就后者而言,原告起诉离婚是一种向被告施压的手段,目的是让对方妥协,以求在某些婚姻决策中占据主导地位。这种情形尤见于婚姻关系存续期间的财产安排与分配。比如,在原告刘某欣(Pa200608C)③诉被告赵某康(Pa200608D)离婚纠纷案中,起诉离婚是原告实现自己买房、建房目的的重要筹码。

“闹离婚”形态中,“起诉离婚”具有泄气阀的正向功能,不会真的威胁到当事人婚姻的根基;而“离婚”形态中的当事人(尤指原告)往往会拒绝与被告进行过多的交谈,不再争辩是非,只希望快速地对婚姻做个了断。

法官通过两种方式判断原、被告双方的婚姻形势:一是看双方当事人对婚姻问题的归因;二是看双方当事人决意离婚时是否离开两人共居住所。“离婚”形态中的当事人为了避免无谓的言语纠缠,会将问题归结于自身,比如两个人感情不和、无法相处,并从决意离婚时便有意识地进行分居;但“闹离婚”的当事人往往会把诱发离婚的症结归因于外人,上述案件中的刘某欣便认为导致她与被告离婚的原因是婆

---

① 参见吕小康:《怨气:情感社会学的阐释》,载《社会科学》2017年第8期。

② 参见应星:《“气”与中国乡土本色的社会行动——一项基于民间谚语与传统戏曲的社会学探索》,载《社会学研究》2010年第5期。

③ 根据学术规范,材料均已做匿名化处理。笔者对涉及人员做了9位编码,以便进行核查。其中编码前两位Ju/Me/Pa/Ot/Ag分别表示司法人员/调解员/当事人/其他人员/诉讼代理人;编码3—8位为调研时间,最后一位为调研当天的次序,如是当天第一位相关人员编号为A,第二个为B,依此类推。后文同此例。

媳不和。

法官以原、被告的言与行作为判别当事人婚姻形势的标准并不是绝对的,司法实践中当事人的行为表现不一定完全符合上述归纳。但法官的判别标准大致上符合一般当事人的行为逻辑:越愿意维护关系的一方,对矛盾的容忍度越高,越倾向于抑制有碍关系发展的特征。因而,不愿意离婚的当事人往往会避免直接责怪另一方,也会避免分居行为所寓意的刻意疏离。法官也总结过自己的经验性判断。

张(Ju200414A)法官有将近三十年的法院工作经历,2015年任Y法庭庭长,2019年调任至家事法庭继续担任庭长,对家事案件、生命权案件、排除妨害案件、种植养殖回收合同案件等都有丰富的审判经验。

张:"一般来说,女方如果真的想要离婚就从别人家搬走了,没有任何怨言必须离婚。从开始闹离婚就不离开这个家,表明她不想离婚;再者,想离婚的人总是无条件说离婚,不想离婚就会回避双方的原因,把矛盾归于公婆或者是其他人,找法院是为了哭诉。"

当事人的哭诉往往建立在对婚姻关系尚有期待的基础上,哭诉不仅是表达不满情绪,还可能是借以舒张情感价值诉求,起诉至法院背后隐藏着当事人想要改变矛盾现状的意图。

对婚姻形势的判断是法官处理离婚纠纷的经验之谈,这种经验又是与当事人及其活动紧密结合或者相互作用而形成的"社会化"的经验。法官将纠纷形成的社会背景、相关社会因素、纠纷关联的夫妻关系以及夫妻关系在现实中的状态融入自己的判断中,用自己的感官感知当事人的行为并对其进行合乎常理的解释。法官对当事人行为的感知循环往复地作用于调解实践,又从调解实践中不断积累新的经验,最终成为可操作、可观察、可总结的规律。

同时,司法的顶层设计将当事人的婚姻划分为"危机婚姻"与"死亡婚姻"。[①] "危机婚姻"是指夫妻双方在生活中因日常琐事、性格原因等造成矛盾,尚未达到"感情破裂"的离婚标准;而"死亡婚姻"是指夫妻双方的矛盾积累到一定的程度、不具有修复可能而导致夫妻感情破裂。[②] 法官判断"危机婚姻"与"死亡婚姻"的标准,与其区分"闹离婚"与"离婚"形态的标准一致。可以说,法官对当事人婚姻形势的判断经过司法转译,完成了从经验性总结到规范性指南的蜕变。

误判当事人婚姻形势,不仅会为后续调解工作指引错误方向,还易埋下诸多隐患。在服判息诉率、上诉上访率等测度当事人满意率指标的要求下,即使当事人无理的指控,也会为法官、法院带来一系列麻烦,影响法官的个人发展、法院的社会评价。这种负面影响也会倒逼法官更谨慎地判断当事人的婚姻形势。

(二)"因势而异"

法官、调解员识别原、被告的婚姻形势、作出基本判断之际,也是定下调解基调之时。如果基本认定双方当事人的婚姻还有维系的可能,或原告把起诉离婚作为博弈手段,法官、调解员会以年龄、阅历、身份和附着其上的威望与尊敬,及时

---

① 参见《最高人民法院关于进一步深化家事审判方式和工作机制改革的意见(试行)》,法发〔2018〕12号,2018年7月18日发布。

② 参见N县法院家事法庭的《家事审判规程》。

截断纠纷中的因果链条,重新界定当事人的权利义务。① 具体而言,法官/调解员会将"离不离"的情境转换到原、被告应该"怎么过"。此时,法官/调解员并不提供法律体系本身承诺的保护和帮助,而是采用非法律的手段、对当事人进行规范引导。比如,原告起诉书里经常出现的离婚理由为"被告打人","打人"可能涉及法律意义上的"家暴"。但在司法实践中,认定家暴情形的屈指可数,调解中更不会出现"家暴"字眼。调解中的"打老婆不对"中的"打"是夫妻冲突的表现形式之一,而不是法律上的人身侵害行为。原、被告之间的冲突也被解读为婚后生活调适的问题。

法官会充分利用与生活意义相关的"过日子"逻辑在当事人之间进行调和。"过日子"是维系基本生活关系的底线性坚持,是指双方都必须如此的价值系统。② 首先,"过日子"对男女进行了不同的角色分工。比如男性养家糊口、女性处理好家庭琐事,男女双方要通力合作。其次,"过日子"要在同一人情社会单元下进行竞赛。家庭是"过日子"逻辑的发生场,社区是"过日子"逻辑生发的次生场。③ 是否赢得"过日子"的竞赛事关个人与家庭的生存尊严。这也是法官几乎在每个案件中都会强调"把日子过好,不过到别人眼皮底下才是正道"的原因。事实上,这种话术不止出现在一个案件的调解中,在家庭这个"基本生存处境"里,个人的荣辱得失与家庭发展具有高度同一性。通过调动个人对生存尊

① 参见吴元元:《人民调解员的制度角色考》,载《中国法学》2021 年第 4 期。

② 参见翟学伟:《爱情与姻缘:两种亲密关系的模式比较——关系向度上的理想型解释》,载《社会学研究》2017 年第 2 期。

③ 参见何绍辉:《"过日子":农民日常维权行动的分析框架——以湘中 M 村移民款事件为例》,载《中国农村观察》2012 年第 6 期。

严的在意,法官就将当事人对离婚的关注转移到如何继续发展双方共同的利益上了。

对于无法继续维系的“死亡婚姻”,法官会适度以利益倾斜的方式平衡被告的心理,以便在调解离婚之余不留下任何隐患。比如,在原告魏某莉(Pa200426A)诉被告张某海(Pa200426B)离婚纠纷案中:

> 原告曾于2019年起诉离婚,起诉理由为被告家暴,法院判决驳回原告诉讼请求。2020年原告再次起诉。据悉,原、被告共同生活期间,被告多次动手殴打原告,导致原告产生精神方面的问题。为了快速离婚,调解时原告表示愿意放弃起诉状中主张的所有权利。被告虽不想离婚,在原告代理人、家人的威胁和恐吓之下,半推半就地同意调解离婚。但送达调解书时,被告又以“说出去不好听”为理由反悔。①
>
> 张:“上次你老婆起诉离婚时我们也是帮你做工作,帮你想办法在老婆面前求和好,这次恐怕是不行了,你老婆铁了心的。”
>
> 被告:“全都是她家人干涉多,我们两个一闹矛盾她就回娘家,我去她家接她还被她妈打。离婚了说出去很不好听,我不想离了。”
>
> 张:“好男不跟女斗,不要跟你岳母计较。你觉得离婚不好听,但人家女方什么都没要。这就是净身出户,净身出户说出去更不好听。”
>
> 被告思索过后便不再纠缠。

---

① 离婚纠纷的判决书、调解书多采用直接送达的方式。

被告恶劣的殴打行为，给原告造成了不可磨灭的伤害。在原告家人、代理人的坚决反对下，原、被告已无共同生活的可能性，离婚几乎可以说是夫妻关系的定势。考虑到原告的人身安全问题，法官在了解双方的婚姻形势后，对被告进行安抚，好让被告在同意离婚的同时不致因心理失衡而做出极端行为。为此，法官将调解服务延伸至调解书送达当事人后。

法官用原告“净身出户”招致的负面社会评价作为参照，让被告在两相比较中获得自我肯定的心理感受，毕竟“净身出户说出去更不好听”。在基层社会中，首先，“净身出户”招致的负面社会评价，并不在于是否获得财产、抚养权，更重要的是财产和抚养权背后的象征意义。如果一个人离婚时“净身出户”就意味着自己在婚姻中自我价值的贬损。其次，法官抬高了被告的地位，用“好男不跟女斗”的俗语让被告占据了道德优势，获得心理上的优越感。最后，法官用被告生活上的“收获”弥补了他在法律上的“吃亏”，告诉被告拿到调解书就可以重新择偶，让被告心甘情愿地接受了调解结果。

上述调解行为之所以没有成为出力不讨好，甚至激化原被告矛盾的程序性行为，恰恰在于法官对婚姻形势进行了综合判断并有的放矢地选择了合适的调解策略。这对“调解就是和稀泥”的刻板印象也是一定程度上的修正。正如方乐在研究典型女性法官形象时指出，典型女性法官会刻意模糊掉法律关系，将其开放成情理—社会关系，进而将纠纷中的法律责任扩大化为道义—社会责任。① 司法行为不仅取决于

① 参见方乐：《司法经验中的生活体验——从典型女性法官形象切入》，载《法制与社会发展》2012 年第 5 期。

纠纷的性质,更取决于法官个人对纠纷性质的认识以及认识基础上的司法选择。这也能够从侧面反映出,法官把握纠纷性质、纠纷样态、纠纷发展形势的能力是法官职业能力的必备要素。

[四]顺势:利用情势与等待时机

现实的纠纷情势会产生一个发展方向,从不犹豫、绝不偏离;既不需要"选择",也不需要"指教"。① 离婚纠纷调解时,法官这个角色所处的位置可以成为双方当事人交涉互动的坐标。法官可以利用当事人的纠纷发展情势,轻松地实现调解目标。但在某些场景中,又需要等待合适的时机。对于引起婚姻矛盾的那些事实,原、被告都会进行意义解释,并力图使自己的意义解释对结果产生实质性影响。对解释权争夺的愈加深入,便会暴露出更多的生活内容。当事人暴露出的生活内容越多,越利于法官对调解时机的把握。

(一)利用纠纷发展情势

对纠纷发展情势的利用包括放任双方当事人之间的婚姻博弈、对博弈结果进行见证与确认;也包括顺应当事人互动呈现出的婚姻发展方向,向有利于实现调解目标的方向加以引导。

以原告韩某英(Pa200423D)诉被告张某举(Pa200423C)离婚纠纷案为例:

原告在起诉状中声称两人婚后感情一般,虽育

① 参见[法]弗朗索瓦·余莲:《势:中国的效力观》,卓立译,北京大学出版社2009年版,第20页。

> 有两女一子,但自长子两周岁后原、被告就开始分居,迄今为止已八年之久,被告偶尔才回家。庭审时被告并未出席,原告陈述双方婚姻状况时表明双方最后一次分居时间是2020年过年前一天。分居原因是当天凌晨两点多原告发现被告出轨别的女人。这已经是原告第二次发现被告出轨事实。经过此事后原告回到娘家,拉黑了被告所有联系方式,并且她表示双方不可能再一起共同生活,感情已经完全破裂。被告父母、姑婶曾找原告做和好工作,被原告拒绝。

原、被告共同财产包括:三室一厅的学区房、一辆轿车、老家盖的五间房子。法庭辩论阶段,原告表示只要能够离婚,愿意净身出户,也可以放弃孩子的抚养权。

庭审结束,原告离开法庭后被告才到庭,被告是专门为了避开与原告打照面。法官询问他对原告起诉的看法,被告表示绝不离婚。原、被告的两个女儿也表示不想让自己的爸妈离婚。法官见状,劝慰被告道:"那就回去好好过日子,过就好好给人赔礼道歉,至于原告说的那些事呢,就算是真的我也不追究,只要你能好好过。"(Ju200414A)得到法官的允诺后,被告心满意足离开法庭。

二次庭审前的调解阶段,在法官与调解员面前,①原告依旧不松口,执意要求与被告离婚。被告一时觉得面子上挂不住、下不来台,便说:"离婚可以,三个孩子都归我养。"

① 家事法庭吸纳的调解团队,会接受法官委托共同参与调解,调解员可以贯彻法官的意志,与法官一同促使调解成功,因此将调解员调解一并纳入讨论范围。

原告立即答应。被告以为原告带大了三个孩子,必然会因孩子的抚养权妥协,却没想到原告答应得如此直接,一时之间有些错愕。

法官与调解员见状,随即制作调解笔录与调解书,调解离婚成为此案定局。被告则是久久怔愣着,站到了法庭工作时间结束还没有离开。

此案可以直观地表现出法官、调解员如何放任原、被告的婚姻形势自由演变。起初,被告以不出席庭审、不与原告碰面、不配合诉讼进程的方式钳制了原告,获得了博弈优势。他不想离婚的态度、女儿不想让家庭破碎的心愿,成为法官处理此案时的重要考量因素。在维护一个家庭完整性与原告主张的离婚自由权之间,法官进行了价值排序,支持了前者。法官支持前者的条件是被告可以痛改前非、好好经营家庭。对被告而言,法官的"不追究"代表了法律对他婚姻过错的豁免。作为法律象征的法官是一股强势的力量,增加了本就因回避取得博弈优势的被告的底气,为被告下一轮的行动筹划增加了一定的把握。但也为原、被告之间力量对比关系的反转埋下了伏笔。被告对自己"势"过于自信,实际上拥有的"势"反而成为他的心理劣势。被告用威胁原告的方法意图挽回自己在众人面前的"面子",却低估了原告破釜沉舟的勇气,被迫地结束了自己的婚姻。原本说好"不追究"的法官在此时却沉默了。"沉默并非不分青红皂白的语言缺失,而是为了使交流过程能得以完成而在特定时刻对特定言词予以自我否认。"①法官的沉默推动了整个诉讼进程,

① [英]博温托·迪·苏萨·桑托斯:《迈向新法律常识:法律、全球化和解放》(第2版),刘坤轮、叶传星译,中国人民大学出版社2009年版,第133-134页。

沉默是一种任由情势随着实况运行的态度,不将自己的力量施加其上。此时,原、被告双方的言辞通过法官的见证在彼此那里产生了效力。即使被告心有不甘,也要自己承担作茧自缚的后果,无法将责任归咎于其他人。

法官出具离婚调解书的那一刻起,被告可以说“大势已去”。在被告面前,法官表明了自己的行为偏向,即“支持被告”,给了被告一定的心理预期;在被告失策之际法官又以失语的方式不让自己的“势”发挥作用、放任被告的冲动行为,顺水推舟让被告的婚姻走向无可挽回地解体。

(二)等待时机

如果对原、被告双方的抱怨了解得越深,我们对冲突的发展阶段或潜在原因就越是把握不定,也越发无法探知双方能够承受的婚姻底线。① 在某些离婚案件中,为双方当事人暴露离婚的潜在原因预留一些时间是必要的。调解不一定总能够水到渠成。

在毛某洋(Pa200422A)诉被告田某红(Pa200422B)离婚纠纷一案中,双方争议焦点为:原告要求被告承担夫妻共同生活期间的债务,被告以自己对债务一无所知、也并未用于夫妻共同生活为由拒绝承担。调解过程中得知,原、被告为重组家庭,原告带有一女,被告带有一子一女。过年期间,原告与被告儿子发生争执,被告儿子一气之下拿起了一把匕首作为武器恐吓原告。被告儿子虽未对原告进行实质性伤害,但给原告留下了心理阴影。原告主

① 参见[美]威廉·J. 古德:《家庭》,魏章玲译,社会科学文献出版社 1986 年版,第 226 页。

动与被告分居并提起离婚诉讼。被告则以“我能去哪里呢”的理由不离开与原告的共居处所,且认为如果没有原告父母、弟弟的挑唆,她与原告的婚姻没有这么大的问题。

双方几番争执不下,就生活细节互相辩驳。最终被告同意离婚,但表明了自己不会承担任何债务的态度,并要求原告返还所有的嫁妆。原告不想与被告继续纠缠不清,同意了被告所有的要求。

制作调解协议需向原、被告确认财产分割事项时,被告以“记不清家里有几床被子,要回家查一查才能够细分”为由,中止了调解协议的制作。法官见状,便配合被告的要求,让其回家查清楚后再来法庭。第二天上午,被告到庭时稍显难为情地向法官表示双方已和好,请求法官更改调解协议的内容或按撤诉处理。

此案的调解和好并非偶然,而是法官等待合适时机的结果。法官在其中提前发起了各种布置、做了很多前期准备工作。首先,程序的设置上,法官在审限内定下了两次庭审程序和两次调解程序。就如法官所抱怨的“这个案件事儿最小还最麻烦”,此案的事实认定清楚、当事人提交证据完备,属于法律意义上的“简单案件”,从经济化投入司法资源的角度来看,为简单案件设置复杂的程序是对司法资源的耗费。但法官有意耗费司法资源的原因是为了彻底解决纠纷。第一次庭审与调解时,原告与被告针锋相对、意见相左,法官无法识别双方当事人婚姻发展的趋势,也无法找到调解成功的折中点。其次,在调解局面的掌控上,法官通过将主导权交还给当事人的方式让调解结果显现。

被告的行为为调解成功制造了契机。被告认真提交自己一笔一画记录下来的生活账单等证据，据理力争地要求包括缝纫机、洗衣机、空调在内的家庭财产归自己所有。即使原告最后放弃了自己诉讼请求内的大部分财产，同意了被告所有的要求，被告没有可以继续纠缠的事物之际，还会将"分被子"建构为离婚时财产分割的重大事项，并以"没有查清被子的数量"为由打断了诉讼进程。诉讼时间的延长、被告对小事的关注，模糊了夫妻冲突的缘由，原告的离婚意愿也有所松动。

"等待时机"为识别当事人婚姻形势提供了条件，尤其是在原、被告的矛盾无法缓和、又无法达成调解协议时，法官、调解员会通过程序设置有意地"以时间换空间"；也会充分利用法律上与离婚诉讼有关的时间规定，用拖延诉讼进程的方式换取纠纷的妥善解决。

无论是利用当事人双方婚姻发展的情势，还是等待合适的时机发现当事人的婚姻发展趋势，调解中的顺势都是从原、被告的言行举止之中、在看起来最容易忽视但是很关键的互动场景里观察到调解的方向。顺势看起来是简单的，调解是如此自然地完成了。但顺势的优点便在于动最小的干戈、实现最大的效果。利用情势是与整体现实合作的结果，离婚纠纷中的当事人不是高度同质化的"原告""被告"，而是鲜活的、富有情感的、充满个性的个体。① 他们之间的感情是一种结构化的义务，可以对彼此产生强烈的预期，也可以因预期没有得到满足而失望。感情波动性、可修复性的规律，决定了调解人顺应当事人之间的情势、不强行介入其中

---

① 参见李拥军：《作为治理技术的司法：家事审判的中国模式》，载《法学评论》2019 年第 6 期。

便可达到调解成功的效果。等待时机并不意味着被动,相反,正如上文所述,在原、被告的婚姻形势确定下来之前法官就在运作着诉讼进程,诉讼程序的中止与转换无不体现着法官来回调整以顺应形势的努力。① 二次庭审、中断调解书的制作、允许当事人自由反应都是有功效的。

[五] 造势:无势可依时策略性的布局

造势是"势"的逻辑中不可或缺的一环。若无双方当事人互动表现出的形势可顺,便需调解者自己营造有利于调解成功的内外环境,以巧破局。

(一)调解和好中造势的三种方式

董海军在研究基层社会维权行为时,认为在利益博弈中,造势是博弈主体为了获得博弈优势而采取的重要方式。造势的策略包括问题化、污名化对方、扬言采取威胁的姿态三种。问题化建构是博弈主体为了引起关注,将自己的困境建构为国家重视的社会秩序问题;或为了获得支持力量,将自己的问题扩大化为群众的问题,从而达到动员群众的目的。污名化对方是利用社会结构性矛盾,为对方贴上标签,如利用阶层矛盾将对方刻画成为富不仁的富人;威胁则是更为激进的举措。② 在环境抗争中,农村精英也会采取推动事件"问题化"、促进事件进入政策议程、借助时势三种方

① 参见[法]弗朗索瓦·余莲:《势:中国的效力观》,卓立译,北京大学出版社2009年版,第5-6页。

② 参见董海军:《依势博弈:基层社会维权行为的新解释框架》,载《社会》2010年第5期。

式造势。①

不同于维权抗争中底层群众或农村精英的造势，离婚纠纷调解中的造势是作为调解场域主导者的法官、调解员，为了促成当事人和好或和平离婚，采用一定的技法创造有利态势的过程。“造势”主体的不同，决定了造势逻辑结构的差异。调解和好中造势的逻辑结构包括解构法律问题、营造“多对一”众势、针对性施压三个层面。

1. 解构法律问题。人们带着婚姻冲突来到法院，是因为他们对婚姻冲突作出了法律解释，将夫妻关系建构为原、被告关系。② 而在调解的场景中，规则相对有限，法律不总是适用。无论是促成和好还是调解离婚，法官、调解员都会将当事人的法律话语转换成与人际关系相关的道德话语。在法官、调解员那里，法律世界与生活世界没有明显的区隔。调解和好时，离婚纠纷就成为夫妻“过日子”违反了哪些行为规范、应该予以纠正的问题；调解离婚时，离婚纠纷就成为“好聚好散”、维持人际关系和谐的让步与妥协问题。即便是牵扯到财产分割、债务分担、抚养权归属等问题，法官、调解员也会将原、被告对这些问题的争执置于“是否离婚”的讨论框架里。

2. 营造“多对一”众势。家事审判改革的施行，实现了以法院为中心的社会联动，广泛吸纳了有丰富社会经验的人士参与到司法之中，扩充了法院的调解资源。被吸纳进 N 法院的调解员，有几个基本特点：首先，属于一定地域范围内

---

① 参见陈涛、李素霞：《“造势”与“控势”：环境抗争中农村精英的辩证法》，载《西北农林科技大学学报（社会科学版）》2015 年第 4 期。

② 参见［美］萨利·安格尔·梅丽：《诉讼的话语：生活在美国社会底层人的法律意识》，郭星华、王晓蓓、王平译，北京大学出版社 2007 年版，第 120 页。

的精英阶层。他们或掌握经济资本,或掌握文化资本,或因过去的行政身份而拥有象征资本,即"赋予那些给集团提供最多物质和象征保证的人的一种信用"①。N法院常驻调解员冯、刘、吴、王分别是高中退休行政老师、社区矫正中心退休工作人员、原N法院法警队队长、心理咨询师。其次,关系网络发达。虽然调解人拥有资本的多寡不一定能获得纠纷当事人的服膺,但附着在资本上的关系网络能够对调解工作形成良好的助力。最后,拥有丰富的社会经验。社会经验可以构成司法知识的有机组成部分,运用到司法实践之中,在拉近法律与社会生活距离的同时可以统合司法行为的法律效果与社会效果。② 法官会采用邀请调解、委托调解两种方式,与调解员合力完成调解工作。多人调解往往能够形成一种影响当事人的"众势"。

在原告李某利(Pa200511A)诉被告杨某杰(Pa200511B)离婚纠纷案中,原告以被告赌博恶习、家暴、拈花惹草为由起诉离婚。事实上,这是原告第二次起诉离婚,被告不愿离婚。调解时,原告一言不发。三个调解员对原告展开了话语攻势:

调解员冯(Me200415A):"他们那一片流行赌博,好多男孩子都赌博、打架。"

调解员刘(Me200415C):"是啊,像这种男方挣了钱都给女方,已经属于老实的了,还有什么不愿

① [法]皮埃尔·布迪厄:《实践感》,蒋梓骅译,译林出版社2003年版,第189页。

② 参见方乐:《司法经验中的生活体验——从典型女性法官形象切入》,载《法制与社会发展》2012年第5期。

意好好过的呢?”

调解员吴(Me200415B):“他相对来讲已经是不错的了。”

调解员冯:“原告,你再好好想想,他一个月挣了这么多钱都给你,已经很有家庭责任心了。”

调解员吴:“再想想孩子,还是亲爸亲妈好。”

三名调解员合力诱导原、被告和好。调解员将赌博、打架解释为具有地方特质的惯习,而非法律意义上可以认定符合“感情破裂”标准情形的恶习与家暴。解构法律问题的同时,三名调解员你一言、我一语展开自己的话轮:为被告的行为找到普遍性、找寻被告的比较优势、夸大被告的家庭责任感。调解员使用了有利于表达被告利益的语言技巧,话里话外是对被告立场的扩充和精心阐述。① 调解局面形成三个调解员、被告对抗原告一人的“众势”。

3. 针对性施压。针对性施压是造势结构中的最后一个环节。针对性施压是指法官或调解员为了实现调解目标,采用生活前景预测、法律后果提示等方式分别对原、被告施压推动调解协议达成的行为。针对性施压的核心是充分利用双方当事人各自的恐惧。举例来讲,不想离婚的人并非多眷恋这份婚姻关系,而是认为维系婚姻的价值比离婚的价值更高。尤其是原、被告共同育有子女的情况下,不想离婚的一方总是会考虑为孩子提供稳固的家庭结构。完整的家庭中有两个成年人为孩子提供经济和情感资源,有血缘关系的家庭有利于孩子的成长,因为血缘关系可以增加父母对子女的

① 参见[美]约翰·M. 康利、威廉·M. 欧巴尔:《法律、语言与权力》,程朝阳译,法律出版社 2007 年版,第 71 页。

认同感,并使父母心甘情愿为孩子做出牺牲,同时降低了子女受虐待的可能性。① 从对调解员的访谈中可以证实:“为了孩子,跟谁过不是过,肯定还是亲爸亲妈好,原生家庭好”。因此,法官、调解员规劝原告时便会用离婚对个人生活处境、子女生活质量造成的影响对原告进行风险提示,使离婚的后果率先进入原告的想象中,原告出于对离婚后果的恐惧往往会慎重做出是否离婚的决定。对于被告,如果被告是婚姻中的过错方,法官、调解员会用家庭分崩离析的后果予以警告,并用“保证书”的效力进行威慑,给被告施加足够的压力去改正自己的不良习惯。② 如果被告是被迫离婚的受害者,法官、调解员便会突出被告的贡献、让被告占据道德制高点从而对被告形成“软约束”,避免被告做出极端行为。③

在无法探知双方婚姻发展趋势时,拥有丰富调解经验的法官、调解员通过解构法律问题塑造了调解语境。借用其他力量形成“多对一”众势是为了方便开展调解工作;针对性施压是为了产生并巩固调解效果。从调解“造势”的过程可以发现,法官、调解员并不把当事人的权利、他们对纠纷事实的见解放在首位,而是“离开纠纷本身”,强调纠纷中涉及的

---

① 参见[英]安东尼·W.丹尼斯、罗伯特·罗森编:《结婚与离婚的法经济学分析》,王世贤译,法律出版社2005年版,第116页。

② 比如在(2020)豫0923民初7××号案件中,对被告好吃懒做、有家暴倾向的行为,调解员使用“你可以保证以后好好工作不打人,做不到的话你的家就毁了”“保证书在我们这里是有效力的,你如果做不到这个保证,你的家散了我们也不会再帮你做工作了”等话术去敦促被告改正。

③ 在(2020)豫0923民初6××号案件中,原告有了二心起诉离婚,被告是上门女婿,因原告出轨将第三者殴打至重伤,被检察院提起公诉,离婚纠纷开庭时正处于取保候审阶段。原、被告共育有三个子女,被告说自己过不过无所谓,关键是离婚后无人照看三个孩子。法官调解时一直对被告强调:“你嫁到她们家是为她们做贡献呢,我们体谅你的委屈”,法官对被告极高的道德评价,对被告可能做出的过激行为形成了一定的“软约束”。

关系、和解的可能性。①

（二）“营造离婚的氛围”

根据黄宗智过去对离婚纠纷调解的研究，革命根据地时期的“调解和好”是党政国家提供的强制性消解婚姻矛盾的服务。值得一提的是，黄宗智在十余年前的研究中指出离婚法实践中发生的新变化：随着党政控制弱化的加速和当时强烈反对离婚立场的历史性因素消退，离婚越发呈现出自由化趋势。独具特色的强制性消除婚姻矛盾的调解和好的重要性在逐渐降低。② 这跟笔者通过调研获取的经验一致。法官、调解员不会强行贯彻调解和好的理念，甚至他们会通过“营造离婚的氛围”达成调解目的。

> 调解员冯（Me200415A）：“很多当事人进到法庭中都是懵的，因为这里的氛围就是离婚的氛围。一进法庭，很多人脑子都不清醒了”。

从言辞上看，“离婚的氛围”极其抽象、难以琢磨。但深入离婚纠纷处理全过程，便不难理解“离婚的氛围”的具体指向以及当事人如何受到氛围驱使并作出反应。在不具备调解条件或被告坚决反对离婚的情况下，法官、调解员会利用自己的身份优势、信息优势制造调解先机。比如，在原告仇某宽（Pa200511C）已经起诉三次的离婚纠纷案中，被告赵

---

① 参见陆思礼：《邓小平之后的中国纠纷解决：再谈“毛泽东和调解”》，载强世功编：《调解、法制与现代性：中国调解制度研究》，中国法制出版社 2001 年版，第 284 页。

② ［美］黄宗智：《中国民事判决的过去和现在》，载黄宗智：《经验与理论：中国社会、经济与法律的实践历史研究》，中国人民大学出版社 2007 年版，第 342 页。

某钗(Pa200511D)以双方将近四十年婚姻中积攒的情义为由拒绝离婚。此案让法官、调解员一筹莫展:一方面,原告起诉三次,符合离婚纠纷司法实践中的"二次离婚诉讼审判规则"①;另一方面,顾及双方当事人的婚龄较长、判决离婚可能造成被告做出偏激行为的不良后果,法官在保护原告诉权、婚姻自由权与预防被告出事之间进退维谷。

调解员受法官委托对此案进行调解之际,采用了以下方式:

第一步:循循善诱,展望被告离婚后的生活蓝图。当被告还在为自己婚姻中的得失不抵抱怨时,调解员鼓励被告同意离婚,拉长原、被告双方心理较量的时间至离婚后,使被告通过"离婚后好好过自己的日子"占据上风;

第二步:"倒打一耙",将产生矛盾的责任转嫁给被告。在烘托了离婚气氛却尚未影响被告的意愿之际,调解员将原、被告之间矛盾的症结归因于被告,表示原告之所以想离婚,是被告性格过于强势的缘故,试图引起被告的自我反思。

第三步:以退为进,奉劝被告接受离婚事实。试图引起被告反思之后,调解员劝导被告以退为进、以同意离婚的方式与原告进行资源交换。调解员对被告作出允诺,即使原、被告离婚,原告依旧要承担家庭责任;且被告同意离婚会适当激活原告对家庭的亏欠感,以此锁定原告对家庭的资源投入。

调解步调围绕"当事人如何才能离婚"铺展开来,直接作用于被告。此案中,被告被动之处在于她势单力薄,其不想离婚的主张难以得到有效支持。法官、调解员、原告的众口一词,给被告施加了强大的心理压力。如果同意离婚,法官、

① 即首次提起离婚诉讼、法院判决不准予离婚超过法定期限(一般为6个月)后,当事人再次提起离婚诉讼的,法院一般准予离婚。参见刘敏:《二次离婚诉讼审判规则的实证研究》,载《法商研究》2012年第6期。

调解员还会居中协调后续的财产分割、抚养权归属问题，对被告进行适度偏袒以求再次平衡原、被告之间的利益得失；如果被告依旧反对离婚，那就可能失去法官、调解员的有效干预，使婚姻陷入名存实亡的窘境中。

因此，“离婚的氛围”是指法官、调解员采取设定离婚议题的方式、不断变换调解节奏、以交替作用制造变化从而限定被告选择的策略性手法。与顺应当事人互动表现出的婚姻发展趋势不同，“营造离婚的氛围”是法官、调解员在了解双方当事人婚姻状况前提下主动制定的调解方向与目标。在调解中，法官、调解员利用自己因身份而具有的位势主导着诉讼进程，又可以通过加强一方当事人力量改变原、被告双方原本的互动格局，最终影响案件结果。

［六］依势调解的核心意涵

总体上看，依势调解是法官、调解员对当事人婚姻冲突事实情境的处置方式，其核心意涵是对情境的识别、对时机的把握、对有利于调解条件的创造。离婚纠纷中的依势调解具有权宜性的特征。权宜性强调调解的出发点与落脚点是对个案进行的“个别化”处理，因局势变化不断调整变通，“势”是调解中对天时地利人和的考量。调解时，法官、调解员代表着司法的形象。但却不必然与司法权力存在完全的“向心力”，而是有自己的议程和利害关系。① 在离婚司法

---

① 参见张青：《乡村司法策略化及其日常呈现——锦镇个案的过程分析》，载《华中科技大学学报（社会科学版）》2014 年第 5 期；See Xin He, *The Judge as a Negotiator: Claims Negotiating and Inequalities in China's Judicial Mediation*, Law & Social Inquiry, Vol. 47:4, p. 1172-1200(2021).

中,司法承担着更多的社会责任,不仅要解决矛盾与纠纷,还要积极配合国家实现控制社会力量的平稳运行,挽救婚姻、拯救家庭都在义务范围之内。离婚司法呈现出"超职权主义"的特征。但实际上司法对于婚姻、感情领域鞭长莫及。因此,无论是在审判还是在调解程序中,法官、调解员并不严格按照法律原则,而是更加注重当事人的实际生活,竭尽所能在当事人的诉求、司法能够满足当事人法律想象的程度中寻找一个折中。

在寻找折中的过程中,可以看到离婚纠纷调解中并存着两种形态:一种是法官、调解员似乎将个人纳入当事人之间的利害关系中,不遗余力调动所有力量、援引地方性共识极力促成当事人和好;另一种是法官、调解员以中立者的形象存在于调解情境中,并不关注对当事人之间的博弈状态。有时法官、调解员秉承着家事审判改革的理念,对革命根据地时期的调解和好传统进行不自觉地仿古,通过司法系统实施消除婚姻矛盾的服务。① 有时候他们又似乎只是旁观者,在调解率的诱惑下,追求案结事了的目标,不在乎当事人怎么离、财产怎么分、抚养权归谁。离婚纠纷调解呈现两种构造并存的样态。

这并非因为法官、调解员缺乏职业素质或职业伦理,恰恰相反,无论是法官、调解员投入在调解中的时间与精力,还是调解过程中融合情理法等多种知识的能力,都能彰显出法官、调解员基于务实的考虑、以司法能够实现的最大权益容量满足当事人预期的努力。因为面对离婚纠纷案件,没有不

① 参见[美]黄宗智:《离婚法实践——当代中国民事法律制度的起源、虚构和现实》,载黄宗智主编:《中国乡村研究》第4辑,社会科学文献出版社2006年版。

好的处理办法,也没有更好的处理办法。从根本理念上,法官、调解员不是遵循司法的逻辑去行为,但在司法场域中,法官又要受司法固有特性的约束。根据情势需要选择什么样的调解技术、采取什么调解手段、什么情形下耗费巨大的调解成本毋宁是法官、调解员根据纠纷情境不断调整的结果。"依势"不失为一种良好的调解方式。法官、调解员与当事人在诉讼结构中各有自己的位势,法官、调解员的"势"主要来自司法权力或因在司法场域而具备的权力外观;原、被告双方各自的诉讼地位决定了原告借用了法律的"势",但被告也有很多可资利用的武器去扭转自己的力量。对法官、调解员而言,调解过程是一个发现真实和探索解纷方案的过程;对当事人而言,调解是一个或坚持自己愿望或发现自己深层愿望的过程(例如,把起诉离婚当宣泄情绪的方式时,进入诉讼进程中可能会因消气而改变起诉初衷)。整体上的婚姻情势是在三方"势"的作用之下动态演变的。法官的目的是要对黑、白、灰三种实际情况进行处理,把握住"势",根据案件情况明判是非、劝诫妥协、不做干预,能够实现事半功倍的效果。①

依势调解不仅能够适用于离婚纠纷,也适用于基层法院其他民事纠纷的调解。因为在基层中,双方当事人要么有一定的熟悉度,要么可以通过关系网络连接起来,即使涉案标的较小,但牵扯到双方当事人彼此的怨气,就会使案件的处理变得棘手。在这些情形中,法官、调解员也会将法律意义上的纠纷转换为人际交往上的事件,根据双方当事人的脾气秉性,利用人情、道理、规矩居中调和,旁敲侧击、察言观色,

① 参见[美]黄宗智:《再论调解及中西正义体系融合之路》,载《中外法学》2021年第1期。

使局势达到均衡状态。

但调解“依势”适用的范围同时框定了其适用的限度。就案件本身来看,调解寻“势”的过程,也是法官、调解员不断试探当事人同意边界的过程。这也就意味着,如果当事人不配合,依势调解可能有心无力,乃至产生适得其反的效果。在边际效应为零的案件中,法官自身也不愿意调解。就法院层级而言,依势调解更适用于基层法院。在社会结构中,基层社会最容易积淀起稳固的传统。基层法院的成员与辖域内居民处在相同的社区,彼此间有着相当程度的人际认知。对本地人、事、情境的熟悉,是调解能够依势的重要原因。①

依势调解对调解者提出了更高的要求。调解者的知识结构、价值取向与社会认知等方面的差异是能不能“依势”的重要一环。要重视法官、调解员基于不同人生经验形成的个体差异性对调解的影响,又要对他们进行必要限度的合法性控制,避免形成调解惯性。

[七]结语

本文通过对N法院家事法庭的经验研究,提出了离婚纠纷调解中“依势调解”的分析框架。相比于法官受制于司法环境而采取的调解策略,依势调解反映出纠纷本身、当事人的行动对法官调解行为的影响。若想调解成功,离不开对纠纷的定性和对纠纷形态的把握。通过对法官、原告、被告三方互动情境中“势”的把握,识别纠纷发展趋向,法官掌控调解局面。依势调解能为基层法院的调解实践提供经验上的

① 参见顾培东:《人民法庭地位与功能的重构》,载《法学研究》2014年第1期。

指导，也促使我们重新思考纠纷调解中应运用什么样的方式、统筹什么样的资源共同服务于调解成功这一实际目标。不同于功能论、文化论、国家与社会关系论的研究范式，依势调解是对调解经验的提炼与理论深化，意欲全景式展现调解过程涉及的纠纷事实情境。但对依势调解的研究还存在一些局限，如何从更多类型的纠纷调解经验中加深对“依势调解”的认识、发现更多微观上的差异，将是开展下一步研究中着重解决的问题。

《法律和社会科学》(2023)　第20卷第2辑，第297~327页

法官如何平衡制定法与风俗习惯的冲突
——以彩礼纠纷为中心的扎根理论研究

张　海　陈爱武*

摘　要：对基层法官访谈、审判观念等语料及判决文书的程序化扎根理论实证研究发现，理解彩礼返还问题应该分“两阶段三步骤”走：在彩礼“还不还”阶段，风俗习惯在适用位阶上劣后于《民法典》“无过错彩礼返还规则”的强制性规范，自由裁量在该阶段无适用空间；进入“返还多少”阶段后，法官通过关照和平衡女方利益以消减制定法与民间习惯差异和冲突导致的男女冲突立场之负面影响，借助立法缺位的法律漏洞及风俗习惯内生性特点利用较大的自由裁量权在“彩礼事实认定”环节做文章以形成双方当事人都能接受的裁判结果；此外，由于“返还比例”受“以同居时长为中心

* 张海，南京师范大学法学院博士研究生，中国法治现代化研究院研究员助理；陈爱武，法学博士，南京师范大学法学院教授、博士生导师，中国法治现代化研究院研究员，江苏高校区域法治发展协同创新中心研究员，校外研究机构司法现代化研究中心研究员。本文由张海、陈爱武合作完成，两人共同参与了前期调研、访谈和案例筛选工作，张海主要负责本文的底稿起草，陈爱武主要负责本文的指导和修改，张海、陈爱武共同完成本文最终稿。本文系国家社会科学基金项目“我国西南民族地区民事习惯与乡村治理的经验与模式研究”(18BFX015)、江苏省研究生科研创新计划“愈疗型司法理念在家事审判中的适用”(KYCX21_1224)阶段性成果。感谢匿名审稿人的修改意见和建议；同时，本文部分观点的形成深受在首届法律人类学博士论坛暨“法律人类学的多元面向”学术研讨会上云南大学张剑源教授和中南大学彭中礼教授对本文作者之一张海所作主题报告提出的修改意见和建议之启发，在此特别感谢。

影响因素的差序格局”限制和影响,法官在此阶段的自由裁量较为局限。整体而言,法官协调和平衡行为背后逻辑是法律思维、情理思维和安全思维的综合运用。目前,社会性别意识进入彩礼纠纷司法实践追求法律和社会效果的统一,但应注重对双方利益的平衡保护。

关键词:彩礼返还　程序化扎根理论　制定法　风俗习惯　平衡

[一] 问题的提出：从彩礼功能转变的历史维度切入

(一)从历史的角度看彩礼功能转化

1.聘定和逐利意义相互混同的传统法律彩礼

作为“纳征”的聘财在西周时期所体现纳聘为定的法律意义大于经济意义，因为官方重视通过聘财送出和接受的行为本身来推断男女双方当事人是否有婚姻缔结的合意，若合意的意思表示和行为作出后任何一方反悔均要承担相应的礼制法律责任，而聘财的多寡则相对没那么重要；与此相类似的规定见《唐律·户婚》第175条关于“许嫁女辄悔”中对聘财的多或少无任何要求但对接受聘财后男女双方悔婚予以严苛限制的表达；这种不问聘财种类与轻重厚薄只要女方收受则婚约成立的有关规定一直沿用到北洋政府制定的《民国民律草案》。虽然历朝历代都对彩礼制度有所调整和完善，如元代将聘财礼物的明细以成文的方式列入婚书以防止日后纠纷；明清时期的彩礼是证明婚约成立的形式要件①等，但其所体现出的聘定意义从古至今几乎

① 参见陈鹏：《中国婚姻史稿》，中华书局1990年版，第284页。

一脉相承鲜有变动。

不过，受明朝中后期商品经济发展的直接影响婚姻中聘礼和嫁妆的经济砝码日益加重，功利色彩增强，人们普遍追求聘礼的经济意义导致彩礼在民间演变得越发难以与买卖婚姻划清关系。当然，这也并非明朝特色，根据《礼记·昏义》记载，婚礼早在汉代婚姻制度中便具备无与伦比的根本性崇高地位，聘礼最能体现尊敬①。唐高宗显庆年间更是因为嫁娶以资财论价导致官方对官员的纳聘予以明确限制②来整顿彩礼攀比的风气；明代政府也意识到婚嫁的过量消费不利于社会经济的正常运行，《明会典》记载洪武五年所下诏书曰："近代以来，专论聘财，习染奢侈。……定制颁行遵守，务在崇尚节俭，以厚风俗。违者，论罪如律。"这些举措与当前国家开展高价彩礼专项治理推进农村婚俗改革试点工作颇有异曲同工之妙。同时，我们也看到嫁娶奢侈之风并非贯穿古代历史始终，如市民阶层崛起的北宋时期就不流行彩礼；清朝时期的彩礼也回归了普通家庭可以接受的正常水平。

总体而言，彩礼在古代的功能和意义是由聘定和逐利两部分复杂交织在一起的，但聘定意义由于长期被当局以国家法的制度形式确定而占据主导地位，所以对于尔后发生的婚约解除带来的彩礼应该如何处置的问题古代律令往往规定得非常详细和系统，不仅根据不同悔婚方确定是否追还彩礼

① 《礼记·昏义》有云："……昏礼者，礼之本也……本于昏……尊于朝聘。"意思为婚礼是各种礼的根本。在众礼当中……婚礼是礼的根本……聘礼最能体现尊敬。

② 大唐显庆四年十月诏"天下嫁女受财，三品以上之家，不得过绢三百匹，四品五品不得过二百匹，六品七品不得过一百匹，八品以下不得过五十匹。皆充所嫁女资装等用，其夫家不得受陪门之财"。

的民事责任,还会制定合乎礼制秩序的配套刑事责任①。

2. 基本否定其合法性的近代法律彩礼

受革命思想对婚姻观念的影响,革命根据地时期的婚姻立法明确废除聘金、聘礼及嫁妆②;尔后抗战时期的政策又有所松动放宽,规定解除婚约的女方应该退还彩礼或双方互退订婚财物③;但中华人民共和国成立后的 1950 年和 1980 年的《婚姻法》再次将彩礼排除于国家法之外,其彻底演变为民间习惯。虽然立法层面对彩礼只字未提,但广大民众由于彩礼发生返还纠纷诉诸法院请求返还的司法实践却不会同步销声匿迹,最高法等部门在 20 世纪 50 年代和 70 年代曾多次就彩礼返还问题作出批示或出台意见④帮助实务界厘清难题。

3. 婚恋自由原则取代聘定意义的现代彩礼

经过几番反复波折后认识到解决彩礼问题宜疏不宜堵的官方于 2003 年再次改变态度出台司法解释,将彩礼再次从流落民间迎回正式的国家制度当中,2020 年出台的《民法

---

① 如《唐律疏议》中规定(女方)悔者杖六十,婚仍如约。若男家自悔者,无罪,聘财不追。元明清则均明确规定了男方五年无故不娶、在逃三年,女方改嫁不还聘财或彩礼的具体要求;此外,还规定了男女一方死亡或生死不明解除婚约聘财不追,等等。

② 参见韩延龙、常兆儒编:《中国新民主主义革命时期根据地法制文献选编》第 4 卷,中国社会科学出版社 1984 年版,第 789 页。

③ 1942 年《晋冀鲁豫边区婚姻暂行条例》第 9 条规定:“在本条例施行前所订之婚约解除后,曾收对方之金钱财物者,应如数退还。如一次不能退还时,得订定契约分期偿还……”;1944 年《修正陕甘宁边区婚姻暂行条例》第 6 条规定:“已订婚之男女,在结婚前如有一方不同意者,可向政府提出解除婚约,并双方退还互送之订婚礼物。”

④ 如 1951 年 5 月最高人民法院回复华东分院《关于取消婚约时应否返还聘礼问题的批复》;1951 年 10 月最高人民法院、司法部《关于婚姻案件中聘金或聘礼的处理原则问题对华东分院、华东司法部的指示信》;1979 年最高人民法院出台的《关于贯彻执行民事政策法律的意见》;等等。

典》司法解释(一)也全部继承吸收,不过由于彩礼并非一个规范的法律用语,根据《民事案件案由规定》法院将审理彩礼纠纷案件的案由定为“婚约财产纠纷”。① 根据现有规定,当前的彩礼返还操作具有以下几个特点:一是原则上以未办理结婚登记为条件,这与民间尤其农村地区通行的依赖婚礼仪式举办达到结婚的宣示目的和意义有很大的区别,这也是部分学者批评的当男女双方未领证便同居女方将彩礼用于共同生活将导致对女方保护不周和不利的重点体现之一②;二是过错不再是法官需要考虑的法定因素,这与传统习俗认同的“主动违反婚约行为本身就应该评价为严重过错”③不同的立法考量,也被学者④和法官⑤批评为可能损害女性利

① 参见张莉、张丹:《婚约形式简化下彩礼返还问题的处理》,载《人民司法》2009 年第 12 期。

② 参见李洪祥:《彩礼返还之规定的社会性别分析》,载《法学杂志》2005 年第 2 期;参见李付雷:《论彩礼的功能转化与规则重构》,载《中国社会科学院研究生院学报》2021 年第 1 期。

③ “一般是哪一方先提出,哪一方就承担过错责任”“如果男方提出解除婚约的,女方可以不返还所收彩礼”,参见吕廷君:《关于民间订婚习惯的调查报告》,载谢晖、陈金钊主编:《民间法》第 2 卷,山东人民出版社 2003 年版,第 279 页。“如果是男方要求退婚,则不退彩礼”“按照当地(晋中)的习惯,男方提出退婚,女方收受的彩礼是不会退的”,参见杜江涌:《家事法与家事习惯》,华中科技大学出版社 2017 年版,第 20 页。

④ “无过错彩礼返还规则的最大优点是保障男性的婚姻自由”“无过错的彩礼返还规则……有可能损害女性的利益”,参见李付雷:《论彩礼的功能转化与规则重构》,载《中国社会科学院研究生院学报》2021 年第 1 期。“从过错方是否应当承担彩礼损失的问题来看,习惯规则更为合理”,参见康娜:《婚约彩礼习惯与制定法的冲突与协调——以山东省为例》,载《民俗研究》2013 年第 1 期。“在男方存在重大过错而导致婚姻无法缔结的情形下,如果法律还赋予其要求女方返还彩礼的权利,相对应的就是女方利益的减损,青春和情感的浪费”,参见金眉:《论彩礼返还的请求权基础重建》,载《政法论坛》2019 年第 5 期。

⑤ “不能简单地套用《婚姻法司法解释(二)》的相关规定,简单套用难免使女方被动,因为不管自己是否有过错,男方都会有《婚姻法司法解释(二)》为其‘保驾护航’,女方却缺少为其‘保驾护航’的利器[当时作者采访法官时民法典还未出台,因此是原《婚姻法司法解释(二)》]。”参见王立明、马玉霞:《彩礼纠纷司法裁判研究——兼评青海省基层法院审判婚约财产纠纷案件的观念》,载《青海社会科学》2017 年第 3 期。

益而更多保障男性的婚姻自由。但如果司法解释规定男方违反婚约则拒绝彩礼返还请求将明显违背全球通行的婚恋自由原则。在当前官方对“婚约”适用不禁止也不保护原则的前提下①,法律便规定不管男女双方谁违反婚约都无须承担信赖利益损害赔偿的民事苛责。

(二)彩礼功能转变引发的立法与现实的割裂

虽然现代彩礼在“婚姻偿付理论”“婚约资助理论”“家产继承理论”②等功能中流转尚未尘埃落定,但可以肯定的是已经完全不具有古代意义上彩礼所具备的法律强制力和约束力,③传统彩礼的惩罚功能在国家立法层面已彻底退出历史舞台。然而,较为先进的立法理念④与我国尤其是广大农村对于彩礼返还主张过错主义的传统现实之间⑤产生了割裂,进而导致了彩礼返还纠纷中男女双方当事人的对立立场。“如果一个司法裁判与习俗要求是一致的,那么其结果就具有和谐性;反之,则可能会在其现实化的过程中异化为

---

① 参见杨大文、龙翼飞主编:《婚姻家庭法学》,中国人民大学出版社 2006 年版,第 109 页。

② 参见阎云翔:《礼物的流动》,李放春、刘瑜译,上海人民出版社 2000 年版,第 191-199 页。

③ 参见杜江涌:《家事法与家事习惯》,华中科技大学出版社 2017 年版,第 95 页。

④ 笔者在这里为什么将“无过错彩礼返还规则”评价为较为先进呢?因为从比较的视角来看将彩礼与婚约保护脱钩已经成为全球主流的做法。

⑤ 民间社会规范/习惯中依然保留着彩礼聘定为信的传统功能,认为彩礼发挥着作为保证结婚定金的作用,所以“男方无故悔婚,不退彩礼;女方无故悔婚,要退彩礼”的习惯规则才会有着强大的生命力一直流传着而没有被当作文化糟粕而被自动剔除,而现在的立法现状是用法律强行否定了信用。参见金眉:《论彩礼返还的请求权基础重建》,载《政法论坛》2019 年第 5 期;参见康娜:《婚约彩礼习惯与制定法的冲突与协调——以山东省为例》,载《民俗研究》2013 年第 1 期。

纠纷、矛盾的新源泉。"①作为裁判"法据"的彩礼返还规则与民间习俗不一致②已然成为引发"案结事不了"的重要导火索。

(三)法官如何"尽可能好地行动"是本文关注重中之重

"法教义学"坚持对"规范"与"规范性"的强调③,认为似乎通过完善当前立法或确立某项原则规则④就可以稳妥地解决彩礼返还当下遭遇的现实困境。然而,立法先天的滞后性决定了其从诞生之日起就落后于法律实践,⑤立法永远也赶不上实践的发展变化,更何况成文的法律也不适宜朝令夕改。波斯纳指出:"法官并不是按照被称为'法律'的东西行动,他们只是尽可能好地行动。⑥"苏力教授也曾指出:"无论是立法还是司法……不能仅仅关注规则……一定要关注实际成效。⑦"因此,我们可以尝试着转向实用主义的法学进路⑧,立足于社会和审判现实,发现并揭示在面对制定法和风俗习惯不协调之客观问题继存的前提下,法官究竟是被动

① 贾焕银:《漏洞补充与民间规范关联性问题研究》,山东大学2008年博士学位论文。

② 参见黄小筝:《彩礼返还纠纷司法裁判的"法"与"理"》,载《湘潭大学学报(哲学社会科学版)》2015年第3期。

③ 参见雷磊:《法教义学的基本立场》,载《中外法学》2015年第1期。

④ 参见张剑源:《法官如何思考?——以撤销监护权案件为中心的实证研究》,载《南京大学法律评论》2018年秋季卷。

⑤ 参见甘雯:《司法的平衡精神——兼谈卡多佐和罗豪才的司法观点》,载《人民法院报》2014年12月23日。

⑥ [美]波斯纳:《法理学问题》,苏力译,中国政法大学版社2002年版,第283页。

⑦ 苏力:《法律人思维?》,载《北大法律评论》第14卷第2辑,北京大学出版社2013年版,第429-469页。

⑧ [美]波斯纳:《法理学问题》,苏力译,中国政法大学版社2002年版,第568页。

选择对教条主义的践行还是主动发挥能动性追求个案公平正义的司法实现？如果法官偏向于积极追求彩礼纠纷解决的社会效果①或力争达到法律效果和社会效果的统一，他们又是通过采取了什么样的策略来实现这一并不容易完成的目标。为更好论述，本文选择了区别于数据分析和定量研究的"扎根理论"作为研究方法，扎根理论倡导在深度访谈的基础上从经验事实中通过不断比较归纳出概念再抽象出理论，非常适用于挖掘某一现象背后的深层原因，②研究个体解释真实世界、理解人类行为并建构理论。③ 此外，"扎根理论在国内法学研究中的运用还偏少，学术积累不多，基本上还处于探索状态"，④尝试运用扎根理论研究法律现象可以为法律实证研究这一宏大又广阔的拼图填补小小的一角空白。

[二] 研究方法与模型构建

(一) 研究方法及数据收集

本研究采用目前在国内得到了最为广泛认可和应用的程序化扎根理论，⑤虽然扎根理论研究方法带有"理论"二字，但本质却是结合数据收集与分析、使用一套系统性应用

---

① 参见于龙刚：《制度与社会约束下的法官行为——以基层法院的离婚纠纷解决为经验》，载《法制与社会发展》2022 年第 3 期。

② 参见王仙雅：《高校教师国际化科研成果产出影响因素——基于扎根理论的探索性研究》，载《科技进步与对策》2017 年第 15 期。

③ See Barney G Glaser et al. , *The Discovery of Grounded Theory*: *Strategies for Qualitative Research*, Nursing Research, Vol. 17:4, p. 377-380(1968).

④ 何永军：《法律实证研究的目的、要素与类型》，载《地方立法研究》2022 年第 5 期。

⑤ 参见费小冬：《扎根理论研究方法论：要素、研究程序和评判标准》，载《公共行政评论》2008 年第 3 期。

方法形成一个关于某一实质领域的归纳性理论的一般研究方法论，主要分为资料收集与分析、资料编码、建构理论和理论饱和性检验等环节。

“具有典型性和多样性的案例是扎根理论研究的重要数据源和概念提取对象，是其归纳性逻辑思维展开的前提和基础”，①但“没有一手数据支持的所谓‘扎根研究’是‘名为扎根其实并不扎根’的‘伪扎根’”，②针对当前以法官视角展开研究较为缺乏的现状，本文选取以两名审判经验丰富的基层法院家事法官为访谈对象展开一对一的深度沟通和交流，访谈过程中采用半标准化访谈方式以便受访法官可以自发地表达出有关研究主题的复杂知识储备和隐含性观念③。同时，以四名同样拥有长期家事审判经验的法官对裁判彩礼纠纷的看法和观念之书面材料为补充来减少访谈人数不足对判断结论可能带来的潜在负面影响，并结合审判机关发布的典型案例及以北大法宝数据库为抽样来源，且遵循学者克里彭多夫提出的三种抽样指导方法④混合进行抽取的完整判决文书等二手数据进行相互印证。除此之外，随机挑选 2 份案例对编码后形成的理论模型之合理性进行检验来判断其是否达到饱和，以及确认是否需要继续补充资料进行修改和完善。

---

① 王英伟:《医闹行为的归因模型构建及干预路径选择——基于扎根理论的多案例研究》，载《公共行政评论》2018 年第 6 期。

② 贾旭东、何光远、陈佳莉、衡量:《基于“扎根精神”的管理创新与国际化路径研究》，载《管理学报》2018 年第 1 期。

③ 参见[德]伍威·弗里克:《质性研究导引》，孙进译，重庆大学出版社 2011 年版，第 128 页。

④ 具体抽样方法为先“立意抽样”，再“滚雪球抽样”，最后进行“相关性抽样”。参见文宏、崔铁:《运动式治理中的层级协同:实现机制与内在逻辑——一项基于内容分析的研究》，载《公共行政评论》2015 年第 6 期。

(二)资料编码及模型构建

编码是对原始资料逐渐进行概念化、范畴化和理论化的过程,主要分为开放性编码(又称开放式登录或一级编码,Open Coding)、主轴编码(又称关联式登录或二级编码,Axial Coding)和理论编码(又称选择性编码、核心式登录或三级编码,Selective Coding),①在本研究的具体应用为:

1. 开放性编码:提取概念和范畴

借助质性研究工具 Nvivo12② 将收集的法官访谈、观点和判决文书等资料打散,赋予概念,再以新的方式重新组合③形成开放性编码。在该编码阶段尽可能使用与研究对象对话中出现的关键性语言或原表述词汇即原生代码,来规避因过多语言转换导致的解释断桥风险④从而促使对数据保持中立且开放的态度。同时,编码的数据单位大小很关键,⑤需要依据资料特点灵活交替使用逐句、逐行乃至逐词等不同的编码方式,如对法官的访谈语料进行非常细微密集的编码迫使笔者突破具体内容关注材料的结构和行文等意

---

① 参见谢彦君、樊友猛:《身体视角下的旅游体验——基于徒步游记与访谈的扎根理论分析》,载《人文地理》2017 年第 4 期。

② Nvivo 是一款功能强大的质性分析(Qualitative Analysis)软件,能够有效分析多种不同类型数据,诸如文字,图片,录音,录像等数据,是实现质性研究的有力工具;12 指的是该软件在国内大陆的中文版本,本文的数据处理均使用 Nvivo 第 12 版进行操作。"NVIVO 软件在归档编码的定性数据、将备忘录与数据中的事件关联起来,以及在逐渐构建思路时将备忘录关联起来等方面的确非常有用。"参见[加]朱迪丝·A. 霍尔顿、[法]伊莎贝尔·沃尔什:《经典扎根理论—定性和定量数据的应用》,王进杰、朱明明译,北京大学出版社 2021 年版,第 107 页。

③ 参见陈向明:《扎根理论的思路和方法》,载郭泽德、白洪谭主编:《质化研究理论与方法—中国质化研究论文精选集》,武汉大学出版社 2015 年版,第 160 页。

④ 郑庆杰:《解释的断桥:从编码到理论》,载《社会发展研究》2015 年第 1 期。

⑤ 参见[英]凯西·卡麦兹:《建构扎根理论:质性研究实践指南》,边国英译,重庆大学出版社 2009 年版,第 64 页。

象和意义。此外，开放性编码要遵循“逐级编码”的原则，因此往往要通过多级的编码才能得到足够抽象化和概括性的概念或范畴。① 经过对数据资料反复整理和分析得到 154 个初始编码、73 个概念和 43 个范畴。因篇幅限制，开放性编码的形成过程示例见表 1。

表 1　开放性编码形成过程示例

<table>
<tr><th>编码</th><th>概念化</th><th>范畴化</th></tr>
<tr><td>彩礼在民间源远流长</td><td rowspan="3">法官对待彩礼的认识和态度</td><td rowspan="3">彩礼是我国民间文化传统中的一种客观存在</td></tr>
<tr><td>彩礼属于中国传统文化，有其存在的合理性</td></tr>
<tr><td>彩礼是一种民间习俗</td></tr>
<tr><td>压篮钱、门斟酒红包、见面礼、上下车(轿)礼、押书子钱、跟帖礼、桌面款、过红折礼、挑篮、看人户、过门、开庚、传启、亲家看家……</td><td>不同地区彩礼之明细名称</td><td>彩礼的内容十分庞杂且复杂，名称也各具特色不容易让人明白</td></tr>
<tr><td>结婚的程序为“三回九转”</td><td>结婚所需经历的流程非常繁杂</td><td>烦琐的结婚流程导致彩礼给付行为零散的出现在诸多环节</td></tr>
<tr><td>四千元斟酒红包被二审认定为非彩礼的赠与</td><td rowspan="3">同一地区上下级法院法官对于同一争议款项的认定结论相反</td><td rowspan="5">不同主体对于彩礼的认知不同导致判断标准不统一</td></tr>
<tr><td>上下车(轿)礼被二审认定为彩礼</td></tr>
<tr><td>上下车(轿)礼因结婚仪式实际举办被二审改判为非彩礼</td></tr>
<tr><td>根据“金额或价值”标准判断订婚礼金不属于彩礼而属于情谊赠与</td><td rowspan="2">同一法院的不同法官对同一争议款项的认定结论相左</td></tr>
<tr><td>根据发生在订婚时的时间标准判断订婚礼金属于彩礼</td></tr>
</table>

① 参见贾旭东：《虚拟政府视域下的公共服务外包——基于中国城市基层政府的扎根理论研究》，中国社会科学出版社 2016 年版，第 36 页。

续表

编码	概念化	范畴化
认定数额较大的见面礼为彩礼	不同地区法院对同类型财物给付行为的事实判断相互矛盾	彩礼的范围判断因各地的习俗差异而不同
数额较大的桌面款未被认定为彩礼		
……		

2. 主轴编码:选取主范畴

在前一环节编码提炼的范畴基础上对数据继续分析发现并建立各范畴相互之间的逻辑和联系,在主轴编码中分辨出主范畴和副范畴。借助内容为“(A)因果条件→(B)现象→(C)脉络→(D)中介条件→(E)行为或互动的策略→(F)结果”的“6C”①模型在此阶段“更容易呈现出范畴聚合成概念的过程”。② 在该阶段通过不断比较和分析各个范畴之间的内在相互关系共归纳形成11个主范畴。

3. 故事线及结构识别:发现并围绕核心范畴描述故事

用范畴之间的典型关联结构“故事线”将主轴编码阶段所有范畴串联成有意义的“系列故事”形式来描绘整体行为现象和脉络条件,并由此发现能与其他数据产生联系并可以解释大部分研究现象的核心范畴。通过叙事的方式形成“2个阶段3个步骤”的发展演进路径和1条隐藏逻辑路径共计4条关键故事线,所有故事线由“司法平衡法律与风俗习惯的过程和策略选择”这一核心范畴联结,其中:

阶段1(步骤1)为“彩礼要不要还:无过错彩礼返还规则→

① “6C”模型的英文表达为“causes, contexts, contingencies, consequences, covariances and conditions”。

② 贾旭东、衡量:《扎根理论的“丛林”、过往与进路》,载《科研管理》2020年第5期。

法官的法律思维→依法裁判→需要返还”,此时法官无自由裁量的空间;阶段2为“返还数额的确定”,其中步骤2围绕“彩礼范围界定”的逻辑路线为“彩礼的事实认定→证据评价→适用习俗→较大的自由裁量权→以平衡女方利益为代表的诸多权衡加入裁判”,即法官在依据当地的风俗习惯认定彩礼事实时拥有较大的自由裁量空间,法官会提前通过对当事人的接受程度、案件后续的执行可能及社会效果等因素综合考量来引导和左右对彩礼事实认定的走向,通常使用的方法是将那些具有争议性的诉争财产技术性地认定为无须返还的非彩礼性质或者使本该被认定为彩礼的争议财物不被认定,即“达到一个事实认定并不清晰但判决结果双方能接受”①这般两造均皆大欢喜的局面。背后的考量因素就在于不容忽视且需要予以重点关注和平衡的女方利益,只有当彩礼范围界定的越严格、越狭窄,判决女方需要返还的数额才会越少,在客观的结局上也就越有利于女方;步骤3关于“返还比例”的关键路径则形成以“同居时长”为中心指标而其他影响因素围绕四周发挥着类似差序格局形态作用的模式,此时法官拥有的自由裁量权受到具体影响因素的限制而变小。

虽然自由裁量的发挥空间在不同的阶段和步骤有所扩张或压缩,但足以让“侧重和偏向于关照女方的后续反应和审判效果”的考虑映入法官的眼帘,并以躲藏在“无知之幕”背后的操作方式来影响接下来的判决结果,即法官在“返还多少彩礼”问题上利用自由裁量权使用平衡的“中庸之术”让女方也尽可能不要竹篮打水一场空。这种使法官超越法律审判的行为背后之隐藏逻辑为“习俗的消极作用→当事人产生错误的观念和认知→女方反叛之法的法律思维→法官的情理思维和安全思维→

① 亓晓鹏:《行政法官疑难案件审理模型的建构——一项基于扎根理论的实证研究》,载《清华法学》2018年第6期。

自由裁量权”。

4. 理论编码与模型构建

当核心范畴涌现后再反过来围绕其将其他主范畴系统地、有机地联系起来,构成一个新的理论框架,同时回到原始资料中验证其间的关系,①最终构建出“司法是如何平衡法律与风俗习惯”这个问题的答案模型。贯穿于分析全过程的是持续比较和理论比较的分析策略,②通过对数据进行反复对比和提炼以不断补充和修正理论框架。本文根据故事线将所有范畴组合后发掘出 3 种匹配机制,首先,制定法在解决“彩礼是否返还”问题提供法律依据来回应判决结果的“合法律性”;其次,凭借风俗习惯内生性的特点法官利用较大自由裁量在“彩礼返还多少”之“彩礼认定”问题上使用司法策略来尽可能实现关注和平衡女方利益的目的;最后,利用相对固定的“返还比例”确定最终的返还数额。本文将该理论称之为彩礼纠纷处理的“两阶段三步走”模型。

当从新的数据中无法提炼和形成可以让概念密度得以增加的新类属时可以视为理论饱和。通过使用前期准备阶段预留的案件资料做二次分析和编码检验后发现上述模型中的概念、范畴和类属关系紧密相扣,未能进一步挖掘出新的属性和关联,因此,可以判定本文构建的模型已达到理论饱和。

[三] “两阶段三步走”模型的内容诠释

法官对待彩礼返还问题的具体考量过程可以概括为“两阶

① 参见张天问、吴明远:《基于扎根理论的旅游幸福感构成——以互联网旅游博客文本为例》,载《旅游学刊》2014 年第 10 期。

② 参见[美]朱丽叶 · M. 科宾、安塞尔姆 · L. 施特劳斯:《质性研究的基础:形成扎根理论的程序与方法》,朱光明译,重庆大学出版社 2015 年版,第 80 页。

段三步走”,第一阶段为对彩礼返还的“定性”阶段,需要解决的问题主要为两类,一是彩礼判还与否的确定,即“还不还”的定性判断;二是诉争财产究竟属不属于彩礼,即彩礼事实的定性,两种操作合并赋名为“对彩礼的定性判断”。根据无过错的彩礼返还规则,当法官确定诉争财产的性质为彩礼时那么则要判定返还彩礼。第二阶段为对彩礼返还的“定量”阶段,即在明确应该返还彩礼后需要结合特定个案情境决定当事人返还多少彩礼,计算公式表达为“判决返还的彩礼数额=界定的彩礼总额×具体情境下的返还比例”。该阶段严格按照细致区分也可分为两条路径,路径之一是对“彩礼总额”的计算确定,但这一部分往往在法官确定诉争财产是否属于彩礼性质时便紧随其后自然呈现,如“本案争议焦点之一为原告方给付给被告方的96675元属于彩礼金或者办酒席的费用”①“司某对胡某1给付上轿礼10000元及‘三金’价值11000元有异议”②,故无须单独将其细分增加操作的复杂程度,直接纳入“彩礼事实的定性”环节共同考虑即可。因此,在该阶段重点关注的是“返还比例”是如何被确定的。

强调“两阶段三步走”的模型提示我们看待法院关于彩礼的判决结果不可以直接将其内部“定性”与“定量”两个重要维度简单予以混同,而是要进行一一对应的严格区分,否则就会出现“有彩礼=必须返还钱物”“无须返还=无彩礼”等对判决结果的错误解读,正确的做法是需要将“定性”“定量”两个维度交叉组合成不同结果来具体问题具体分析。以最容易让当事人混淆

① 朱某1、朱某2诉林某1、郑某、郑某2婚约财产纠纷案,广西壮族自治区百色市中级人民法院(2019)桂10民终2743号民事判决书。

② 胡某1诉司某婚约财产纠纷案,江苏省宿迁市中级人民法院(2017)苏13民终5031号民事判决书。

的“无须返还彩礼”之结果为例，诉争财产的性质虽然被判定为彩礼，但由于受当事人同居时长过长或生育等因素影响法官依然会综合判定女方无须返还彩礼，此时就可能形成“有彩礼却无返还”的局面，此种情形用“两阶段三步走”模型可以拆分为“属于彩礼范畴→应该返还→但无须返还，因为返还数额为零”这样的审判逻辑路径。这需要与真正的无须返还之情形即被判定为不是彩礼而当事人不用返还的“无彩礼就无返还”进行区分，同理可将此类情形拆成“不是彩礼→不应该返还→无须返还”的逻辑路线，经对比可以发现虽然两者的法律后果均可以归结到当事人“无须返还”的落脚点上，但两者背后的法律依据却截然不同，前者适用无过错的彩礼返还规则，后者则是基于其他民事法律关系考量。确定法律后果的三段论推理要求结论是对案件事实适用法条所规定的法律后果，①仅就彩礼返还问题而言，是否属于彩礼范围的事实判断虽然一定会带来判决彩礼返还的法律后果，但并不一定实际产生返还的具体数额，因为这个具体数额有可能受其他因素影响而变成没有实际意义的“零元”，但这个“零元”的结果并不能直接等同于为“无须返还”而是仍然需要返还但由于数额为零产生了与无须返还类似的法律效果而已。

当然，判断结果还会出现争议款项未被法官认定为彩礼但出于公平考虑判决对方部分返还也就是“无彩礼但有返还”的情况，由于个案案情的差异会导致法官为平衡当事人利益所提供的判决方案千差万别，因此，何种具体的结果不是这里追求的探讨重点，但学会运用“定性”联合“定量”的方法对彩礼判决之过程和结果进行分阶段的深入解读是本文强调的重要解构。

---

① 参见[德]卡尔·拉伦茨：《法学方法论》，黄家镇译，商务印书馆 2020 年版，第 345 页。

[四]彩礼纠纷解决实践中法官的平衡之道及其行为逻辑

司法审判单纯满足于法律效果是远远不够的,实现法律效果与社会效果的统一,是法官的价值追求之一①。家事案件由于家庭关系的复杂性、特殊性呈现出与一般民事案件的不同特性②使其对社会效果的要求尤为突出,如贺欣教授认为,在以家庭暴力为由诉请离婚的案件中往往是社会效果取代了法律效果③。通过前述对访谈和案例的总结归纳,我们发现在解决彩礼返还的实践中法官同样会追求两种效果的统一,但受制于彩礼纠纷自身的特点法官们又会有与众不同的特殊考虑,而这些考量则是通过"两阶段三步走"的处理步骤体现得淋漓尽致。

(一)"是彩礼则必须返还"是"合法律性"的必然结果

无论法官如何思考与衡量首先必须确保他所作的判决是以法律规定为取向的"合乎法律性",当法官在确定了诉争财产属于彩礼事实后,其实应当适用什么法律规定对其而言是没有任何选择余地的,因为属于强制性规范的无过错彩礼返还规则在适用顺位上是必然排斥风俗习惯而排在首位的,哪怕当地民间长期存在"订婚后男方悔婚女方不退彩礼"之习俗也必须作出应该返还彩礼的判决,只有严格禁止法官借助风俗习惯向一般条款逃逸的现象发生,才能保障制定法的安定和权威。

---

① 参见会宁县人民法院:《民事审判应当实现法律效果与社会效果的统一》,载澎湃新闻网2022年3月29日,https://m.thepaper.cn/baijiahao_17368365。

② 参见陈爱武:《论家事案件的类型化及其程序法理》,载《法律适用》2017年第19期。

③ 参见贺欣、肖惠娜:《司法为何淡化家庭暴力》,载《中国法律评论》2019年第4期。

依法判决所体现出的“法律思维”需要牢牢根植于法官的日常审判理念,“将法律条文作为审判依据应该是我们(法官)的首要选择”“法官判案是要找依据的,首先是找法条”,这也是受访法官纷纷表示习惯入典对于他们审理婚约财产纠纷案件的影响微乎其微的重要原因。然而,我们也观察到少数法官受习俗影响较深的审判观念容易让裁判结果出现与制定法脱钩从而丧失合法性的风险,如某法官对于彩礼是否返还“也要考虑男女方的过错”的观点就明显在“还不还”的法律判断上出现了用民间习俗取代具体法律规范,借助风俗习惯向一般条款逃逸①的现象发生,这是需要提高警惕和避免的错误。

(二)彩礼难以认定的法律漏洞为法官自由裁量提供“舞台”

由于关于彩礼返还的立法条文有且仅有一条,法官在选择性适用法律条文的法律适用方面理应无恣意发挥的空间,这是否说明法官对此类案件的裁决考量就不会出现任意性问题。答案是否定的。

司法决策实质上会受到与案件无关的法外因素影响,纵使“还不还”问题被无过错的彩礼返还规则明确固定适用,但法条“未对返还彩礼数额作出规定使得法官有一定的自由裁量权”②,即法官可以从预先判定的判决结果倒推事实认定③从而促使法官主动且有目的地引导彩礼事实认定的走向。法官对待彩礼事实的认知和态度显然受到了注意保护和平衡女方利益考

---

① 郭剑平:《关于我国公序良俗原则司法适用的法理思考》,载《河南社会科学》2020 年第 9 期。

② 王立明、马玉霞:《彩礼纠纷司法裁判研究——兼评青海省基层法院审判婚约财产纠纷案件的观念》,载《青海社会科学》2017 年第 3 期。

③ 参见李学尧、刘庄:《矫饰的技术:司法说理与判决中的偏见》,载《中国法律评论》2022 年第 2 期。

量的情理思维和安全思维的影响。情理思维更多是作为自然人的法官出于同情弱者帮助弱者的天性和本能使然,不再赘述。容易被忽视的安全思维则是包括职业安全和人身安全考量两个重要方面,对于职业安全考虑表现在受访法官们表示审理彩礼纠纷案件的精神压力感受较为明显,担心当事人因无法接受返还结果哪怕是部分返还的判决而上诉影响个人办案的考核发改率。"这类案件最难处理……是其中纠缠不清的情感关系",可见,困扰法官的并不是案件事实本身而是隐藏背后的,除物和行为之外的人身利益方面的争点之复杂性①,复杂的社会性因素和情绪性因素几乎掺杂在任何一件家事纠纷中②,这也是一般家事纠纷呈现出交错多轨的纷争且其中的权利和义务表现得相对复杂③的具体体现。

"近年来一连串侵犯伤害法官的恶性事件的发生,使得法官的人身安全这一过去似乎'隐而不宣'的问题,现在一跃而成为一个实实在在的现实问题"。④ 访谈中法官也曾透露"当事人在审判过程以及判决出来后情绪起伏还特别大""情感类纠纷案件的当事人对于法官的报复率和其他几类件相比是最高的",可见,法官对于办理此类案件可能造成的预见性人身安全威胁高度关注和重视。这也是法官们选择严格依法裁判而不选择适用风俗习惯的重要原因之一,对实体公正的格外注意和强调可以杜绝当事人的不当怀疑从而切断将矛盾转向法官的可能。

---

① 参见陈宝军、王琦:《家事纠纷特质的反思与重识》,载《海南大学学报(人文社会科学版)》2018年第1期。

② 参见徐德臣:《从解决纠纷到管理纠纷:现代家事法院功能之转变》,载《河北法学》2020年第2期。

③ 参见陈爱武:《家事诉讼程序:徘徊在制度理性与实践理性之间》,载《江海学刊》2014年第2期。

④ 张剑源:《家庭暴力为何难以被认定?——以涉家暴离婚案件为中心的实证研究》,载《山东大学学报(哲学社会科学版)》2018年第4期。

正因如此,受访法官普遍表示不仅会从“审判理念”上主动树立保护女方的意识,在审判过程中更是会从宏观层面的“判决尺度”从严把握,在“经济利益”“情绪关注”等一系列微观操作层面注意照顾女方,甚至会根据女方当前实际的返还能力来选择以调解为主的“结案方式”规避判后带来的执行不能风险或者以当事人的需求为导向促使双方多调解少判决以至于不惜改进调解技术构造追求最大限度提升彩礼返还的调解成功概率,在最后的“判决结果”上通常也不会要求女方全额返还,力争避免矛盾激化,贯彻纷争一次性解决①要求。

由此可见,在彩礼纠纷审判的过程中法官对于女方的关注属于非常全面的整体性通盘考量,力度之大可谓前所未有。法官坚持以务实主义的问题解决型思维从综合双方利益衡量甚至可以定位为优先从考虑女方的角度出发来裁判彩礼返还,借助“返还多少”这一具有弹性的审判空间来实现后果评价和社会效果的平衡。当前的判决已基本全面实现用“部分返还”取代“全部返还”以保障女方利益或平衡双方利益从而达到男女双方均能基本接受的结果范围。

当然,法官对女性利益的重点照顾得以实现之原因可以归结于彩礼立法规范本身仍待完善以及风俗习惯规定的模糊和不确定。作为内生性行为规则的民俗习惯注定在司法适用上天然存在极强的地域性局限,但法官在援引民俗习惯认定彩礼范围时又多数使用符合或不符合“当地风俗”或者简单以根据“当地风俗习俗”“婚俗习惯”等字眼来直接界定彩礼的范围,对于其

---

① 如某法院二审认定一审确定的彩礼返还比例并无不当,但让女方自行取回陪嫁物品的处理方式不利于一次性纠纷化解目的的实现,于是改判为将嫁妆物品开支从应当返还的彩礼中予以扣除。参见刘某诉谈某1、谈某2、谈某3婚约财产纠纷案,河南省信阳市中级人民法院(2022)豫15民终2350号民事判决书。

具体内涵和地域性限制的描述和阐述鲜有涉及。①

综上所述,彩礼立法本身仍待完善以及风俗习惯自身固有的局限性影响了法官在对彩礼事实的认定。

(三)返还比例的确定——以"同居时长"为中心的类差序格局影响模式

相对于"彩礼认定"环节,在"返还比例"的确定上法官享有的自由裁量空间将大大缩小,以下试展开分析导致区别局面产生的有关原因:

1."同居时长"是法官确定彩礼返还比例的"中心标准"。部分学者主张司法解释不考虑、回避甚至选择主动遗忘同居、过错等因素对彩礼返还的影响之观点其实犯了"管中窥豹,可见一斑"的错误,把目光过分聚焦于反思规则本身的不足和漏洞,从而忽略了"确定个别要素的意义必须把握意义之整体"②以及结合动态实践视角的需求。一方面,从规则制定者的官方立场来看,早在2011年最高院出台的《全国民事审判工作会议纪要》第50条第1款③便已规定"双方共同生活的时间"是法官在确定彩礼返还数额时可以依据的因素之一,该指标出台的深层逻辑就是考虑到在部分特殊情形之下如双方已经按照当地风俗举行了婚礼并实际共同生活了一段时间,如果当感情破裂分手时仅以未办理婚姻登记为由便简单地"一刀切"式要求女方返

---

① 参见黄霄飚:《民俗习惯在继承纠纷中司法适用的实证分析——以496份裁判文书为分析样本》,载广西壮族自治区高级人民法院民事审判第一庭编:《家事和少年审判理论与实践》,法律出版社2019年版,第217页。

② [德]齐佩利乌斯:《法学方法论》,金振豹译,法律出版社2010年版,第74页。

③ "婚约财产纠纷案件中,当事人请求返还以结婚为条件而给付的彩礼,如果未婚男女双方确已共同生活但最终未登记结婚,人民法院可以根据双方共同生活的时间、彩礼数额并结合当地农村的风俗习惯等因素,确定是否返还及返还数额。"

还全部彩礼对其而言是有失公平的①。该纪要精神不仅体现了官方对于在确已共同生活但最终未能办理结婚登记手续的婚恋关系中处于相对弱势的女方利益之保护,且与普罗大众心中“女方在无论由谁主动提出的解除婚约中受到的伤害一般要比男方大”②的普遍认知价值取向一致。

另一方面,从实务操作角度考察有两个层次需要分析,一是法官基于彩礼给付目的的认定虽未进行结婚登记但拥有共同生活经历的男女双方在事实上已经形成夫妻之间相互扶助的协同体,同居时间越长表明双方距离共同追求的缔结婚姻之目标越接近,为保障结婚目的的彩礼给付实现程度也变得愈加充分,理应返还的越少;二是根据生活常理解释男女双方均会负担在共同生活期间的有关支出,同居时间越长对于女方而言将彩礼用于共同生活支出部分的金额就越多,扣除后返还的也就越少。综合理解,即呈现“同居的时间越长,男方遭受彩礼损失就越大”的递增规律。当然,也有学者从财产形态转化的角度更加激进的认为,作为对将来消费所进行“储蓄”的彩礼,只要双方共同生活,无论时间长短,“金钱式的彩礼”大部或全部就已经转化为财物,丧失返还可能。③ 因此,从不同变化视觉综合考察可以得出相对确定的结论,即“共同生活一定会导致彩礼损失的结果”。

“男女双方在一起共同生活”约等于“彩礼确已用于双方共同生活”的理解方式本意或许是追求与广大民众的朴素正义观

① 最高人民法院民事审判第一庭:《最高人民法院民法典婚姻家庭编司法解释(一)理解与适用》,人民法院出版社 2021 年版,第 71 页

② 参见汤建国、高其才主编:《习惯在民事审判中的应用:江苏省姜堰市人民法院的实践》,人民法院出版社 2008 年版,第 18 页。

③ 张学军:《彩礼返还制度研究——兼论禁止买卖婚姻和禁止借婚姻索取财物》,载《中外法学》2006 年第 5 期。

念相契合,但客观上却“意外”产生了两方面“减轻”的法律效果:其一,对法官来说,减轻了其在双方当事人众多诉争财产往来中精确区分需要返还彩礼数额的难度;其二,对当事人而言,减轻了在双方举证责任分配时女方的证明责任,无须以证明离婚诉讼中“分居”事实那种证明标准过分要求其证明男女双方共同居住生活这种表层事实。① 究其原因,不想返还或者只愿意返还部分彩礼的通常是收受彩礼的女方,其本应举证证明彩礼已经用于双方共同生活但如今只用证明共同生活过的事实即可能让法官确信彩礼用于了双方的共同生活。当然,彩礼用于共同生活的形式多种多样,诸多证据材料都可以在诉讼中作为有利证据提出,但“同居时长”在法律技术上属于可以被固化的客观指标,更加易于证明且难以产生分歧。而对于主张彩礼返还的男方而言,在推定彩礼用于双方共同生活的前提之下,其要么承担举证责任证明共同生活期间的所有支出全部由其一人承担,要么接受同居时长超过一定期限后彩礼不予返还的不利后果。

把“同居时长”和“彩礼用于共同生活”相挂钩的解释方式将产生有利于女方利益的实际效果在一定程度上可以视为对同居带给女方负面影响的补偿,毕竟在现实生活中“订婚后公开同居对男女声誉的影响有很大不同”②。这也恰好在无形中契合了风俗习惯中主张类似“羞男不羞女”③等注重彩礼聘定意义的部分观点和做法,法官依其裁判可以实现法律效果和社会效

---

① 参见熊承星:《简评〈商丘中院审理婚约财产纠纷案件指引(试)〉》,载百度百家号“律赢惠法律服务”网 2020 年 8 月 18 日,http://baijiahao.baidu.com/s?id=1675331970070800716&wfr=spider&for=pc。

② 康娜:《婚约彩礼习惯与制定法的冲突与协调——以山东省为例》,载《民俗研究》2013 年第 1 期。

③ “羞男不羞女”在山东民间的意思为“订婚后男方一般不能悔婚,女方则可以进一步考察,如不中意,允许悔婚”。参见山曼、李万鹏、姜文华、叶涛、王殿基:《山东民俗》,山东友谊书社 1988 年版,第 179 页。

果的有机统一,故“共同生活”的时长指标虽然仅为效力位阶相对较低且属于非强制性适用的会议纪要所规定,但在审判实践中却出乎意料地成为法官计算返还比例时不二之选的决定性因素。如判决书中多有记载“综合考量双方同居的时间”“考虑双方共同生活期间的必要开支等情况”①等表达。这不仅与有关学者批评的“……不论双方是否已经同居……悔约都无需承担任何责任”的观点不符合,反而与习惯将“共同生活”作为彩礼返还的关键要素更能保护弱者利益的“支持习俗说”②的价值导向趋同。

此外,经对部分省市法院有关规定的统计发现,法院一般不予支持共同生活超过两年的要求返还彩礼的诉讼请求,商丘中院则是规定了更加严格的一年时间的期限限制。“共同生活时长”属于能够显著影响彩礼返还比例的中心因素,显而易见的作用地位较为突出:当同居时长不足一年时,彩礼给付方能够请求返还的比例区间覆盖范围最高能达到 70%;一旦超过一年后,比例直降 30 个百分点到最高的 40%,下降幅度最多的甚至可以直接降至为零。这进一步印证了前述分析的“共同生活”在实务中已然成为法官们优先适用的判定标准,也间接证实了实务届已广泛认同达到一定期限的“同居生活”这一事实本身就能明显证明男女双方同有追求未来结婚之证据作用。并且,在“同居时长”指标既存的前提下,其他如“给付数额”“怀孕或流产”等因素均围绕其发挥各自的影响作用,即形成以“同居时长”为中心指标,其他因素像石头丢在水面上所发生的一圈圈

---

① 钟某诉龚某婚约财产纠纷案,江苏省徐州市中级人民法院(2020)苏 03 民终 5272 号民事判决书。

② 参见金眉:《论彩礼返还的请求权基础重建》,载《政法论坛》2019 年第 5 期。

推出去的波纹,围绕着该中心指标发挥着自身作用形成同心圆波纹性质的类似差序格局①的彩礼返还比例确定模式:其中“同居时长”是最显著的中心影响因素,其他因素的作用不是无限的简单累加,而是像水的波纹一般有一定的影响范围,当波纹一圈圈推出去越推越远后影响也越来越弱,具备类似差序格局的伸缩功能(如图1所示)。如亳州中级人民法院规定若女方在同居期间怀孕或流产则可以主张在依据同居时长扣除的基础上再减少至多不超过彩礼总额15%的返还数额;类似规定的还有周口和遵化中级人民法院的在共同生活期间女方怀孕或者流产的可在共同生活基础上再减少彩礼总额的5%到20%(如表2所示)。

表2 共同生活时长与彩礼返还比例的关系

<table>
<tr><th rowspan="2" colspan="2">共同生活时长</th><th colspan="4">返还比例</th></tr>
<tr><th>亳州市中级人民法院(2006年10月1日)</th><th>周口市中级人民法院(2008年1月1日)</th><th>遵化市人民法院(2013年8月1日)</th><th>商丘市中级人民法院(2020年8月4日)</th></tr>
<tr><td colspan="2">未同居生活</td><td>全额返还</td><td>/</td><td>/</td><td>全额返还</td></tr>
<tr><td rowspan="4"><12M①</td><td><3M</td><td rowspan="4">≤40%</td><td>≤70%</td><td>≤70%</td><td rowspan="3">≤10万部分,50%~70%;>10万部分,全额返还</td></tr>
<tr><td>3M≤X<12M</td><td rowspan="3">≤50%</td><td rowspan="3">≤50%</td></tr>
<tr><td>6M</td></tr>
<tr><td>6M≤X<12M</td><td>≤10万部分,30%~50%;>10万部分,全额返还</td></tr>
<tr><td colspan="2">12M≤X<24M</td><td>≤20%</td><td>≤30%</td><td>≤30%</td><td rowspan="2">不予支持</td></tr>
<tr><td colspan="2">≥24M</td><td>不予支持</td><td>不予支持</td><td>不予支持</td></tr>
</table>

① 参见费孝通:《乡土中国》,华东师范大学出版社2018年版,第26页。

续表

<table>
<tr><th rowspan="2">共同生活时长</th><th colspan="4">返还比例</th></tr>
<tr><th>亳州市中级人民法院(2006年10月1日)</th><th>周口市中级人民法院(2008年1月1日)</th><th>遵化市人民法院(2013年8月1日)</th><th>商丘市中级人民法院(2020年8月4日)</th></tr>
<tr><td>接受彩礼方有过错</td><td>增加10%</td><td>/</td><td>/</td><td rowspan="4">/</td></tr>
<tr><td>给付彩礼方有过错</td><td>减少10%</td><td>减少5%~20%</td><td>减少5%~20%</td></tr>
<tr><td>均有过错,一方过错明显大于另一方的</td><td>增加或减少≤5%</td><td>/</td><td>/</td></tr>
<tr><td>怀孕或流产</td><td>累计减少≤15%</td><td>减少5%~20%</td><td>减少5%~20%</td></tr>
<tr><td>生育子女</td><td>/</td><td>不予支持</td><td>不予支持</td><td>不予支持</td></tr>
</table>

注:"M"指的是月份英文"Month"的缩写,表格中的"/"符号表明该项内容在当地出台的裁判指引中没有明文规定。

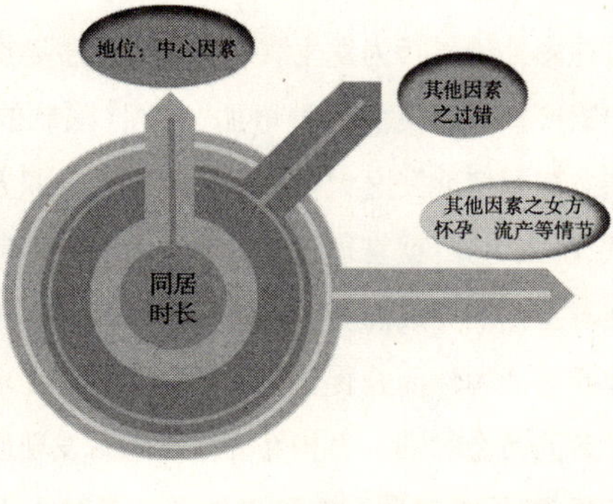

图1 以"同居时长"为中心的差序格局影响因素

2. 对"过错"的适用谨慎又克制。司法实践中女方通常会在质证环节以"民间就素有'男方悔亲,女方不返还彩礼;女方悔亲,彩礼全部返还'的行为规范"①这一与国家正式法并不完

① 贾焕银:《司法判决中习俗的考量和适用分析》,载《民俗研究》2009年第2期。

全符合的风俗习惯为由抗辩己方无须承担彩礼返还的义务,虽然在旧俗下“一方无理由解除婚约或因过错导致他方解除婚约时该方应承担信赖利益的损害赔偿”①之观点有其可取之处,但与婚姻自主与自由基本原则严重相违背的天然缺陷让实务中的法官对其之适用保持谨慎且克制的态度,即使一些地方法院发布的指导意见中吸收了“提出解约一方承担部分彩礼损失”的观点,适用条件也往往较为严苛。如泰州姜堰市人民法院②规定只有当彩礼数额低于2万元时才依据悔婚方区分返还比例;一旦超过2万元,无论是哪方提出悔婚均要全额返还。在当前物质生活水平条件下彩礼低于2万元的情况已经极为少见,该院的规定基本间接否定了解除婚约行为本身就存在过错的说法。商丘市中级人民法院于2020年出台的裁判指引中规定必须同时满足“超过六个月”的时间条件才可以要求提出解除婚约的彩礼给付方承担超过彩礼总额10%以上的彩礼损失③,即给付彩礼方在彩礼给付行为发生后的六个月内主动提出解除婚约无须承担财产损失苛责。此种增加“时间”限制的做法是当地法院在法条与习惯冲突之大背景下为调合男女双方利益差距的有益尝试,耐人寻味:据常理推断,男女双方的往来联系及情感交流将随着订婚的完成而更加频繁、密切和深入,纵使双方未提前了解彼此生活习性而仓促订婚,尔后的一段时间也是双方相互加深了解的黄金时期。当相处一段时间后发现彼此并不适合走入婚姻殿堂时,尤其男方应该更加主动及时止损来规避恋爱风险,而不是恶意拖延,彼此耽误。自由恋爱期间理应允许有

① 李姗萍:《论婚约及其解除之损害赔偿》,载《法律科学(西北政法大学学报)》2021年第5期。

② 参见江苏省高级人民法院《婚姻家庭案件审理指南2012》第2章第2条第3项。

③ 参见《商丘市中级人民法院关于审理婚约财产纠纷案件的裁判指引》第5条第1款。

适当的试错成本发生,但不能无限放任扩大、久拖不决。故该院创造性规定的“六个月”反悔期,既可以发挥保障男方婚姻自由的作用,也可以实现部分限制男性恣意悔婚而补偿和平衡因信赖婚约却遭受损失的女方之利益的保障功能,属于在制定法框架内对风俗习惯的尊重和变通,值得肯定和借鉴。

上述种种措施表明了各地法院对具有争议的“过错”要素保持着一种谨慎且克制的态度,即使采纳作为影响彩礼返还比例的因素也尽量将其控制在一定的范围之内,即减少至多不超过彩礼总额的50%,中数为30%。(如表3所示)

表3 悔婚方与彩礼返还比例的关系

法院名称	彩礼价值	谁提出解除婚约或因何方原因导致婚约解除		备注
		给付彩礼方	接受彩礼方	
泰州姜堰市人民法院	2000-10,000元	返60%	返80%	/
	10,000-20,000元	返70%	返90%	
	20,000元以上	返100%	返100%	
亳州市中级人民法院①	/	返≥70%	/	
周口市中级人民法院②	/	返50%~90%	/	根据过错程度、双方的经济状况等因素
遵化市中级人民法院③	/	返50%~90%	/	根据过错程度、双方的经济状况等因素
商丘市中级人民法院	/	≤90%	/	同时需要超过六个月

注:①参见《亳州市中级人民法院审理婚约彩礼纠纷案件若干问题的指导意见》第8条。

②参见《河南省周口市中级人民法院关于审理涉及婚约彩礼纠纷案件的指导意见(试行)》第6条。

③参见《遵化市人民法院关于审理涉及婚约彩礼纠纷案件的指导意见(2013)》第6条。

[五]结论与讨论

法官在审判彩礼纠纷案件时率先严格适用的是法律思维解决彩礼应不应该返还的问题,过渡到返还多少的问题时则法律思维退居次要的地位而情理思维后来居上,贯穿于两种思维始终的是法官对自身职业和人身安全的考虑,这三种思维在法官脑海中利益最大化的组合模式便是其在审理此类案件时的与众不同之处。

此外,我们不难发现社会性别意识已经贯穿于法官审理彩礼纠纷案件时从最初的"思想意识"到终局性的"判决结果"之全部过程,这与有关彩礼立法对女性保护不足的批评之声并不相符。故本文并不赞同要求用风俗习惯所主张的由婚约解除方承担责任来取代当下通行的以结婚登记为标准的彩礼返还规则之请求权基础的观点和看法,事实上法官早已在用自己的努力来消除、弥补和平衡因现行法律与彩礼风俗习惯冲突所造成的男女双方当事人利益失衡的状态和严重对立的局面。

其实,仅仅因为彩礼返还不考虑过错就一定使得女性在婚约财产纠纷中注定处于弱势地位吗?这个答案或许也值得进一步探讨。本文认为,在当前我国高性别比的社会大背景下,女方在婚姻缔结过程中往往占据着主动地位①,"一家女百家求"的适婚男女比例失衡现象虽然略显夸张,但在一定程度上也属实

---

① 参见桂华、余练:《婚姻市场要价:理解农村婚姻交换现象的一个框架》,载《青年研究》2010年第3期。

存在。[①] 占据男方家庭财富大部分的彩礼在纠纷发生时暂时还掌握在女方的手中，女性处于话语权的主动位置。就像在离婚纠纷中多为男性的被告在纠纷解决场域中具有较强的主动性，而多为原告的妻子为实现更快和更安全结案的目标更可能在优先性较低的事项上作出妥协[②]一样，在彩礼返还纠纷中女性往往为被告，其在纠纷解决场域可以积极利用自身的主动地位要求对方率先作出让步。通过前述总结，本文认为这种假设在司法实践中已经得到了证实，如在女方提前将彩礼花费导致丧失返还能力的无奈现实情况下，法官想方设法促使通过调解而非判决来寻求解纷之道就是直接的体现之一。目前，社会性别意识进入彩礼纠纷司法实践追求法律和社会效果的统一，但应注重对双方利益的平衡保护。

---

① 参见刘根生：《别因“5 女相 100 男”加重了性别失衡焦虑》，载中安在线网 2022 年 2 月 15 日，http://comment. anhuinews. com/ruiping/202202/t20220215_5810901. html。

② 参见于龙刚：《制度与社会约束下的法官行为——以基层法院的离婚纠纷解决为经验》，载《法制与社会发展》2022 年第 3 期。

《法律和社会科学》(2023)　第20卷第2辑,第329~358页

仪式的幻觉:明清时期州县官员的城隍司法实践

雷博慧*

摘　要:城隍司法是记录于明清司法文献中的一种破案方式,即官员在侦查案情、审讯犯人、抓捕案犯、验尸决囚等司法过程中引入道教神祇“城隍神”的现象。城隍司法是在政权的制度结构与已有的意识形态基础之上运行的,即以“官祀神”制度与“果报”意识为前提,通过一系列诸如斋宿、行香、祷告、发愿、求签、祈梦的道教斋醮科仪来实现破案的目的。然而这种破案方式的奏效并不是官员与案犯各自以为的“神灵显应”,而是在仪式与信仰共同作用下产生的幻觉的作用。一方面,官员祷神的行为在主观上产生一种神灵将会协助破案的心理安慰。另一方面,官员利用案犯对城隍神的畏惧营造“亡者归来”与“神灵显应”的假象,使案犯在畏神的幻觉中吐供。

关键词:城隍神　司法　仪式　功能

* 雷博慧,中山大学法学院博士研究生。

从13世纪末到20世纪初,传统中国的司法实践中有一种名不见经传的侦讯方式,即城隍司法。这种以城隍信仰为基础的破案方式曾是彼时中国司法实践的特殊秩序。自从《北齐书》①中第一次出现城隍祠以来,历代文人与学者对城隍信仰与城隍神的研究可谓汗牛充栋,着眼于城隍司法的研究却相对较少。幸运的是,人迹罕至并不意味着是处女之地。美国学者康豹依赖司法连续性的概念②来探讨神前的私人调解、神前审讯、神前赌咒、告阴状等;徐忠明教授在分析"明镜高悬"③的司法意义时指出城隍神"不但成为民众申冤雪枉的对象,司法官员遇到难以侦破和裁决的疑难案件也会祝祷城隍"④。范依畴指出,城隍神之所以会出现在司法实践中,是因为百姓憧憬公正的法律秩序和民众所持有的"果报不可逃避"的正义观念⑤。赵娓妮与里赞用档案材料

① (唐)李百药:《北齐书》,中华书局2000年版,第191页。

② See Paul R. Katz, *Divine Justice: Religion and the Development of Chinese Legal Culture*, Routledge, 2009.

③ 徐忠明:《凡俗与神圣:解读"明镜高悬"的司法意义》,载《中国法学》2010年第2期。

④ 徐忠明:《情感、循吏与明清时期司法实践》,上海三联书店2009年版,第189页。

⑤ 参见范依畴:《民间司法公正观念的神话表述及其特征——明清文学中"城隍信仰"的法文化解读》,载《法学》2013年第1期。

分析了城隍神的鉴察功能及其对清代司法的影响①；张守东则以城隍神为例分析了传统中国利用宗教信念的司法经验②；还有学者也点出官员借助案犯对城隍神的畏惧心理来获取疑难案件的口供等现象③。可以说，上述研究成果已经让城隍司法进入学者的视野，为了能够进一步展现城隍司法的原貌，笔者在上述研究成果的基础之上引入官员日记、文集、年谱等记录办案过程的原始材料，辅之以方志和文学作品，试图在人类学的视野之下对城隍司法的成因、仪式、运作真相予以还原。

[一] 城隍司法的前置系统

城隍司法是明清时期侦破疑难案件的断案手法。从现有司法案例可知，至迟到元代④，城隍神已经被作为侦破案件的"偏方"存在。实际上，文献材料中并没有"城隍司法"这一概念，为了方便研究，笔者将破案过程中引入城隍神的现象统一概括为"城隍司法"，意思是城隍神参与的司法实践。具体表现有两个方面，一方面，面对疑难案件无法推进的窘境，有些官员会赴城隍庙祷告、行香、祈梦、焚烧牒文、占

---

① 参见赵娓娓、里赞：《城隍崇拜在清代知县司法中的影响》，载《四川大学学报(哲学社会科学版)》2013 年第 6 期。

② 参见张守东：《城隍神的构造原理：法律与宗教互动的古代中国经验》，载《财经法学》2020 年第 2 期。

③ 参见刘志松：《清代州县官司法对民间信仰的主导、借用与转化——对〈鹿洲公案〉中假神断狱现象的功能性解读》，载《宗教学研究》2020 年第 4 期。

④ 《元史》中已有循吏祷城隍神破案的记载，如"田滋传""观音奴传"，"刘秉直传"等，分别参见(明)宋濂等：《元史》，中华书局 2000 年版，第 2914 页，第 2920 页，第 2924 页；元杂剧中也出现了民众向城隍神诉说冤抑的话语，参见(元)郑廷玉：《崔府君断冤家债主》，载卢冀野编：《元人杂剧全集》第 3 册，上海杂志公司 1936 年版，第 201 页。

卜求签,试图通过上述方式请求城隍神协助破案。另一方面,官员利用案犯作案以后惧怕神灵报应的畏神心态,利用仪式营造城隍神显灵的氛围,迫使案犯招供的破案方式。

接下来的问题是,帝制中国有诸多神灵崇拜,为什么引入司法实践的神祇是城隍神而不是其他的神灵。原因或许有二:其一,制度规定了城隍神在官员庶务中的位置;其二,城隍神背后的"果报"与"承负"意识是司法实践乃至社会治理所需要的,这也是城隍司法奏效的主要原因。

(一)"官祀神"的进化

如果"社会制度是文化的真正要素"①是不证自明的,那么社会制度的主要确立者对城隍神的态度在一定程度上决定了城隍神在国境内的影响力。从《北齐书》②与《宾退录》③的记载可知城隍神在魏晋南北朝时期已被普遍信仰。唐代的许多文人与官员都撰写过"祭城隍文"④;五代十国,城隍神有了封号⑤,宋代将城隍神列入国家祭祀的范围之内⑥。元世祖忽必烈时期,在上都建立城隍庙⑦,文宗图帖睦尔时期加封"大都城隍神为护国保宁王,夫人为护国保宁王妃"⑧。时间往后推到明代,洪武二年,朱元璋敕封城隍神以

---

① [英]马凌诺斯基:《文化论》,费孝通译,华夏出版社2002年版,第18页。

② (唐)李百药:《北齐书》,中华书局2000年版,第191页。

③ (宋)赵与时:《宾退录》,北京燕山出版社2019年版,第305-313页。

④ 唐人的"祭城隍文"参见(唐)李商隐:《李商隐全集》下册,(清)冯浩注、王步高、刘林辑校汇评,珠海出版社2002年版,第975-977页;(唐)韩愈:《韩愈全集校注》,屈守元、常思春主编,四川大学出版社1996年版,第2383页。

⑤ (宋)薛居正:《旧五代史》,中华书局2000年版,第957页。

⑥ (元)脱脱:《宋史》第2册,中华书局2000年版,第1680页。

⑦ (明)宋濂等:《元史》,中华书局2000年版,第79页。

⑧ (明)宋濂等:《元史》,中华书局2000年版,第500页。

后①,“国家建邦设都必设城隍庙,廊庑斋寝俨然俱备,有司筮仕者,斋宿谒告”②。

满人入关以后,祭祀礼神制度承袭明代。顺治朝规定“城隍……俱仍旧例遣官致祭,但未定行满礼,得旨致祭,着遣满官,并用满官赞礼,祝词用满文”③。然而,或许顺治皇帝再三强调的“照旧致祭”④并没有被认真贯彻。到了雍正十年,胤禛再次强调城隍祭祀、城隍庙、祭文的重要性,着重强调官员升迁要照旧例赴庙⑤。到雍正十二年,皇帝御制都城隍庙碑文,并建造碑亭。城隍庙碑亭竣工后,雍正帝又派遣皇五子和亲王弘昼祭祀都城隍庙⑥。到了乾隆时期,祭祀的仪式更加完备,祭文由翰林院统一撰拟⑦,颁行全国实施。到了清代晚期,从 1857 年至 1903 年,咸丰帝、同治帝、光绪帝三人在五十年的时间里御赐全国各地省、府、厅、县城隍庙匾额及封号二百余次⑧,这种在全国各地大规模、有针对性地册封是较为罕见的,就算是确立城隍神为礼制神的明代,朱元璋只是在建制上做了规定,并没有一对一的御赐匾额及

① (明)姚广孝:《明太祖高皇帝实录》卷之三十八,载《明实录》第 2 册,上海古籍书店 1983 年版,第 755-756 页。

② (清)钱坫:《(乾隆)韩城县志》,载顾廷龙主编:《续修四库全书》(史部)第 693 册,上海古籍出版社 1996 年版,第 218 页

③ 《世祖章皇帝实录》,载《清实录》第 3 册,中华书局 1985 年版,第 257 页上栏。

④ 《圣祖仁皇帝实录》,载《清实录》第 4 册,中华书局 1985 年版,第 44 页上栏。

⑤ 《世宗宪皇帝实录》,载《清实录》第 8 册,中华书局 1985 年版,第 542 页上栏。

⑥ 《世宗宪皇帝实录》,载《清实录》第 8 册,中华书局 1985 年版,第 789 页下栏。

⑦ 《高宗纯皇帝实录》,载《清实录》第 11 册,中华书局 1985 年版,第 531 页上栏。

⑧ 根据《清实录》统计。

封号。

从正史的记录脉络来看,起初,对城隍神的祭祀并没有范式化,到了封建社会的晚期,城隍神才成为国家祭祀的固定内容。换句话说,城隍神被统治者建制化以后,逐渐具有了行政色彩。正如明太祖所言"朕设京师城隍,俾统各府州县之神,以鉴察民之善恶而福祸之,俾幽明举"①。也就是说,各地省城隍神是与各省行政首长相对应的阴间官员,以此类推,府城隍即阴间的知府,县城隍即阴间的知县。然而,城隍神逐渐亲近政权,最后为之所用,这并不完全以神道设教为动因,还有统治者"为权力祈祷"②的意味。试问,哪一个朝代的统治者不愿意求得神对统治的保佑,身居高位的皇帝尤恐走到生命尽头而"求神仙为长生不老之计"③,为了求晴祈雨而斋宿祷告④,为了逃避战祸而奔赴城隍庙,虔诚行礼⑤。因而被历史所选择的君王敕封城隍的举措更像是对千秋万代之国祚的虔诚祈祷。

皇权对城隍神的重视导致基层日常庶务也离不开城隍神。以知县为例,除上任时在城隍庙斋宿外,新任知县还要在神前立誓,宣读誓词⑥。官员在主持编审事宜时,为保证编审的公证,"于将审之先,敬制誓文,斋戒沐浴,率诸里胥

① (明)孙承泽:《春明梦余录》,江苏广陵古籍刻印社1990年版,第214页。

② 参见[加]卜正民:《为权力祈祷——佛教与晚明中国士绅社会的形成》,张华译,江苏人民出版社2005年版。

③ (清)陈裔虞:《(乾隆)博罗县志》卷之十三,载《中国地方志集成广东府县志辑》第16册,上海书店出版社2003年版,第557页下栏。

④ (明)张溶:《明世宗肃皇帝实录》卷之二百九十八,载《明实录》第44册,上海古籍书店1983年版,第5675-5676页。

⑤ 《宣宗成皇帝实录》,载《清实录》第38册,中华书局1986年版,第380页上栏。

⑥ (清)李锺珏:《且顽七十岁自叙》,载《北京图书馆藏珍本年谱丛刊》第183册,北京图书馆出版社1999年版,第350页。

户长等，虔诣城隍神案前，宣读誓词”①；均徭役之时，仍然“率吏民告城隍”②。每逢初一、十五，知县要率领衙役于城隍庙行香祭祀③。有时，宣讲乡约也在城隍庙举行④。戮囚之后为了赎罪与袪晦，官员“待刽子手报告，始退盘衙，赴城隍庙行香，告以不幸”⑤。遇到蝗灾⑥、淫雨⑦、积水⑧、虎患⑨、妖邪扰民⑩、诉讼成风⑪等妨害乡民生产生活的事情，官员亦在城隍神前虔诚烧香祷告，祈求神灵护佑。最后，知县离任之时要“辞城隍神”⑫。

从中央到地方，从都城隍到县城隍，从风雨雷电的自然关怀，到驱魔驱兽的超自然保护，乃至五谷收成、瘟疫水灾，城隍神与各级行政首长一同掌管地方政务，分理阴阳，幽冥

---

① （清）黄六鸿：《福惠全书》，周保明点校，广陵书社 2018 年版，第 166 页。

② （清）熊象阶、武穆淳：《（嘉庆）濬县志》，浚县地方史志办公室点校，中州古籍出版社 2009 年版，第 427 页。

③ （清）胡具庆：《庚复日记》，载李德龙、俞冰主编：《历代日记丛钞》第 27 册，学苑出版社 2006 年版，第 33 页。

④ （清）周家楣等：《（光绪）顺天府志》，载《光绪顺天府志》第 8 册，左笑鸿点校，北京出版社 2018 年版，第 2697 页。

⑤ （民国）饶燮乾：《（民国）镇宁县志》，载《中国地方志集成 贵州府县志辑》第 44 册，巴蜀书社 2006 年版，第 437 页下栏。

⑥ （明）段容思：《段容思先生年谱纪略》，载《北京图书馆藏珍本年谱丛刊》第 39 册，北京图书馆出版社 1989 年版，第 504－505 页。

⑦ （明）郭孔延：《郭公青螺年谱》，载《北京图书馆藏珍本年谱丛刊》第 52 册，北京图书馆出版社 1999 年版，第 505 页。

⑧ （民国）王焕镳：《陶文毅公年谱》卷上，载《北京图书馆藏珍本年谱丛刊》第 136 册，北京图书馆出版社 1989 年版，第 154 页。

⑨ （清）吴怀清：《天生先生年谱》，载《北京图书馆藏珍本年谱丛刊》第 81 册，北京图书馆出版社 2010 年版，第 194 页。

⑩ 百姓认为自己受妖邪侵扰，难以入寐，请求知县帮助驱邪，参见（清）方华钦：《竹南居士年谱》，载《北京图书馆藏珍本年谱丛刊》第 126 册，北京图书馆出版社 1999 年版，第 624 页。

⑪ （清）金之俊：《金文通公集》，载《清代诗文集汇编》第 8 册，上海古籍出版社 2010 年版，第 557 页上栏。

⑫ （清）张泰交：《受祜堂集》，载《清代诗文集汇编》第 180 册，上海古籍出版社 2010 年版，第 34 页。

并举。理解了城隍神与官员庶务之间的关系,也就理解狱讼等重要地方庶务中引入城隍神的制度缘由。

(二)"果报"意识的扩张

如果说"官祀神"强调城隍神在制度上的合法地位,那么城隍神背后的果报、承负、功过的理念便是城隍司法的精神内核。城隍神是何时与果报的意识建立联系的,笔者还未曾考。然而有一点可以确定,明清时期的民众,上至知识分子,下至黎民百姓普遍笃信城隍神是鉴察功过,褒善罚恶的神灵。一方面,民众相信城隍神能看到人们在日常生活中的行为与行为动机。另一方面,神会根据人们的行为来实施报应,褒奖善行,惩罚恶行。通俗地讲,如果做了好事,一定有好报,而做了坏事也必然招致厄运,人们认为此生之所得,无论祸福,皆为报应。从官员士人等知识分子每日记录的功过格①,再到百姓对"善恶终有报"的普遍认同,正是在普遍笃信的文化语境下,城隍司法文化才得以生存。那么这种"果报"意识又是如何影响明清时期的司法实践的呢。

一方面,果报与承负观念融汇于官员的司法行为和日常生活。以知县为例,万历四十四年(1616年)任河南光山知县的李谦亨不愿接受命案贿赂,在城隍庙发下"枉法受赂,祸延子孙"②的毒誓,随后即公正裁判。雍正癸卯(1723年)任

① 参见[美]包筠雅:《功过格——明清时期的社会变迁与道德秩序》,杜正贞、张林译,上海人民出版社2021年版。功过格是中国古代的通俗宗教簿册,记录个人每日行为的功与过;功过格的作用是劝善,明清官员纷纷立功过格以自省。参见《太微仙君功过格》,载何建明主编:《道藏集成(第一辑)》第8册,国家图书馆出版社2017年版,第562页;另参见《当官功过格》,载(清)王赠芳、(清)成瓘:《(道光)济南府志》,济南市史志办公室整理点校,中华书局2013年版,第2135页下栏。

② (民国)苏毓琦、张震科等:《(民国)宁晋县志》,载《中国地方志集成 河北府县志辑》第66册,上海书店出版社2006年版,第594页下栏。

广昌县令的黄允肃审理“争山持刃杀人案”①时，凶手买通族人顶罪，臬司勒令知县改换口供，但黄允肃“作告城隍文，自誓内有丹心一片”，顶住上级的压力，未曾更改口供。不仅知县担心枉法裁判带来的果报，知县的幕友也会惧怕神给予报应，而对神诉说。②

这种深刻的果报观念是一股长期蛰伏在官员意识中的潜流。就这一点而言，“官员儒家化”③似乎难以概括司法官员的观念特征。光绪年间任黔江知县的张桂林在办理逆伦重案④之时，“无三费公局可以供应解资”，只能让案犯“服毒自尽”。纵然众证确凿，但是为节省经费而私自处理案犯的行为，已然让县令心中有愧，张桂林反复斟酌，认为违规操作于仕途而言只有降级的风险，如果因此促成冤案，将会折损积修，这才是官员最担心的事情。因而张桂林反复于神前祈祷、求签，直到在梦中被城隍神责以“妇人之仁”，才下定决心让案犯伏诛。

除官僚等精英阶层的意识中有果报信仰的痕迹以外，另一方面，乡邻之间的日常纠纷也常常在城隍神前赌咒解决⑤，或者“令老人引原被将各人口词赴城隍庙，焚祝礼拜，人惧神明降罚，则自输情伏罪矣”⑥，父母官与公堂不能解决

---

① （清）怀荫布等：《（乾隆）泉州府志》，载《中国地方志集成 福建府县志辑》第23册，上海书店出版社2000年版，第706页上栏。

② （清）汪辉祖：《梦痕余录》，载《北京图书馆藏珍本年谱丛刊》第107册，北京图书馆出版社2010年版，第487页。

③ 参见郝铁川：《中华法系研究》（增订本），商务印书馆2021年版。

④ （清）张桂林：《笏珊年谱》，载《北京图书馆藏珍本年谱丛刊》第176册，北京图书馆出版社1999年版，第616页。

⑤ （清）程鸿诏：《有恒心斋文集》，载《清代诗文集汇编》第678册，上海古籍出版社2010年版，第269页上栏。

⑥ （明）汪天锡：《官箴集要》，载《官箴书集成》第1册，黄山书社1997年版，第286页上栏。

的纠纷,在神案前确有案结事了之效。黔首孱弱,鬼神是他们最容易接近,最值得信任的权威。而信神的背后是"强烈的感情、忠诚以及对行动的承诺"①,因而在神前的盟誓,诉讼两造都不会对纠纷的处理结果有异议。除上述词讼纠纷的情境之外,民众的日常生活从未脱离城隍神,无论是婚姻嫁娶、外出谋生、博取功名、疾病缠身,逢冤入狱,抑或是坠入官司的无底之洞,赴庙求签祷告都是民众认为可以摆脱困境的路径之一。

[二] 仪式:建筑与斋醮

虽然笔者并没有在材料中找到制度化的城隍司法,但是其作为一种司法惯例却存在了六百年的历史②,从蒙古人统治的元代延续到满人统治的清代。遗憾的是,由于年代久远,元代保存下来的司法文书较少,官员具体如何利用城隍神破案,便无从得知。然而,把目光聚焦于司法文献较多的明清时期,便可以看到城隍司法在实践方面的共同要素。其一,司法过程一般在城隍庙进行;其二,司法过程有一套类似于道教斋醮仪式的程式化操作,即斋宿、沐浴、行香、祷告。"斋醮仪式是道教沟通人神关系的重要途径,也是向神灵诉说信徒愿望的途径"③,城隍神本就是道教神祇,官员用道教

---

① [英]麦克·阿盖尔:《宗教心理学导论》,陈彪译,中国人民大学出版社 2005 年版,第 83 页。

② 笔者找到的较早的案例发生于 13 世纪末,"赵副使案",参见(明)王士翘:《慎刑录》,载顾廷龙主编:《续修四库全书》(子部)第 974 册,上海古籍出版社 1996 年版,第 57 页下栏;较晚的案例发生于 20 世纪初,"陈氏灭门案",参见(清)钟寿康:《文叔公自着年谱》,载《北京图书馆藏珍本年谱丛刊》第 187 册,北京图书馆出版社 1999 年版,第 353-356 页。

③ 陈耀庭:《道教神学概论》,宗教文化出版社 2016 年版,第 22 页。

仪式开启人神沟通的大门并不难理解。但问题是，具体是如何操作的。

（一）“鉴察司民”的神圣空间

一般情况下，城隍庙是城隍司法的空间载体。城隍庙是城隍神与城隍夫人的官邸。从二十五史来看，至少到金代（约1181年），官方已经开始修建城隍庙①，到了明代，统治者从制度层面规定了城隍庙的建筑形式与规模。洪武三年（1370年），朱元璋“诏天下府、州、县立城隍庙”②。清袭明制，雍正帝看到城隍庙逐渐有倾圮之势，责令府州县用心修理③。

以府与县为例，城隍庙一般矗立在治所（衙署）附近。如乾隆时期直隶平定州盂县与河南彰德府的城隍庙，盂县城隍庙的位置在县衙的右前方（见图1），彰德府城隍庙位于彰德府衙的北面（见图2），因为地图并没有给出比例尺，具体的距离无从得知。但从同处于乾隆时期的江津县“城隍庙在县治西二百五十步”④的记录来看，如果一步按照一米来计算，那么城隍庙距离县治最多不超过二百五十米。如此近的距离让城隍司法在实际操作的过程中没有空间距离上的阻碍。城隍庙的建构模式也与县衙相似，朱元璋规定，城隍庙的规格与同级衙署相同，即“其制、高、广各示官署厅堂，其几案

① （元）脱脱：《金史》，中华书局2000年版，第364页。

② 《明太祖实录》卷之五十三，载《明实录》第2册，上海古籍书店1983年版，第1050页。

③ 《世宗宪皇帝实录》，载《清实录》第8册，中华书局1985年版，第542页上栏。

④ （清）曾受一、王家驹：《（乾隆）江津县志》卷之八，载《中国地方志集成 重庆府县志辑》第13册，巴蜀书社2016年版，第476页下栏。

皆同,置神主于座”①。例如,盂县的县治图显示县衙除去内宅是五进院落(见图 3),城隍庙除去后殿是三进院落(见图 4),二者都是传统中国的对称型建筑,仅在规模上有差异,建筑风格的相似也体现出明清政府衙门与城隍庙在职能上的相似性。

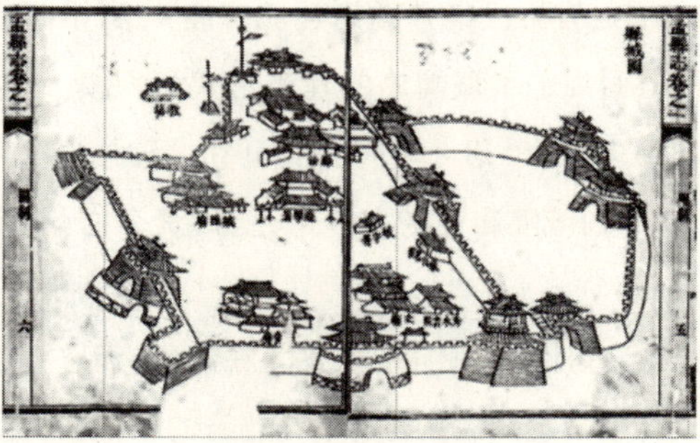

图 1　乾隆直隶平定州盂县县城

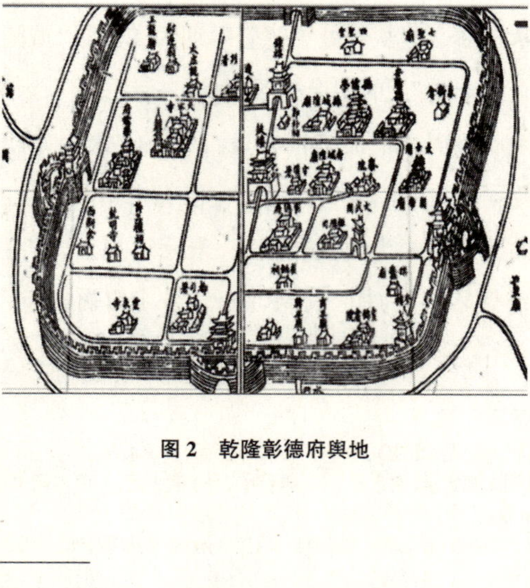

图 2　乾隆彰德府舆地

---

① 《明太祖实录》卷之五十三,载《明实录》第 2 册,上海古籍书店 1983 年版,第 1050 页。

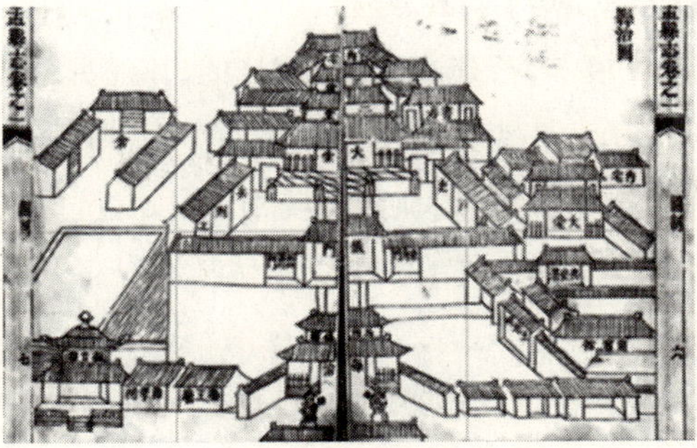

图 3　乾隆直隶平定州盂县县治

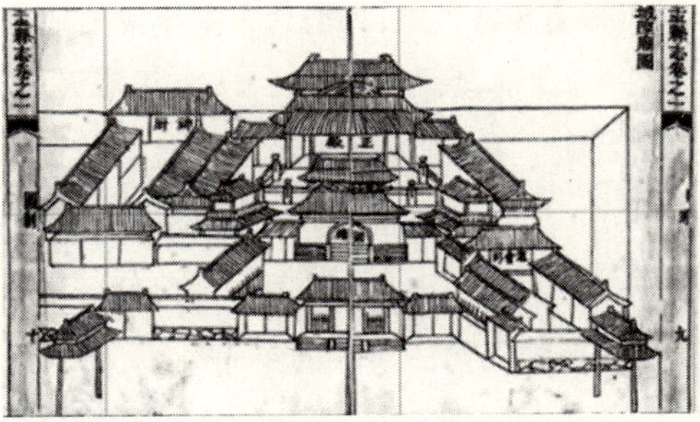

图 4　乾隆直隶平定州盂县城隍庙

资料来源：图 1、图 3、图 4 参见（清）马廷俊、吴森清：《乾隆直隶平定州盂县星野舆地全图》，1784 年，古地图数据库。图 2 参见（清）卢崧、江大键、程焕：《乾隆彰德府舆地全图》，1787 年，古地图数据库。

城隍庙的门匾、算盘、庙联等饰物处处体现城隍神实施果报的文化特征。城隍庙的门匾上一般书写“你来了”或者“你来了么”的道教偈语，如清代康熙二十八年（1689 年），直隶巡抚于成龙①于蓟县城隍庙立的“你来了”门匾,以及乾隆44年(1779年)修建的妈宫城隍庙的门匾(见图5),还有咸丰时期薛九先生为松雪城隍庙手书的“你来了么”四字匾额②。城隍庙的庙联亦体现了城隍神记录功过,报应不爽的特征。如乾隆四十三年(1778),花城县城隍庙上堂悬一大镜,上面写着“照胆”二字,旁挂一联曰“鉴察两隅,看我良善报施何曾差了半点。照临三属,任尔奸邪诡秘几时逃过一人”③。

城隍庙悬挂算盘的传统也早已有之(见图6),虽然起源已不可考,但确有传统可循,如清代古本小说中记载,“广州省城隍庙挂一个大算盘,写数句云,‘人有千算天只一算,阴谋暗算终归失算’”④。算盘主要有三个教育意义,其一,计算功与过;其二,洗刷冤抑,意指所有的冤案在城隍神这里都可以被昭雪;其三,警示凡人机关算尽最终都会失算。城隍庙的神圣空间是城隍司法实践的空间场所,无论是建筑本身,抑或是建筑内的神像、门匾、庙联、算盘等象征物,将抽象的果报理念用真实的情境替代,不仅创造神在视觉上的权威,还“讲述、传递和反映种种意向”⑤,将城隍神记录功过,实现报应的理念投射在每一双注视神庙的眼睛之上。

---

① (民国)徐葆莹等:《(民国)蓟县志》,载《中国地方志集成 天津府县志辑》第4册,上海书店出版社2004年版,第160页下栏。

② (民国)郑震谷、幸邦隆:《(民国)增修华亭县志》礼俗志,1933年石印本。

③ (民国)孔昭度等:《(民国)花县志》,载《中国地方志集成 广东府县志辑》第4册,上海书店出版社2003年版,第61页上栏。

④ (清)邵彬儒:《俗话倾谈》,载《古本小说集成》(第3辑)第16册,上海古籍出版社2017年版,第71页。

⑤ [芬兰]尤哈尼·帕拉斯玛:《肌肤之目——建筑与感官》(第3版),刘星、任丛丛译,中国建筑工业出版社2016年版,第15页。

图 5　城隍庙匾“你来了”

图 6　城隍庙大算盘

资料来源:图 5 与图 6 参见 https://www.taiwangods.com/html/cultural_cn/3_0011.aspx? i=283。

(二)斋醮仪式的场景构建

对城隍司法的仪式空间有所了解以后,我们将目光投向仪式的实践过程。对于承审官员而言,在一例疑难案件中引入城隍神必须完成各项祭祀城隍神的斋醮仪式,才能达到沟通神灵的目的。实际上,明清时期的皇帝为祈求国祚永驻,也会定时定点设坛祭祀城隍神,重大节日庆典由皇帝亲自主持祭祀礼,非节日期间,则派遣宗室成员、亲信、礼部官员祭祀。祭品的规格为“犊一,羊一,豕一,笾、豆各八,簠、簋各二,酒尊三,帛一。乐用雅乐”①。地方层面,除国家规定的重大节日的祭祀以外,每月朔日、望日,县官要率僚属、学官谒城隍庙行香,“行二跪六叩首礼”②。比起节日庆典祭祀城隍的规格与参与人数,城隍司法的祷神仪式就略显简单。

仪式被承审官员视为侦破疑难案件的必经程序,祷神仪式在一定程度上帮助官员重获破案的信心,所谓祈祷“通过引导认知观念,使祈祷者在感情上感觉更好来发挥作用”③是也。仪式一般有斋宿、沐浴、行香,发愿与焚牒文,求签或祈梦等步骤,从进入祈祷的准备阶段到完成祷告需要数天时间。斋指的是“古人在祭祀以前,必须清洁身心,沐浴更衣,不喝酒、茹素、不行房事,以示祭祀人肃穆而崇敬的意思”④。“宿”指在城隍庙过夜,以三日为限,如“胡魁楚案”⑤,“范廷谋案”⑥,都是在城隍庙斋戒三天。沐浴即清洗身体,以示敬天礼神的诚意。

完成准备工作,接下来的程序就是发愿与焚牒文。发愿的内容一般是请城隍神帮助寻找案件的真凶、被盗财物,请求城隍神派遣地府官兵抓捕越狱的囚犯,抑或是在验尸之前

---

① 《明太祖实录》卷三十八,载《明实录》第2册,上海古籍书店1983年版,第769页。

② (民国)高寿恒,李英:《(民国)太湖县志》卷十三,太湖县地方志办公室点校,黄山书社2008年版,第193页。

③ [英]凯特·洛文塔尔:《宗教心理学简论》,罗跃军译,北京大学出版社2002年版,第38页。

④ 陈耀庭:《道教神学概论》,宗教文化出版社2016年版,第256页。

⑤ (清)金德嘉:《居业斋文稿》,载《清代诗文集汇编》第121册,上海古籍出版社2010年版,第358页上栏。

⑥ (清)钱维乔、(清)钱大昕:《(乾隆)鄞县志》卷十七,载顾廷龙主编:《续修四库全书》(史部)第706册,上海古籍出版社1995年版,第377页上栏。

祷神①以告慰亡灵，决囚后"交魂"②以祛晦。发愿的方式是叩头默祷或者焚烧"写给神仙的祈求文函"③，即"牒城隍神文"。牒文包含以下几个方面的内容。首先，官员对神威的仰视与尊崇，如弑母凶犯邢元逃遁以后，知县在"城隍缉拿凶犯牒文"④中表示，"敬叩尊神，大显灵威，迅遣厉鬼，立拿凶犯，以正典刑事"。其次，表达官员对自身无能的忏悔与自责，如"祝丰拐银远逃案"中，知县在"再牒城隍拘拿逆仆疏"⑤中表示"祝丰之在逃，固天之所以责我也，亦神之先以儆我也，今而后惟有加意修省，以挽前愆"。再次，说明案件性质的严重。如事实存疑的"梁成福案"，捕快虽然在嫌疑人曹世富家中发现血衣刀器，但没有其他证据能证明凶手就是曹世富，知县就疑点在牒文中写明，"恐无辜负屈于狱中，若曹世富血衣刀器杀人果真，自难逃神明之默鉴……倘梁成有执血衣银物诬控不实，诚不免无罪以受刑，而煅炼成狱，为民牧又何忍"⑥。最后，祈求城隍神迅速解决疑难案件，如嘉庆年间的"妖祟案"，知县在牒文中表示"兹特敬告于城隍神明之前，幸祈乖佑除鬼魅而活生民，彰阴法而德阳世"⑦。发愿以后，要将牒文在神前焚烧燃尽，结束整个祷神仪式。

---

① （清）吴兰庭：《胥石诗文存》文存，载顾廷龙主编：《续修四库全书》（集部）第1447册，上海古籍出版社1995年版，第412页上栏。

② （民国）包文俊、李溶：《（民国）梨树县志》卷二，载《中国地方志集成 吉林府县志辑》第9册，凤凰出版社2006年版，第459页下栏。

③ ［美］武雅士：《中国社会中的宗教与仪式》，彭泽安、邵铁峰译，郭潇威校，江苏人民出版社2014年版，第313页。

④ （清）袁学谟：《居易堂文集》，载《清代诗文集汇编》第224册，上海古籍出版社2010年版，第287页上栏。

⑤ （清）袁学谟：《居易堂文集》，载《清代诗文集汇编》第224册，上海古籍出版社2010年版，第289页上栏。

⑥ （清）袁学谟：《居易堂文集》，载《清代诗文集汇编》第224册，上海古籍出版社2010年版，第290页下栏。

⑦ （清）刘寿眉：《春泉闻见录》卷二，清嘉庆刻本。

还有一种求签的仪式也时常出现在文献中。求签是一种占卜方式,即“渴望得到神谕的人将所有的竹签放入一个竹筒中,在神像面前用双手轻轻摇晃,直到一支竹签掉落在地”①。有的人为了已经发生的事求签,有的人是为了预测还没发生的事。每一支签都有对应的签诗,签诗“均以历史典故、传说故事为内容,具体配合七言,具体解释历史事件对于人们运途的隐喻式启示”②。传统中国的一部分官员也热衷于占卜之事,有的去关帝庙③,有的去城隍庙④。康熙己丑(1707年)任建宁知县的皇甫文聘,面对邑民被杀的命案,祷于城隍神之后求得一签,签语云“有槁苗初遇雨,抽长一时新”⑤。据文献记载,皇甫文聘根据签诗的内容找到命案的凶手。

另外一种祷神祈梦的方式在案例中也比较常见,严格意义上来说,祷神以后入梦不能算作一种仪式,梦是一种主体经验,是人在某些阶段的睡眠时产生的想象中的影像、声音、思考或感觉,通常是非自愿的。而仪式是在特定时段、特定的场合组织进行,具有相对客观性。然而,入梦的记载常常出现在祷神仪式之后。即官员沐浴、斋宿、行香、祈祷后,便在当日的睡眠中进入一个具有启示性的梦境,或在梦中锁定

① [法]禄是遒:《中国民间崇拜》第4卷,据[英]甘沛澍英译本,陈海燕译,上海科学技术文献出版社2014年版,第22页。

② 王铭铭:《逝去的繁荣——一座老城的历史人类学考察》,浙江人民出版社1999年版,第242页。

③ (清)翁同龢:《翁同龢日记》第4册,陈义杰整理,中华书局1989年版,第2320页。

④ (清)孙宝煊:《忘山庐日记》上,上海人民出版社2015年版,第332页;(元)郭畀:《云山日记》,载《历代日记丛钞》第1册,学苑出版社2006年版,第200页。

⑤ (清)吴世进等:《(光绪)严州府志》,孙平点校,方志出版2017年版,第954页。

凶手，例如“僧人奸女藏尸案”①（约1868年），官员在城隍神前虔诚祷告，夜晚梦到神对其说杀人犯是某寺的僧人，尸首被藏在寺庙内大佛的腹中，据文献记载，官员根据神在梦中的指引找到凶手与尸首。又如“杀仆碎尸案”②也得益于梦中的神谕的启示。

[三] 幻觉：仪式的功能

厘清了城隍司法的前置系统，城隍庙与祷神斋醮仪式，接下来的问题是，城隍司法的仪式真的会推进司法程序吗？在阅读了近三百个案例后，笔者发现城隍司法的成功率很高。为什么会出现这种近乎奇迹的现象，应该出于以下两个原因。首先，成功的城隍司法案例更有可能被记录下来，从而达到教育百姓，歌颂官员政绩的作用。然而，这种“择优而录”的记录方式会引导民众产生认知上的“幸存者偏误”，人们过度关注城隍司法的成功案例，而忽略那些失败的案件，使人误以为城隍司法百试不爽。其次，在一些案例中城隍司法的确有效。但是，其奏效的原因并不是官员以为的“神灵显应”，也不是案犯以为的“神灵报应”，而是祷神仪式产生的幻觉有心理慰藉、增强信心、恐吓威慑的功效。

（一）心理慰藉

祷神仪式的确可以帮助官员获得心理安慰，这一点在许多案例中都有所体现。首先，祷神仪式帮助官员确信推理结

① （清）冯桂芬：《（同治）苏州府志》卷一百十八，载《中国地方志 江苏府县志辑》第10册，凤凰出版社2008年版，第45页下栏至第46页上栏。

② 《福建福州通贤龚氏支谱》，载张志清等编：《北京图书馆藏家谱丛刊：闽粤侨乡卷》第18册，北京图书馆出版社2000年版，第480页。

果。出于对重大命案的审慎与对生命的敬畏,官员在找到凶手以后依然会怀疑自己逻辑推理的正确性,祷神获得的神谕会成为官员说服自己的理由。发生于康熙年间的“江桂生杀死程氏命案”①,本案是一起因借贷引发的激情杀人案。江桂生借用同村江国顺的斧头修葺房屋,用毕即往国顺家归还,然而当天国顺居所大门紧闭,江桂生遂往附近的程氏家中借贷。因借贷一事是半月前与程氏的约定,江桂生未曾想到临近年关,程式厉声拒绝了江桂生的借贷请求,桂生一时愤怒,举起斧头砍向程氏,程氏当即殒命。知县接到报案以后,当日便“单骑亲验”。经过多方面调查,证据都指向江桂生。

然而,此时知县依然担心自己误判而妄杀人命,出于对命案的审慎的态度,知县“从除夜斋沐,牒告城隍,务求情罪允协,生死无憾”。祷神后知县仍然左右徘徊,又求得“水到渠成之签”,知县认为水到渠成就是指“江桂生”,才确信本案的凶手是江桂生。发生于康熙年间(约1688年)的另一命案的侦破亦能体现仪式的心理慰藉作用。“杀夫命事案”②是由邵阳县令颜孝叙审理的一起命案。然而,当证人证言都指向一个人的时候,知县依然对此存疑,他认为被害人的冤屈要伸张,凶手也要惩处,但不能妄杀无辜。为了使“生者伏辜,死者瞑目”,知县直言“不敢以悬空拟断”,因而肃心斋沐,书写牒文,焚于神前,以求神示。

其次,祷神仪式缓解官员不被理解的焦虑。案件被依法

① (清)廖腾煃:《海阳纪略》,载《四库未收书辑刊》(第7辑)第28册,北京出版社1998年版,第459页上栏。

② (清)凌铭麟:《律例指南》卷十三,载杨一凡主编:《历代珍稀司法文献》第8册,社会科学文献出版社2012年版,第536-537页。

裁决以后,并没有得到民众的认可,反而给官员带来负面评价时,祷神仪式可以缓解官员面对舆情的压力。康熙年间(约1689年)发生在安徽休宁县的“主母杀婢案”①的处理结果给承审知县带来许多烦恼。秀才戴以继的母亲某氏用酷刑虐待婢女,导致婢女“投水”身亡。接到报案的廖知县在“初阅呈报,即准收棺”的次日,在坊间听说婢女曾被主母某氏用“剪乳踢阴”的惨毒手段虐待。知县随即“亲临检验”,验尸后发现“剪乳踢阴”的说法纯属子虚乌有。随即对戴以继的母亲某氏做出“罚银三十两修学,以儆不能教家几谏之过”的惩罚。然而,这一惩处却遭到民众的情绪抵制,以为知县是受贿偏袒。谣言让知县背负聚蚊成雷般的舆论压力,无奈之下,知县赴城隍庙祷告,并将牒文在神前焚烧。知县在牒文中表示自己有口难辩,“不得已虔告有神阴垂明鉴”。并发下“倘有谰矫诬,立赐诛殛”的毒誓。

(二)正向激励

道光十二年(1832年),47岁的信阳州知州杨炳堃,在农历八月时接到捉拿匪徒张二虚及其党羽的指令,几番搜捕都没能将匪徒捉拿归案。其中的一次抓捕行动,由杨炳堃亲自率领兵丁前去围捕。据杨炳堃记载,这次抓捕并不顺利,他自己也被匪徒俘虏,“匪徒问余:从今以后尚要拿我们否?余曰:我为朝廷命官,缉拿匪徒是我专责,岂有不拿你们之理,今日我已失手,是天亡我,不必多言,可即杀我,但不可伤我百姓”②。幸运的是,匪徒张二虚等人碍于杨炳堃的知州

① (清)廖腾煃:《海阳纪略》,载《四库未收书辑刊》(第7辑)第28册,北京出版社1998年版,第395页上栏。

② (清)杨炳堃:《中议公自订年谱》,载《北京图书馆藏珍本年谱丛刊》第140册,北京图书馆出版社1999年版,第490-497页。

身份,并没有加害于他,反而撤退逃跑。

杨炳堃回到州衙后,一面向上级汇报,另一面加大抓捕力度,广差眼目,跟踪探信。最终捉获从党340名,将其分别惩办。然而首犯张二虚仍未抓获,杨炳堃也将面临革职查办的危险,"首犯张二虚迄未获,经廉访欲诿过于余,以卸仔肩,遂有将余摘去顶戴之禀"。此时,杨炳堃的同僚帮忙解围说"信阳州办事故致酿事,其他安坐衙斋者,翻得晏然无事,若将杨牧参处,何以励众"。就此革职事宜暂且搁置,但没有一笔勾销。此时,杨炳堃面临三个选择,主动辞官、被革职查办、抓到张二虚,从而平稳过渡。从道光元年到道光十二年,杨炳堃已经做了12年的知县,不言宦海浮沉也定然历经官场风浪。在穷途末路之时,杨炳堃决定"斋沐三日,宿城隍庙,祈求神佑"。

在一番祷告行香后,抽得两句签诗,一签云"一般行货好招摇,云云断语,云问信音当在递";另一签云"不是虎头人,一唤全家谁保汝,重欢断语,云逢寅字事渐亨"。杨炳堃在得到签诗之后,便根据诗句的内容部署抓捕行动。杨炳堃认为"云逢寅字事渐亨"中的"寅"字系属正月,意指犯人在正月之前可被抓获;杨炳堃的幕友认为"不是虎头人,一唤全家谁保汝"意指,凡姓虎字头者,如卢姓、虞姓的差役,均应派出抓捕张二虚,并以老虎头上有"王"字为由,凡王姓也全部派出,从而组成一支"虎头"抓捕队。抓捕队派出后一直没有消息,直到同年腊月十五日,杨炳堃照例行鞭春礼、晋谒本道衙门后,收到张二虚被抓获的消息,紧接着飞禀各宪,解省审办,"请王命正法"。①

① 关于"恭请王命正法",参见[日]铃木秀光、吕文利、袁野:《恭请王命考——清代死刑判决的"权宜"与"定例"》,载《内蒙古师范大学学报(哲学社会科学版)》2009年第4期。

此案历经半载，终于如签诗所云，在正月前将首犯抓获。到底是什么原因导致张二虚被抓捕归案的呢？是因为城隍神所赐的签语吗？按照签语派出与虎字头有关的抓捕队与张二虚被抓有因果关系吗？我们尝试回答上述问题，假设将本案的抓捕队伍称为“虎头队”，另谴一支“无虎队”，该队成员的体格、缉捕经验、灵活应变能力以及抓捕所需的时间和经费，都一如“虎头队”，甚至也由杨炳堃统一指挥，二者的区别在于“无虎队”队员不具备虎字头姓氏，那么“无虎队”会因为没有虎头姓氏的队员而抓不到张二虚吗？笔者认为，在当时的条件下，如果派出的是“无虎队”，依然能抓到张二虚。

理由如下：其一，已经将340名同党抓获，对同党的审讯一定会获得有用的信息，如张二虚可能藏匿的地点、生活习性、家庭背景以及经济状况等。其二，杨炳堃面临被革职的危险，会尽可能地加大搜捕力度，按他自己所言“州差仅止百人，此一行已差遣十之五六”。除了人力，资金的投入也是必不可少的，所有的抓捕费用、口粮、赏金都由杨炳堃一人捐办，共计费用七千余金。清代知州的官方通报俸禄是“五品八十两”①，还有养廉银且算一千二百两②和其他规费收入，在这么短的时间内，为抓捕一个犯人花费七千两银子，相较于官员明面上的收入，这是一笔巨额经费，足以见得杨炳堃已穷尽全力。

---

① (清)官修：《清朝文献通考》第1册，浙江古籍出版社1988年版，第5244页上栏；另参见(清)蒋良骐：《东华录》卷九，鲍思陶、西原点校，齐鲁书社2005年版，第139页。

② (清)庆桂：《清实录》第十七册，中华书局1986年版，第1070页。相关研究见岁有生：《清代州县经费研究》，大象出版社2013年版，第22-25页；[美]曾小萍：《州县官的银两》，董建中译，中国人民大学出版社2020年版，第214页。

但是,如果将成功抓获张二虚的结果全部归功于抓捕队伍的努力,这是不全面的。因为,本案中的确可以看到祷神与破案之间的关联,但这种关系或许不是因神助而起,而是"宗教的心里麻醉作用,增强了人的心理承受能力,减少以至于消除人们在艰难逆境中的恐惧和迷误,有助于心理平衡,保持情绪宁静"①。富于表现力和象征性的祷神仪式对杨炳堃发挥鼓励的作用,换言之,签语对抓捕结果的肯定性预测,传递了一定会将张二虚抓捕归案的信心。虽然官员主观上"试图影响超自然的实体或力量"②来实现破案目的,然而,客观上是官员自己的冷静思考与合理假设推进了案件的审理。

(三)威慑恐吓

清人与今人普遍认为,城隍司法是神道设教之举。顺治年间的无神论学者熊应龙认为:"今之县令,遇难决命案,密访得人,往往斋戒宿坛,托城隍神梦告,指名获之,一鞫而服者。此以神道设教,托言神语,愚夫畏服,非真梦中见鬼神也。"③孤石老人纪昀亦认为:"祷神祈梦之说,不过慑伏愚民,给之吐实耳。若以梦寐之恍惚,加以射覆之揣测,据为信谳,鲜不谬矣。古来祈梦断狱之事,余谓皆事后之附会。"④哪怕是策划城隍侦讯的知县,也会认为"赴城隍庙重讯,焚香拜曰:神道设教,吏之耻也"⑤。这样看来,城隍司法或许只

① 胡春风:《宗教与社会》,上海科学普及出版社2004年版,第55页。

② [英]麦克·阿盖尔:《宗教心理学导论》,陈彪译,中国人民大学出版社2005年版,第136页。

③ (清)熊伯龙:《无何集》,中华书局1979年版,第138页。

④ (清)纪昀:《阅微草堂笔记》,韩希明译注,中华书局2014年版,第220页。

⑤ (清)彭鹏:《古愚心言》,载《清代诗文集汇编》第146册,上海古籍出版社2010年版,第446页下栏。

是权力的外衣,只不过是“消逝已久的社会的精巧设计之历史遗迹”①而已。如果将祷神祈梦视为诈供的手段,上述言论是十分贴切的。但问题是,祷神仪式是如何破案的呢?

首先,“神迹捉凶”。即官员在夜晚营造出一种城隍神将要主持正义的氛围,让案犯误以为“神迹”是真实存在的,而后露出马脚。乾隆年间(约1765年)发生在福建邵武县的一起离奇命案②。贡生何朝东的女儿嫁于朴实敦厚的江为纲为妻。然而,就在某天夜里,为纲的尸体在其居所被发现,铁钉刺穿为纲的肾囊,死状惨烈。案发以后,为纲的亲兄弟(江为德)报案称弟弟是弟媳何氏与奸夫谋杀的。时任知县随即将身怀有孕的何氏拷讯,然而何氏拒不承认自己有通奸杀夫的行为。与此同时,周边众多的邻居与族亲也被列为嫌疑对象。因为一直没有新的线索能够证明何氏为凶手,案件一直被搁置,直到新知县上任。

新任知县阅读案卷后,决定于某日夜间赴城隍庙祷神,并夜审案犯。知县命人将包括何氏(死者妻)、为德(死者兄)、亲族邻居等案件相关人一并拘于城隍庙中。并差人将烟煤涂在神案上,并对众嫌疑人说“冤民拍案自诉”,即让自认为被冤枉的人把手放在神案上,神自会鉴别真凶。不出知县所料,黑夜中,其余嫌疑人的手都沾了烟灰,唯独一人手掌干净无灰,但是让众人未曾预料到的是,手掌无灰的人并不是被控通奸杀人的何氏,而是死者的哥哥为德。随后知县便对哥哥江为德展开审讯,审讯后得知为德觊觎弟弟的财产,

① [英]罗伯特·巴特莱特:《中世纪神判》,浙江人民出版社2007年版,第2页。

② (清)王琛等:《(光绪)重纂邵武府志》卷二十五,载《中国地方志集成 福建府县志辑》第10册,上海书店出版社2000年版,第601页。

伙同他人将弟弟杀害,并诬告弟媳何氏。

其次,“亡者归来”。雍正年间(1726 年)的“黎亚日盗杀亚享案”①是一个劫杀案,“六岁儿亚享死于黎家祠,众指守祠人黎亚日所为,刑讯再三,阅五月坚不承。”时任广东和平知县的王植以为“粤人信鬼,可以权济也”,遂提审黎亚日,并对黎亚日说“尔不吐实,将请城隍神送亚享来与尔质”,遂命人将写有“亚享”两字的白纸黏于内署僻处一空室中北壁。粘贴的高低,按照死者亚享的身高来确定,并在墙壁前方“设一长明灯,而系亚日于东侧,一吏二役守之西壁,饮食便溺听其便,惟不令睡。”众所周知,光影效果是营造氛围最有效的手法之一,现代恐怖电影经常会从下方布光,营造诡异的气氛。试想,整间房子内只点了长明灯,在这种氛围之下,一个没有杀人的正常人难免产生畏惧的心态,何况心里有鬼的杀人凶手。

果然,“是夜,亚日不时视灯下,次日即言知享死因,第三夜遂悉言其情”。当问及亚日为什么第三日突然招供,亚日回答说:“我于灯下若见亚享,不自觉言之尽耳。”对于这种结果,知县王植早已成竹在胸,“亏心之人,其胆必虚。夜不令睡,则神昏,神昏则疑心自生暗鬼,法当七日必验,不意三日即得之”。

再次,“潜伏窃听”。即官员将两个案犯,或者一个案犯与一个证人关押在城隍庙内,命其在神前忏悔,然后官员派亲信潜入城隍庙窃听上述人员之间的对话,从而获得案情的

---

① (清)徐栋辑:《牧令书辑要》,陈生玺辑:《政书集成》第 9 辑,中州古籍出版社 1996 年版,第 888-890 页;又参见(清)王植:《崇雅堂稿》卷八,载《清代诗文集汇编》第 254 册,上海古籍出版社 2010 年版,第 688 页。

相关线索。“任某杀妻案”①，是黄六鸿在山东郯城做县令时亲审的案件。一日，任某前来报案，称其妻王氏被邻居高某奸杀。报案人任某声称亲眼看到妻子走在前面，高某持刀跟在妻子后面的场景。另外，黄六鸿的友人也证实任妻与高某有奸情。来自友人的传闻证据，让黄六鸿初步相信高某便是杀人凶手。但是随着案件调查的深入，黄六鸿发现案情多有蹊跷。任某报案时说妻子走在前面，高某持刀跟在后面。但是黄六鸿秘密勘查现场时却发现，死者“所穿之鞋乃妇人寝衾中物，非赳赳之葛屦也。况验其底迹，绝无泥土”。试问，夜间走在路面上，怎么会不穿鞋？纵然不穿鞋，脚底怎会没有泥土痕迹？据此，黄六鸿认为是凶手“急于诬人，虑不及此”。

黄六鸿开始怀疑高某并不是真凶，随后又对尸体进行检验，发现死者王氏并非死于刀杀，而是窒息而亡，并且在任家炕上新席上找到了证据，即新席的下部有裂痕，铺侧有干粪饼一块，命门子取一块粪饼用热水化开，发现粪饼为“人屎”，诸多疑点让黄六鸿逐渐意识到，席上的裂痕与铺侧的粪饼极有可能是王氏死前极力挣扎所致。随后黄六鸿询问邻居，得知王氏被害的那天夜里，其丈夫任某与之发生过“嚷闹”。此时，种种迹象都将矛头指向了任某。黄六鸿为了进一步证实自己的猜想，“密诫一家童，令其夜间潜匿城隍庙的后殿，窃听任姓父子云何”。与此同时，将任姓父子系在城隍庙殿内的柱子上，并举香祷神说“神昨夜告我任姓妻子致死情由，已悉之矣。但其死时情景，鸿尚未尽明，愿神详以示

① （清）黄六鸿：《福惠全书》，周保明点校，广陵书社 2018 年版，第 263－267 页。

我”。并对任姓父子说“我今命汝神前忏悔”,果然,这一次窃听证实了黄六鸿对任某的猜想。家童汇报说,夜间“其父每询子‘汝妻果何以死?’子皆不答,惟以手搥胸叹曰:‘总之我该死耳。’绝无一语及高某”。家童带来的消息让黄六鸿确定真凶是任某无疑。遂提审任某,最终案件审结。

最后,官员诈供。官员包括“唱名捉凶”与“厉声捉凶”两种形式。“唱名捉凶”是指,官员已经初步锁定犯罪嫌疑人范围,将嫌疑人齐聚在城隍庙,利用城隍庙的神圣空间与嫌疑人薄弱的心理素质,对所有人进行点名。具体表现为“往城隍祠祷神,唱名一讯,即得真犯”①。如康熙年间(约1722年)发生于河南鄢陵县的一起民妇被杀案②,知县陈振元检视过后初步确认了凶手必然是村民所为。于次日“谒城隍庙告神,即止宿焉”,随后“令其乡民悉赴庙”,在城隍庙内,集合乡民后一一点名字,然而“点名一周无所获”,随后再次点名,此时“有一人过案前稍退缩”,知县立马察觉到该村民面部表情的紧张与局促,“命逮之一讯,即杀人者”。

另外一种“厉声捉凶”的破案原理与上述“唱名捉凶”一致,仅在实操细节上有细微差别。“厉声捉凶”的前提也是官员初步确定嫌疑人的范围,赴城隍庙祷告以后,将众嫌疑人聚集在庙内,但并不是用点名的方式让心理素质薄弱的嫌疑人“脱颖而出”,而是面对嫌疑犯厉声喝道:“杀人者尔也,何不吐实。”③突如其来的指控让真凶来不及反应官员指控

① (清)陈梦雷、(清)蒋廷锡:《古今图书集成 明伦汇编 官常典》第30册,中华书局1985年版,第36453页。

② (民国)靳蓉镜等:《(民国)鄢陵县志》卷十四,载《中国地方志集成 河南府县志辑》第40册,上海书店出版社2013年版,第600页下栏。

③ (清)邵子彝等:《(同治)建昌府志》人物志卷八,载《中国地方志集成 江西府县志辑》第53册,江苏古籍出版社1996年版,第490页下栏。

的对象是哪一位嫌疑人，因而心虚“色沮”，随后“惊服”吐供。纵然传统中国还没有发展出从“因果关系、发展规律、遗传进化”等方面来解释案犯行为的分析方法，但是兵书中早已有“问之以言，以观其详”①的记载。

传统中国百姓认为死亡并不能让真相跟着尸体埋入坟墓，“从来人死魂不散，况复生前有宿冤”②。人们普遍相信，“在具有负罪感的谋杀犯的梦中，受害者的灵魂会出来折磨他”③。志怪小说里有许多这类冤魂告状，黑白无常索命的桥段。这种事例在司法实践中亦然存在，只是缺少魔幻的色彩罢了。官员经常“造势用势，造成错觉”④，让死人“复活”，让城隍神“显灵”，其目的是让案犯相信，城隍神已经将真相全部告知，使案犯形成罪行已经被揭发的错觉，误导案犯的判断，最终致其招供。

[四]结语

对富有超自然意味的城隍司法的解析并不是闻奇而录，而是按照历史人类学“主张做以经验为核心的具体的人的历史，把人的肉体性与经验性、思想感情素质和社会实践放到认识兴趣的中心位置”⑤的逻辑，将传统法律文化以“人”的

---

① (周)吕望:《六韬·鬼谷子》，曹胜高、安娜译注，中华书局2007年版，第87页。

② (明)凌濛初:《拍案惊奇》，人民文学出版社1991年版，第224页。

③ [奥]奥托·兰克:《心理学与灵魂》，郑玉荣、殷宏伟译，中国人民大学出版社2020年版，第15页。

④ 毕惜茜:《心理突破——审讯中的心理学原理与方法》，中国法制出版社2017年版，第234页。

⑤ [瑞士]雅各布·坦纳:《历史人类学导论》，白锡堃译，北京大学出版社2008年版，第83页。

形式来表现。官员与案犯是城隍司法的重要参与人,祷神仪式于上述二者的功效一定程度上决定了城隍司法的有效性。仪式以"官祀神"制度与"果报"为基础,营造了一种已经成为共识的幻觉,这种幻觉源自对神灵的仰视与畏惧。如果说城隍神本身是墙壁上的影子,在人们普遍相信影子就是实体的情况下,影子就是无法反驳的圭臬。一方面,官员基于对神的信任,赴庙祷告、求签祈梦,这种由神谕和梦境制造的幻觉有利于官员平复焦虑,而后以更加清晰的思路分析案情。另一方面,官员利用案犯对神灵施谴的畏惧,利用祷神仪式制造神灵显应的假象,使案犯产生城隍神将要报应或者冤魂前来索命的幻觉,最终因为无法承受神谴的压力而选择吐供。

编辑手记

2021年,侯猛、尤陈俊、王伟臣三位老师与我共同商议出版一辑“法律人类学在中国”专号。由于稿源充足,我们决定分成“田野”和“学说”两辑专号出版,本辑是“法律人类学在中国”田野专号。

“田野”其实指向的是如何生产理论,而我们需要什么样的法律理论则取决于目的是什么。

有效的法律理论并非法律实务的操作方案,更不同于理论到理论的循环。其最核心的特征是破除智识上的孤立。这种智识上的可能来自法律理论对法律的运作、法律的社会后果、法律实效、法律所嵌入的环境等问题的认识和把握。在此基础上,至少包括了对法律现象和制度的描述与理解、批评与反思、颠覆与建构中的某个维度,使理解和改进法律系统有了智识上的可能。

有效性的法律理论指向了法律实践,但不同于法律的实务应用。法律理论的实践性至少指向两个面向:一是为改善法制给出学理建议;二是能够提供出对法律规范的评估。我们如果要获得对法律规范的评估、取舍,首先要有对法律规范的认识、理解。正所谓“若要用理论解释世界,首先要知道世界是怎样的”①。也因此,以有效性和实践性为目标的法

① 张五常:《五常学经济》(神州增订版),中信出版社2010年版,第166页。

律理论往往指向经验并具有某种“实用主义”的取向。

但是,世界如何可以被认知和解释?这就是发展和建构有效的实践性法律理论所面临的首要问题。我们主张,法律的研究要进入法律的“田野”——法律存在、运作或产生影响的所到之处。法律的“田野”无限广阔,如果我们把法律的田野研究狭隘地理解为仅仅研究简单社会、乡村社会或少数民族社会中的习惯法/民间法(并非这些研究不重要),那么无异于画地为牢。进入“田野”能够突破智识上的孤立,并具有实践立场和指向。因为,进入“田野”的目标在于对现象、事实形成清楚的把握,对事件、行动发生的条件、逻辑和意义以及法律在整个社会中的位置进行深入考察,对法律、制度运行的实际有真切把握。这样的理解离不开人类学、社会学、经济学、心理学等学科的介入,研究者不可能孤立地依赖于法律内部知识或教条。更进一步,进入“田野”后的发现同时使不同的理论视角获得了一种“共同面对的世界”①。简单地讲,法律现实就在那里,并扑面而来,能够成为不同的法律理论共同面对的世界。这就有可能实现不同法律理论之间的真正的对话,其或许能够融通,或许不能,但是即使是分歧至少也能清楚地呈现价值或立场之差异。“田野”容纳了描述与分析的结合、宏观与微观的关联、主观与客观的沟通、制度与环境的关系等研究的维度,同时容纳了不同的学科。如果不同的法律理论有“共同面对的世界”,“法律理论作为社会科学的一个统一的领域的可能性”就真的成

① 朱晓阳指出:“在彻底解释的时代,地方性、本土性知识的理论化和普适化要通过民族志作者(解释者)、当地人(说话者)和共同面对的世界这样一种三角关系获得……”有关这一方法论和研究进路的阐释参见朱晓阳:《小村故事:地志与家园(2003-2009)》,北京大学出版社2011年版,第1-22页。

为可能。①

进入“田野”并非简单的经验获得或感性体验，更不是反理论的，它也是一种法律理论发展的立场。这种建构理论的立场，强调理论解释应该建立在掌握实际状况的基础上，理论解释应该有明确的对象和问题，理论的建构、发展和修正需要建立在经验研究的基础上，理论可以被检验。这种立场反对空洞和没有事实和反思、不去探究意义的理论，主张致力于发展法律理论的有效性和实践性。

本辑专号对以费孝通、林耀华为代表的先贤的开拓性研究进行了“致敬”，对西方法律人类学对“田野”的扩展进行了评价，并从不同的主题、视角和领域呈现了法律的田野。这些文章不能代表整个中国和关于中国的法律的田野研究，但是表达了我们对“田野”的主张。

王启梁

2023年2月13日

① ［美］理查德·A.波斯纳：《法律理论的前沿》，武欣、凌斌译，法律出版社2003年版，第15页